제2판

회계와 재무의 이해

박형중 감형규 지음

유원북스

제2판 머리말

현대사회를 살아가는 모든 사람들은 직접 또는 간접적으로 기업과 관계를 맺고 있다. 그러므로 사람들이 관계를 맺고 있는 기업을 이해하는 것은 중요한 일이다. 기업을 제대로 이해하기 위해서는 먼저 기업의 언어인 회계(accounting)를 이해해야 한다. 기업은 회계를 통해서 기업경영의 과정이나 성과를 표현하기 때문에 기업의 실상을 제대로 파악하여 보다 정확한 의사결정을 내리기 위해서는 회계를 알아야 한다. 회계는 기업의 이해관계자(투자자, 채권자, 경영자, 종업원 등)에게 유용한 정보를 제공하여 기업과 이해관계자 간의 의사소통을 가능하게 한다.

유럽의 재정위기, 중국의 성장둔화, 미국의 금리인상, 미국과 각국 간의 무역분쟁 등 급격한 국내·외 경제환경 변화에 따라 기업경영의 불확실성이 높아지고 있다. 불확실성이 높아질수록 기본에 충실한 경영, 즉 가치에 근거한 경영의 필요성이 요구된다. 기업의 유지 및 성장에 있어서 중요한 관리부문인 재무관리의 목표는 기업가치의 극대화이다. 이러한 목표를 달성하기 위하여 기업의 경영자는 투자결정 및 자본조달결정 등과 관련된 제반 재무의사결정을 효율적으로 수행하여야 한다. 이를 위해서는 경영자가 재무관리의 광범위한 이론 분야를 잘 이해하고, 이를 실무에 적절히 활용할 수 있어야 한다.

많은 사람들이 회계 및 재무에 관한 지식을 필요로 하지만 각각 내용이 방대하고 어려워 쉽게 습득하지 못하고 있는 실정이다. 그러므로 경영학을 전공하지 않은 사람들이 회계와 재무의 기본적 내용을 책 한 권으로 익힐 수 있으면 좋겠다는 생각에 본서를 집필하게 되었다. 본서는 기업과 관련된 의사결정에 있어서 반드시 알아야 하는 기초지식인 회계와 재무의 기본적 개념을 최대한 쉽게 서술하였다. 특히 경영학을 처음 시작하는 독자 또는 비전공자들도 회계와 재무의 주요 이론 및 사례를 쉽고 편하게 습득할 수 있도록 노력하였다. 본서는 최근 달라진 국내·외 재무환경 및 한국채택국제회계기준(K-IFRS) 등을 반영하고 회계와 재무이론을 실무와 조화시킨다는 관점에서 저술하였으며, 다음과 같은 몇 가지 특징을 가지고 있다.

첫째, 기업을 이해하고 재무의사결정을 하는 데 필요한 회계와 재무의 기본적인 내용을 일관성 있게 구성하고, 독자들이 숲을 보지 못하고 나무만 보는 우를 범하지 않도록 하기 위하여 본서의 각 내용을 전체적인 관점에서 조망할 수 있도록 노력하였다.

둘째, 현대 기업경영에 있어서 회계와 재무 분야가 매우 중요함에도 불구하고 그 내용이 수리적이고 이론적이어서 회계와 재무 분야의 지식 습득에 많은 어려움이 있었다. 이와 같은 점을 고려하여 전통적으로 중요하게 다루어져 온 회계와 재무의 핵심 이론을 최대한 쉽게 서술함으로써 경영학을 처음 시작하는 학생 또는 비전공자들도 회계와 재무의 전반적인 영역을 쉽게 이해할 수 있도록 노력하였다.

셋째, 회계와 재무이론과 실무의 관련성을 부각시키고, 현실적응력을 높이기 위하여 실무와 관련된 사례 등을 알아두기로 제시하였다. 또한 스마트폰 애플리케이션, 엑셀프로그램 등을 활용함으로써 독자들이 회계와 재무 문제를 보다 쉽게 해결하고 또한 흥미를 가질 수 있도록 최대한 배려하였다.

넷째, 연습문제는 완성/선택형 문제와 서술/계산형 문제 등 다양한 형식으로 구성되어 있다. 엄선된 양질의 연습문제와 함께 책의 부록에 해당 연습문제의 풀이를 상세하게 제공하여 학습했던 내용을 스스로 확인하여 보완할 수 있도록 하였다.

다섯째, "보기 좋은 떡이 먹기도 좋다"는 말이 있듯이 보기 좋게 꾸미고, 또한 삽화 및 사진 등을 삽입하여 본서의 내용을 시각적으로도 편안하게 받아들일 수 있도록 하였다.

본서는 앞에서 밝힌 다섯 가지 특징을 살리는 데 주안점을 두고 쓰여졌다. 그러나 이와 같은 의욕적인 노력에도 불구하고 여러 가지 부족한 점이 있을 것으로 생각된다. 독자들의 기탄없는 비판과 조언을 통하여 향후 완벽하게 수정·보완할 수 있기를 기대해 본다. 그리고 본서는 국내·외 많은 문헌들을 참고하였다. 이 자리를 빌려 국내·외 학자들의 양해를 구하며, 그들에게 깊은 감사의 뜻을 표한다. 특히 본인의 저서(에센스 회계원리, 유원북스) 중 일부 내용을 참고할 수 있도록 허락해준 유재권교수(상명대학교)께 깊은 감사를 드린다.

본서가 출판되기까지 적극적으로 도와준 유원북스의 이구만사장께 다시 한 번 감사를 드린다. 끝으로 본서를 집필하는 동안 고통을 분담하면서 격려와 성원을 아끼지 않았던 가족에게 충심으로 고마움을 표한다.

2024년 12월

저자 씀

차 례

제 1 편 회계의 이해

제1장 | 회계의 기초개념

제2장 | 회계등식과 회계거래

제4장 | 재무제표의 이해

제5장 | 재무비율분석

제6장 | 손익분기점분석과 레버리지분석

제 2 편 재무의 이해

제7장 | 재무관리란 무엇인가?

제8장 | 재무관리의 기초지식

제9장 | 자본예산

제10장 | 가치평가

제11장 | 자본구조

제12장 | 배당정책

제 1 편

회계의 이해

제 1 장
회계의 기초개념

1. 회계의 의의
2. 회계원칙
3. 회계의 기본가정

현대사회를 살아가는 모든 사람들은 직접 또는 간접적으로 기업과 관계를 맺고 있다. 그러므로 사람들이 관계를 맺고 있는 기업을 이해하는 것은 중요한 일이다. 기업을 제대로 이해하기 위해서는 먼저 기업의 언어인 회계(accounting)를 이해해야 한다. 기업은 회계를 통해서 기업경영의 과정이나 성과를 표현하기 때문에 기업의 실상을 제대로 파악하여 보다 정확한 의사결정을 내리기 위해서는 회계를 알아야 한다. 회계는 기업의 이해관계자(투자자, 채권자, 경영자, 종업원 등)에게 유용한 정보를 제공하여 기업과 이해관계자 간의 의사소통을 가능하게 한다.

1 회계의 의의

1.1 회계란 무엇인가?

전통적 회계기능의 관점에서 **회계**란 거래를 기록·분류·요약하고 그 결과를 해석하는 기술(art)로서 주로 회계보고서의 작성에 관련된 것으로 볼 수 있다. 그러나 최근에는 회계를 '정보이용자가 경제적 의사결정을 할 때 유용한 정보를 제공할 수 있도록 경제적 정보를 식별하고 측정하여 전달하는 과정'으로 정의하여 회계시스템이라는 관점에서 회계를 인식하고 있다. [그림 1-1]에서 볼 수 있는 바와 같이 회계는 경제활동의 주체인 정보이용자가 합리적인 의사결정을 할 수 있도록 필요한 정보를 기록·처리하고 전달하는 정보시스템이다. 여기서 시스템(system)의 의미는 정보를 기록하고 가공하여 경제주체의 내부와 외부에 전달해주는 유기체적 구조를 의미한다.

회계의 기본목적은 정보이용자에게 합리적인 의사결정을 하는 데 필요한 정보를 제공하는 것이다. 이러한 목적을 달성하기 위해 회계시스템은 회계자료의 인식 및 측정기능, 회계자료를 유용한 정보로 변환시키는 자료의 회계처리기능, 산출된 정보를 보고 또는 전달하는 기능을 갖는다. 회계자료를 인식한다는 것은 곧 회계기록의 대상이 되는 활동(거래)을 기록하는 것이며, 회계자

그림 1-1 회계시스템

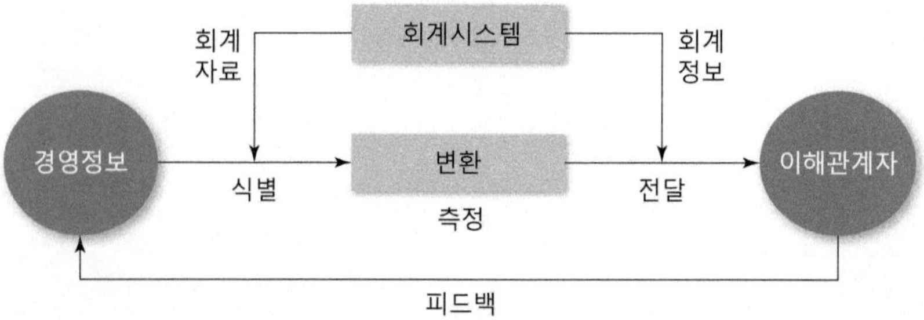

료의 처리는 회계자료를 유용한 자료로 분류하고 요약하는 것을 말한다. 마지막으로 전달은 회계정보시스템을 통하여 산출된 회계정보를 정보이용자에게 효과적으로 전달하는 것을 의미한다.

1.2 회계정보이용자

회계의 기본목적은 정보이용자에게 합리적인 의사결정을 하는 데 필요한 정보를 제공하는 것이다. 회계정보의 이용자는 내부이용자와 외부이용자로 구분할 수 있다. **내부이용자**는 기업 내부에서 그들의 경제적 의사결정을 합리적으로 수행하려고 하는 모든 의사결정자들을 말한다. 즉 경영자로부터 모든 사원에 이르기까지 기업의 목표를 달성하는 데 필요한 책임과 권한을 가진 자를 말한다. 그리고 **외부이용자**는 기업 외부에서 그들의 경제적 의사결정을 합리적으로 수행하려고 하는 모든 의사결정자들을 말한다. 즉 투자자, 채권자, 정부기관, 소비자, 환경단체, 일반대중 등의 이해관계자를 말한다. 이들 회계정보

그림 1-2 기업의 회계정보이용자

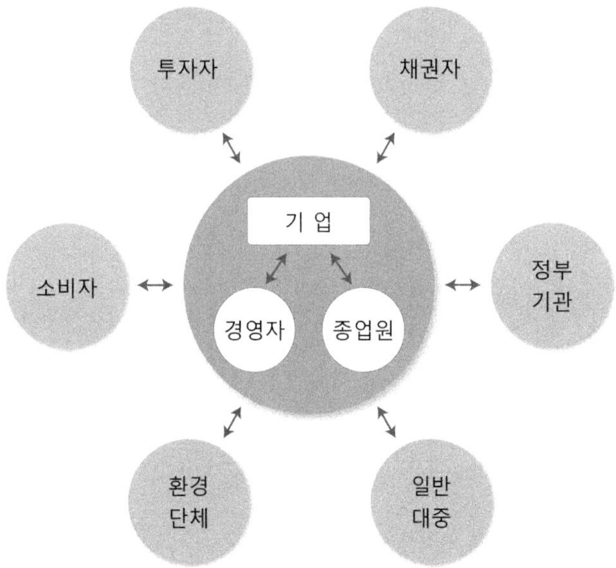

의 이용자들은 기업과 직·간접적인 이해관계를 가지고 있는 자들로 [그림 1-2]와 같다.

경영자

경영자는 합리적인 기업경영을 위해 기업의 재무상태와 경영성과를 파악하고, 예산과 실적의 차이를 분석하며, 신제품 개발과 설비투자 여부 등 여러 가지 의사결정을 하는데 그 기초 자료로 회계정보를 활용한다.

투자자

현재 및 잠재적 투자자는 기업의 미래 현금창출능력을 평가하기 위해 회계정보가 필요하다. 예를 들어 현재의 투자자는 배당수익과 매매차익을 얻기 위해 기업의 주식을 보유한 이들이다. 따라서 그들은 현재 소유하고 있는 주식을 처분할 것인지, 계속 보유할 것인지 결정해야 한다. 그리고 앞으로 기업에 투자하고자 하는 잠재적 투자자는 어느 기업의 주식에 얼마만큼 투자할 것인지 결정해야 한다. 이와 같은 의사결정을 할 때 판단의 기초 자료로 회계정보를 활용한다.

채권자

채권자는 기업에 필요한 자금을 빌려주고 이자를 받는다. 그들은 어떤 기업에 자금을 빌려줄 것인가, 빌려준다면 이자율을 얼마로 받을 것인가를 결정해야 한다. 또 이미 빌려준 경우에는 기간을 연장할 것인가, 연장한다면 조건을 어떻게 조정할 것인가를 결정해야 한다. 이와 같은 의사결정을 할 때 판단의 기초 자료로 회계정보를 활용한다.

정부기관

정부기관은 기업의 이익에 대해 세금을 부과하고, 기업의 경영활동에 대해 각종 규제와 관리를 한다. 이와 같은 의사결정을 할 때 판단의 기초 자료로 기업에 관한 회계정보를 활용한다.

종업원

여러 계층의 종업원들은 자신에게 주어진 업무를 수행할 때 회계정보를 활용한다. 또한 자신이 회사에 공헌한 정도와 회사의 지급능력을 고려하여 회사와 근로조건에 대해 협상하거나, 이직 등을 결정할 때도 회계정보를 활용할 수 있다.

기타 정보이용자

기타 정보이용자도 기업의 경영성과 및 재무상태에 관심을 갖는다. 예를 들어 투자자나 채권자에게 투자정보와 신용정보를 제공하는 증권분석가나 신용평가기관도 회계정보를 활용한다. 그리고 소비자는 사후 서비스(after-sales service) 등 제품에 대한 정보를 얻기 위해서, 그 밖에 노동조합, 거래처, 경쟁기업, 환경단체, 언론기관, 연구기관 등은 나름대로 필요한 정보를 얻기 위해서 회계정보를 활용한다.

1.3 회계의 분류

[그림 1-3]에서 볼 수 있는 바와 같이 회계시스템은 회계정보이용자의 정보

그림 1-3 회계의 분류

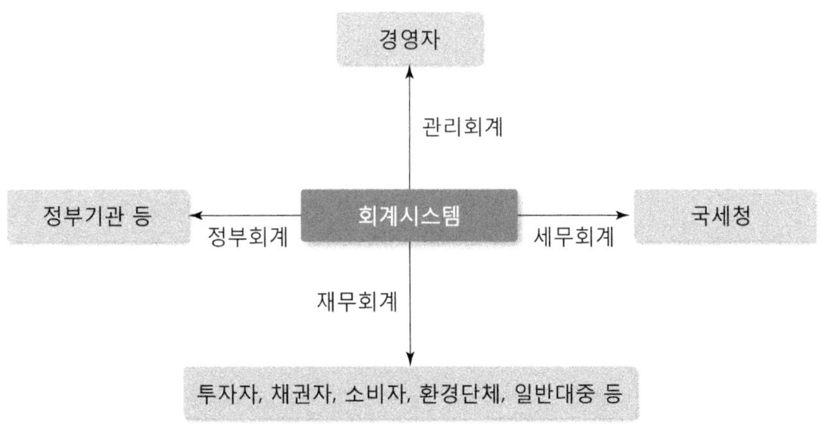

이용 목적에 따라 재무회계, 관리회계, 세무회계, 정부회계 등으로 분류된다.

재무회계

재무회계(financial accounting)는 기업 외부에 존재하는 다양한 이해관계자(투자자, 채권자, 소비자, 환경단체, 일반대중 등)들이 합리적 의사결정을 하는 데 필요한 유용한 정보를 측정 · 보고할 목적으로 하는 회계를 말한다. 외부이용자들에게 제공되는 재무회계정보는 요약된 형태로 보고되는데, 이 재무보고서를 재무제표(financial statements: F/S)라고 한다. 재무제표는 재무상태표(statement of financial position), 손익계산서(income statement: I/S), 현금흐름표(statement of cash flows) 등으로 구성된다.

관리회계

관리회계(managerial accounting)는 경영자의 의사결정에 유용한 정보를 제공하는 것을 목적으로 하는 회계이다. 관리회계는 대부분 기업 내부경영자들이 이용하는 정보를 산출하는 회계이므로 특별한 재무보고서는 없다. 관리목적에 이용되는 정보 중 대표적인 것이 원가정보이다.

세무회계

세무회계(tax accounting)는 외부 정보이용자 중에서 국세청에 정보를 제공하는 것을 목적으로 하는 것으로서 재무회계를 기초로 국세청의 과세소득을 계산하기 위한 회계이다. 당기순이익을 기초로 관련 세법의 규정에 따라 세무조정사항을 가감하여 세무회계상의 과세소득을 계산하는 절차를 세무조정이라 한다.

정부회계

정부회계(governmental accounting)는 중앙정부나 지방자치단체와 같은 정부조직의 재정활동에 대한 회계로서 비영리회계의 특징이 있다. 영리추구 목적의 기업에서는 기간이익의 측정이 회계의 주요 관심사이지만, 정부회계는 정부가 본래의 목적인 공공서비스 제공을 얼마나 잘 수행했는지에 대한 정보를 제공하는 것이 중요하다.

알아두기

부기(簿記)

부기(bookkeeping)는 회계와 비슷한 의미로 사용된다. 이 두 용어를 굳이 구분하자면, 부기는 거래를 정리하여 장부에 기록하는 절차이고 회계는 부기에 이론적인 체계를 더한 것이라고 볼 수 있다. 부기에는 단식부기(single entry bookkeeping)와 복식부기(double entry bookkeeping)가 있다.

단식부기는 단순히 현금의 입출 내역(수입과 지출)을 기록하는 것으로 누구나 쉽게 이해할 수 있다. 돈이 들어오고 사용된 내역만을 기록하는 가계부 등이 단식부기의 예라고 할 수 있다. 가계부 등에서 사용하는 단식부기의 한계는 돈이 들어오고 나가는 수입과 지출만을 인식할 뿐, 자산과 부채의 개념이 없다는 점이다. 자산·부채의 인식 없이 단지 현금의 수입과 지출만을 표기하는 단식부기가 주는 정보는 극히 제한적이다.

이와는 달리 복식부기는 기업의 재산에 영향을 주는 모든 거래를 파악해서 재산이 변화한 원인과 그 결과를 동시에 기록하는 것으로 기업 이외에도 대부분의 조직에서 채택하고 있다. 오랫동안 예산제도에 맞춰 현금주의 방식으로 운용해 온 공공부문에서조차 발생주의 복식부기제도에 근간한 정부회계제도를 도입하였다. 일반적으로 부기라는 용어는 복식부기를 지칭한다.

2 회계원칙

2.1 회계원칙

회계원칙(회계기준)은 특정 거래나 회계사건을 측정하고 인식하여 재무제표에 기록하는 방법을 의미한다.[1] 회계는 의사결정자에게 유용한 정보를 제공하는 것을 목적으로 하며, 이러한 목적을 달성하기 위해서는 회계처리를 함에 있어 일정한 규칙에 따라야 한다.

1 유재권, 에센스 회계원리(유원북스, 2019), p. 10.

그런데 사회과학인 회계에서도 자연과학에서의 만유인력의 법칙과 같은 만고불변의 법칙이 존재할까? 그렇지 않다. 회계원칙과 회계실무는 시간의 경과나 경제적 환경의 변화에 따라 진보하고 변화하기 마련이다.

회계는 의사결정에 유용한 정보를 제공하기 위해 부단히 새로운 회계기법을 고안하여 시도해 보고, 그 결과 특정 회계기법이 논리적이라고 판단되고 권위 있는 기관의 지지를 받게 되면 이른바 '일반적으로 인정된 회계원칙(generally accepted accounting principles: GAAP)'으로 간주되어 재무보고를 위한 회계실무를 규율하는 기준이 된다.

2.2 세 가지 회계기준

현재 우리나라는 세 가지 회계기준을 운용하고 있다.

첫째, 국제회계기준위원회(International Accounting Standards Board: IASB)가 제정한 국제회계기준(International Financial Reporting Standards: IFRS)을 전면 도입하여 2011년부터 모든 상장기업과 금융회사가 의무적으로 적용하고 있다. 한국채택국제회계기준(Korean International Financial Reporting Standards: K-IFRS)의 의무적용 대상은 아니지만 비상장기업(중소기업 포함)도 국제회계기준을 적용할 수 있다.

둘째, 한국채택국제회계기준은 종전의 기업회계기준에 비해 회계처리가 어렵고 주석공시사항이 방대하여 기업의 부담이 과중하다는 이유에서 일반기업회계기준을 만들어 비상장기업이 적용할 수 있도록 하였다. 일반기업회계기준은 전기 말 자산이 120억원 이상인 기업 등 「주식회사 등의 외부감사에 관한 법률」(약칭: 외감법)의 적용을 받는 기업 중에서 한국채택국제회계기준을 채택하지 않은 회사에 적용되는 회계기준이다.

표 1-1 세 가지 회계기준의 적용대상 기업

구 분	한국채택국제회계기준 (K-IFRS)	일반기업회계기준	중소기업회계기준
상장기업, 금융회사	○	×	×
비상장 외감기업	○	○	×
비상장 비외감기업	○	○	○

셋째, 「외감법」의 적용을 받지 않는 중소기업에는 일반기업회계기준도 너무 어렵다는 이유로 중소기업회계기준을 제정하였다. 「상법」에 의해 설립된 주식회사로서 한국채택국제회계기준이나 일반기업회계기준을 채택하지 않은 회사가 이 기준을 적용할 수 있다.

알아두기

분식회계

분식회계(window dressing settlement, accounting fraud)는 기업이 재무상태나 경영성과를 실제보다 좋게 보이게 할 목적으로 부정한 방법을 이용하여 자산이나 이익을 부풀려 계산하는 등 회계자료를 조작하는 것을 의미한다. 여기서 분식이란 한자의 '가루 분(粉)'과 '꾸밀 식(飾)'의 합성어로 사전적 의미는 실제보다 좋게 꾸미기 위하여 분칠을 한다는 것이다. 이와 같은 측면에서 분식회계는 여성들이 얼굴에 '분'을 발라 주름살 등을 감추고 피부를 젊게 보이게 하는 것처럼 회사가 회계자료에 '분'을 발라 실제보다 좋은 것처럼 보이게 한다는 뜻을 담고 있다.

분식회계에는 아직 창고에 쌓여 있는 재고의 가치를 장부에 과대계상하는 수법, 팔지도 않은 물품의 매출전표를 끊어 매출채권을 부풀리는 수법, 매출채권의 대손충당금을 고의로 적게 잡아 이익을 부풀리는 수법, 부외부채 또는 부채를 과소계상하는 수법 등이 주로 이용된다. 이와 반대로 세금 부담이나 근로자에 대한 임금 인상을 피하기 위하여 실제보다 이익을 적게 계상하는 경우를 역분식회계라고 한다.

분식회계는 주주, 채권자 등 기업의 이해관계자들의 판단을 왜곡시켜 손해를 끼치는 것은 물론, 탈세와도 관련이 있어 「상법」 등 관련법에서 금지되어 있다. 불황기에 특히 이러한 분식회계 수법이 자주 이용된다. 한국에서는 1999년 대우그룹 김우중 회장의 41조 원 분식회계 사실이 드러나 재무제표를 믿고 자금을 대출해준 금융기관과 투자자, 일반

국민들이 엄청난 손해를 본 일이 있다. 최근에는 대우조선해양이 2008년부터 2016년 3월까지 매출액과 자산을 부풀리고 비용과 부채를 축소하는 수법 등으로 누적기준 7조 7,000억원 규모의 분식회계를 저질러 사회적 물의를 일으켰다. 미국에서는 7대 대기업이자 에너지회사인 엔론(Enron Corporation)이 분식회계를 통해 회사의 재무상태를 허위로 보고한 사실이 드러나 2001년에 파산함으로써 주주와 채권자들에게 큰 손해를 입혔다.

분식회계를 막기 위해 회사는 내부감사를 두고 외부감사인인 공인회계사로부터 회계감사를 받도록 되어있다. 그리고 회계감사보고서를 금융감독원이 다시 한 번 조사해 분식회계 여부를 밝혀내는 '감리'라는 장치도 있다. 분식회계를 제대로 적발하지 못한 회계법인은 영업정지나 설립인가 취소 결정을 받을 수 있다. 투자자나 채권자가 분식회계로 작성된 재무제표를 보고 투자한 후 손해를 본 경우 손해배상 청구소송을 할 수도 있다.

3 회계의 기본가정

회계정보가 외부 정보이용자들에게 경제적으로 유용한 정보가 되기 위해서는 재무회계에 대한 기본가정이 필요하다. 재무회계의 기본가정이란 경제적 사건(거래)을 재무제표에 인식(기록)하기 위해서 전제되어야 할 가정으로서 실무원칙으로 사용되는 회계원칙을 도출하는 데 필요한 가정이다. 재무회계에 적용되는 가장 중요한 가정은 발생주의와 계속기업의 가정이다.

3.1 발생주의

발생주의(accrual basis)는 거래를 인식할 때 현금을 받거나 지급하는 시점이 아니라 해당 거래가 발생한 시점에 인식하는 것을 의미한다. 이는 현금이 실제 오간 시점을 기준으로 회계에 반영하는 방식인 현금주의(cash basis)에 대비되는 개념이다.

현금주의에 의하면 현금판매분만 매출로 계상할 수 있고, 외상판매분은 외상판매대금이 회수되기 전까지 매출로 인정되지 않는다. 한편 상품이나 서비스를 제공하기 전에 미리 받은 계약금은 일단 현금이 들어온 것이니 매출로 인정될 것이다. 비용도 수익과 마찬가지로 현금주의를 적용하여 측정하면 불합리한 결과가 초래된다.

현금을 받거나 지급하는 것은 쉽게 확인될 수 있기 때문에 현금주의를 적용하면 회계보고서의 작성이 용이할 것이다. 그러나 산출된 정보가 해당 회계기간의 경영성과를 제대로 반영하지 못하는 단점이 더 크다. 이에 회계에서는 현금주의가 아닌 발생주의를 적용하여 경영성과를 측정하는 것이다.[2]

매출채권과 매입채무를 비롯하여 많은 자산과 부채계정은 발생주의 회계의 산물이다.[3] 발생주의는 현금주의에 비해서 발생의 시점에 대한 객관적인 확인이 어렵고 발생(accrual)과 이연(deferral)의 적용 시 불가피하게 경영자의 주관적 판단이 개입하는 단점이 있다. 그러나 현금주의에 비해서 회계기간별 이익의 크기를 보다 정확하게 측정할 수 있는 장점이 단점을 압도하기 때문에 재무제표를 구성하는 모든 요소는 발생주의를 적용하여 측정한다.

한국회계기준원이 2007년에 제정한 '재무제표 작성과 표시를 위한 개념체계'는 발생주의를 계속기업의 가정과 함께 재무제표의 기본 가정으로 제시하였으나, 2011년에 제정한 '재무보고를 위한 개념체계'에서는 계속기업의 가정만을 명시하고 있다. 그러나 재무제표를 작성함에 있어서 발생주의가 가장 기본적인 가정이 된다는 점은 누구도 부인하기 어려울 것이다.

---

2 유재권, 에센스 회계원리(유원북스, 2019), pp. 109~110.

3 결산 시 미수수익(자산)과 미지급비용(부채)을 인식하는 결산수정분개(발생분개)를 하는 것도 발생주의를 적용하여 정확한 기간이익을 계산하기 위한 것이다. 선수수익(부채)과 선급비용(자산)을 인식하는 결산수정분개(이연분개)도 같은 맥락에서 이해할 수 있다.

3.2 계속기업

계속기업(going concern)의 가정이란 기업이 예상가능한 기간 동안 영업을 계속할 것이며, 따라서 경영활동을 청산하거나 중요하게 축소할 의도나 필요성을 갖고 있지 않다는 가정이다. 이 가정에 근거하여 건물이나 기계장치를 구입할 때 소요된 원가를 일단 자산으로 계상했다가 그 자산을 실제로 사용하여 수익을 창출할 때 비용으로 계상할 수 있게 된다.

기업이 자산을 취득하여 보유할 때 그 자산의 원가 또는 가치를 역사적 취득원가, 공정가치, 처분가능가치 등 여러 가지로 측정할 수 있다. 해당 자산을 재판매할 목적으로 보유하는 것이 아니라면 계속기업의 가정에 근거하여 역사적 취득원가로 평가하는 것이 일반적이다.

건물이나 기계장치를 시가가 아닌 취득원가로 기록하고 그에 기초하여 예상사용기간 동안 비용으로 배분하는 감가상각회계도 이 가정 위에서 성립한다. 만약 어떤 사유로 기업이 더 이상 존립할 수 없는 상태에 빠진다면, 이들 자산은 취득원가가 아닌 청산가치로 측정하는 것이 더 타당할 것이다. 이와 같이 기업이 예상가능한 기간 동안 영업을 계속할 것이라는 계속기업의 가정하에서는 취득원가가 의미를 갖지만, 기업이 경영활동을 청산하거나 중요한 사업을 중단할 의도 또는 필요성이 있다면 이와 다른 기준을 고려해야 할 것이다. 이와 같이 계속기업의 가정은 자산, 부채, 자본 등의 평가에 기초가 되는 가정이라 할 수 있다.

회계기간을 설정하여 기간별로 재무제표를 작성해서 보고하는 것도 계속기업의 가정과 관련이 있다. 만약 기업의 설립부터 청산에 이르는 전체 존속기간을 대상으로 총수익과 총비용을 비교한다면, 가장 정확한 이익을 계산할 수 있을 것이다. 모든 자산을 현금화해서 부채를 상환하고 남은 돈을 설립시점의 자본금과 비교하면, 경영자의 주관적 판단이 개입할 여지없이 객관적인 이익이 산출되기 때문이다. 그러나 실제로 그런 방법을 사용한다면 기업의 청산시점까지 회계정보의 산출을 미뤄야 하기 때문에 정보이용자들이 적절한 시점에 원하는 정보를 이용할 수 없게 된다. 이와 같은 문제점을 해결하기 위하여 회계기간을 설정하여 기간별로 재무상태와 경영성과를 측정하고, 이를 주기적으로 정보이용자에게 제공하는 것이다.

알아두기

회계감사

회계감사(auditing)는 재무제표가 회계기준에 따라 해당 기업의 경제적 실상을 적정하게 표시하였는지의 여부를 공인회계사(certified public accountant: CPA)가 확인하는 것으로 넓은 의미에서 재무회계의 한 분야로 볼 수 있다. 외부감사인(external auditor)은 기업의 경영자가 작성한 재무제표에 감사의견(audit opinion)을 표명함으로써 회계정보의 신뢰성을 높여준다.

감사의견은 적정의견, 한정의견, 부적정의견, 의견거절로 구분된다. 우리나라는 「주식회사 등의 외부감사에 관한 법률」(외감법)에 따라 주권상장법인, 주권상장예정법인, 직전 사업연도 자산총액 120억원 이상, 부채총액 70억원 이상, 매출액 100억원 이상, 종업원 100명 이상의 주식회사와 특정조건의 유한회사는 모두 외부감사인인 공인회계사로부터 회계감사를 받아야 한다. 따라서 회계정보를 활용하기 전에 반드시 해당 기업의 재무제표가 외부감사인으로부터 적정의견을 받았는지를 먼저 확인할 필요가 있다.

주권상장법인(코스닥등록법인 포함)과 「외감법」 적용 대상이 되는 주식회사는 외부감사인의 감사의견이 포함된 재무제표를 금융감독원의 전자공시시스템(http://dart.fss.or.kr)을 통해 공시하여야 한다. 감사보고서에 포함된 이들 기업의 회계정보는 누구든지 무료로 자유롭게 활용할 수 있다.

주요 용어

회계(accounting)

정보이용자가 경제적 의사결정을 할 때 유용한 정보를 제공할 수 있도록 경제적 정보를 식별하고 측정하여 전달하는 과정이다.

내부이용자(경영자, 종업원)

기업 내부에서 그들의 경제적 의사결정을 합리적으로 수행하려고 하는 모든 의사결정자들을 말한다.

외부이용자(투자자, 채권자, 정부기관, 소비자, 환경단체, 일반대중 등)

기업 외부에서 그들의 경제적 의사결정을 합리적으로 수행하려고 하는 모든 의사결정자들을 말한다.

재무회계(financial accounting)

기업 외부에 존재하는 다양한 이해관계자(투자자, 채권자, 소비자, 환경단체, 일반대중 등)들이 합리적 의사결정을 하는 데 필요한 유용한 정보를 측정·보고할 목적으로 하는 회계를 말한다.

관리회계(managerial accounting)

경영자의 의사결정에 유용한 정보를 제공하는 것을 목적으로 하는 회계이다.

세무회계(tax accounting)

외부 정보이용자 중에서 국세청에 정보를 제공하는 것을 목적으로 하는 것으로서 재무회계를 기초로 국세청의 과세소득을 계산하기 위한 회계이다.

정부회계(governmental accounting)

중앙정부나 지방자치단체와 같은 정부조직의 재정활동에 대한 회계로서 비영리회계의 특징이 있다.

회계원칙(회계기준)

특정 거래나 회계사건을 측정하고 인식하여 재무제표에 기록하는 방법을 의미한다.

☞ 한국채택국제회계기준(K-IFRS), 일반기업회계기준, 중소기업회계기준

발생주의(accrual basis)

거래를 인식할 때 현금을 받거나 지급하는 시점이 아니라 해당 거래가 발생한 시점에 인식하는 것을 의미한다.

계속기업(going concern)

기업이 예상가능한 기간 동안 영업을 계속할 것이며, 따라서 경영활동을 청산하거나 중요하게 축소할 의도나 필요성을 갖고 있지 않다는 가정이다.

연습문제

Ⅰ. 완성/선택형 문제

1. 회계는 경제활동의 주체인 정보이용자가 합리적인 의사결정을 할 수 있도록 필요한 정보를 기록 · 처리하고 전달하는 (   )이다.

2. 회계시스템은 회계정보이용자의 정보이용 목적에 따라 (   ), (   ), 세무회계, 정부회계 등으로 분류된다.

3. (   )은 특정 거래나 회계사건을 측정하고 인식하여 재무제표에 기록하는 방법을 의미한다.

4. (   )는 거래를 인식할 때 현금을 받거나 지급하는 시점이 아니라 해당 거래가 발생한 시점에 인식하는 것을 의미한다.

5. 회계에 대한 다음 설명 중 타당하지 않은 것은?

   ① 회계는 기업과 이해관계자 간의 의사소통을 가능하게 한다.
   ② 회계의 기본목적은 정보이용자에게 합리적인 의사결정을 하는 데 필요한 정보를 제공하는 것이다.
   ③ 기업은 각자 처한 환경이 다르기 때문에 자신의 필요에 맞는 회계기준을 개발하여 사용할 수 있다.
   ④ 회계는 식별된 거래를 화폐액으로 환산하여 보고한다.
   ⑤ 회계정보의 이용자는 내부이용자와 외부이용자로 구분할 수 있다.

6. 재무회계와 관리회계에 관한 다음 설명 중 타당하지 않은 것은?

① 재무회계는 일반적으로 인정된 회계원칙에 따라야 한다.
② 기업회계라는 용어는 관리회계를 의미한다.
③ 외부이용자들에게 제공되는 재무회계정보는 요약된 형태로 보고되는데, 이 재무보고서를 재무제표(financial statements: F/S)라고 한다.
④ 관리회계 정보는 대부분 기업 내부경영자들이 이용하는 정보를 산출하는 회계이므로 특별한 재무보고서는 없다.
⑤ 영리추구 목적의 기업에서는 기간이익의 측정이 회계의 주요 관심사이지만, 정부회계는 정부가 본래의 목적인 공공서비스 제공을 얼마나 잘 수행했는지에 대한 정보를 제공하는 것이 중요하다.

7. 회계원칙에 관한 다음 설명 중 타당하지 않은 것은?

① 회계원칙은 만고불변의 법칙이다.
② 회계원칙이란 특정 거래나 회계사건을 측정하고 인식하여 재무제표에 기록하는 방법을 의미한다.
③ 회계처리를 함에 있어서는 일정한 규칙에 따라야 한다.
④ 특정 회계기법이 논리적이라고 판단되고 권위 있는 기관의 지지를 받게 되면 회계원칙으로 인정된다.
⑤ 우리나라는 국제회계기준위원회(IASB)가 제정한 국제회계기준(IFRS)을 전면 도입하여 2011년부터 모든 상장기업과 금융회사가 의무적으로 적용하고 있다.

8. 우리나라의 회계기준과 관련한 다음 설명 중 타당하지 않은 것은?

① 모든 상장기업과 금융회사는 국제회계기준을 적용하여야 한다.
② 비상장기업은 일반기업회계기준을 적용할 수 있다.
③ 한국채택국제회계기준은 종전의 기업회계기준에 비해 회계처리가 어렵고 주석공시사항이 방대하다.
④ 우리나라의 세 가지 회계기준 중 중소기업회계기준이 가장 간편하다.
⑤ 「외감법」 적용을 받지 않는 중소기업은 국제회계기준을 적용할 수 없다.

9. 재무보고를 위한 개념체계에서 재무제표 작성을 위한 기본가정으로 제시하고 있는 것은? (경영지도사, 2013)

① 계속기업 ② 발생기준 ③ 청산기준
④ 화폐단위측정 ⑤ 기간별보고

II. 서술형 문제

1. 회계의 의의에 대해 설명하라.

2. 회계정보이용자를 제시하고 각 정보이용자의 이용 목적을 설명하라.

3. 현재 우리나라가 운용하고 있는 세 가지 회계기준에 대해서 설명하라.

4. 회계의 기본가정인 계속기업에 대해서 설명하라.

Memo

제 2 장
회계등식과 회계거래

1. 재무제표의 구조
2. 회계등식의 이해
3. 회계거래와 계정

회계거래는 반드시 회계등식(accounting equation)에서 두 개 이상의 요소에 영향을 미친다. 그리고 각 회계거래는 회계등식의 양편에 항상 동일한 금액으로 영향을 미치기 때문에 어떤 회계거래를 반영한 후라도 회계등식은 항상 성립한다. 이러한 원리가 복식부기의 중심개념을 이루고 있다. 회계등식은 회계원리가 시작되는 출발점이며, 회계를 이해하는 데 가장 기초가 되는 중요한 개념이다.

회계는 기업의 재무상태에 변화를 일으키고 그 영향을 금액으로 측정할 수 있는 경제적 사건을 인식해서 기록하는데, 이러한 요건을 충족시키는 경제적 사건을 회계용어로 거래(transaction)라고 부른다. 회계상 거래는 기업의 경영활동 중 재무제표를 구성하는 자산, 부채, 자본, 수익, 비용 항목에 영향을 미치고, 화폐단위로 측정이 가능한 사건을 말한다. 따라서 법적인 거래라 하더라도 재무제표의 구성요소에 영향을 미치지 않으면, 회계거래로 인식되지 않는다. 본장에서는 회계등식과 회계거래의 특징을 살펴본다.

1 재무제표의 구조

재무제표(financial statements: F/S)는 기업이 회계기간 동안에 수행한 경영활동의 결과를 간결하게 요약한 재무보고서이다. 재무제표의 작성목적은 기업의 이해관계자들에게 다양한 형태의 재무정보를 제공하는 데 있다. 기업의 이해관계자들이 요구하는 정보욕구를 충족시켜 주기 위하여 작성되고 있는 가장 보편적인 재무보고서로 재무상태표, 손익계산서, 현금흐름표, 자본변동표 등이 있다. 재무제표에는 기업의 미래이익과 배당, 현금흐름 등 기업의 재무의사결정에 필요한 많은 정보가 포함되어 있다.

1.1 재무상태표

재무상태표(statement of financial position)는 일정시점(결산기 말)에서 기업의 자산, 부채, 자본에 관한 정보를 제공하는 재무보고서로서 **대차대조표**(balance sheet: B/S)라고도 한다. 〈표 2-1〉과 같이 T자모형의 보고서 양식으로 만든 재무상태표는 왼편(차변)에 투자된 자산, 오른편에 자금조달원천별로 부채, 자본으로 구분하여 표시하며, 자산의 합계액과 부채 및 자본의 합계액은 같다.

재무상태표의 구성요소인 자산(자금의 운용상태), 부채 및 자본(자금의 조달원천)의 상호관계를 회계등식(accounting equation)으로 표현하면 다음의 식과 같다. 이와 같은 식을 **재무상태표등식**이라 하기도 한다.

표 2-1 **재무상태표의 구조**

차 변	대 변
자산	부채 자본
자산 합계	부채 및 자본 합계

자산=부채+자본

자 산

자산(assets)은 과거 거래나 사건의 결과로 현재 회사에 의해 통제되고 있고 미래에 경제적 효익을 창출할 것으로 기대되는 자원을 의미한다. 자산은 회사가 보유하고 있는 경제적 자원으로서 금전적인 가치가 있으며 향후 유용하게 쓸 수 있는 회사의 재산이라 할 수 있다.

부 채

부채(liabilities)는 현금으로 갚거나 상품 또는 서비스를 제공해야 할 경제적 의무이다. 즉 과거의 거래나 사건의 결과로 현재 기업이 부담하고 있고 미래에 자원의 유출(사용)이 예상되는 의무이다.

자 본

자본(capital)은 자산에서 부채(채권자의 청구권)를 차감한 잔여액 또는 순자산액으로 회사의 자산에 대한 소유주(주주)의 잔여청구권(지분)을 의미한다. 채권자는 회사에 자금을 빌려준 대가로 빚에 대한 청구권을 가지며, 주주는 회사가 발행한 주식을 구입한 대가로 회사의 주인이 된다. 채권자의 청구권은 주주의 소유권보다 우선하므로 회사의 주주는 회사 자산 중에서 채권자의 지분을 차감한 잔여지분에 대한 권리를 갖는다. 부채를 타인자본, 자본을 자기자본이라고 부르기도 한다.

1.2 손익계산서

손익계산서(income statement: I/S)는 일정기간 동안 기업 영업활동의 결과 발생한 수익과 비용을 대응시켜 당해기간의 손익을 표시한 보고서로서 기업의 종합적인 경영성과를 나타내는 재무제표이다. 〈표 2-2〉와 같이 T자 형의 보고서 양식으로 만든 손익계산서 왼쪽에 비용과 이익을 오른쪽에 수익을 기입한

표 2-2 손익계산서의 구조

차 변	대 변
비용 당기순이익	수익
차변 합계	대변 합계

다. 수익은 재무상태표의 오른쪽(대변) 항목인 자본과 마찬가지로 내부에 현금이 유입(자본 증가)되므로 오른쪽에, 비용은 재무상태표의 왼쪽(차변) 항목인 자산과 같이 현금이 유출(자본 감소)되므로 왼쪽에 기입한다. 당기순이익은 차변에, 순손실은 대변에 기록한다. 손익계산서 차변합계와 대변합계가 같아야 하므로 양변을 일치시켜 주기 위해서 수익이 비용보다 크면 이익으로 차변에, 수익이 비용보다 작으면 손실로 대변에 기입하는 것이다. 이와 같은 관계를 다음의 식과 같이 나타낼 수 있으며, 이와 같은 등식을 **손익계산서등식**이라 한다.

비용+이익=수익, 비용=수익+손실

수 익

수익(revenues)은 일정기간 동안 경영활동을 통해 벌어들인 자산(현금 또는 현금을 받을 권리)이며 자본의 증가를 가져온다. 수익은 자산의 증가나 부채의 감소에 의해 미래 경제적 효익이 증가하고 이를 신뢰성 있게 측정할 수 있을 때 손익계산서에 기록(인식)한다. 이는 수익의 인식으로 자산의 증가 또는 부채의 감소에 대한 인식이 동시에 일어난다. 예를 들어 기업에서 수익이 증가하면 현금이나 매출채권이 증가한다. 그리고 일정기간 수익의 증가는 영업활동으로부터 발생한 현금과 매출채권의 합과 같다. 즉 일정기간 중의 총수익은 곧 동 기간의 순자산증가액과 같다. 따라서 수익의 증가는 곧 자본의 증가를 의미한다.

비 용

비용(expenses)은 기업이 수익을 얻기 위해 일정기간 동안 소비된 자산(상품 또는 현금의 지급, 현금을 지불할 의무)이며 자본을 감소시킨다. 구체적으로 비용은 수익을 얻기 위해 소비된 상품이나 서비스의 원가를 말한다. 비용은 자산의 감소나 부채의 증가와 관련하여 미래 경제적 효익이 감소하고 이를 신뢰성 있게 측정할 수 있을 때 손익계산서상에 인식한다. 이는 비용의 인식으로 자산의 감소 또는 부채의 증가에 대한 인식이 동시에 일어난다. 예를 들어 직원에 대한 급여를 지급한 경우, 인건비라는 비용이 발생하고 동시에 현금이라는 자산이 감소하거나 미지급인건비라는 부채가 증가한다. 결과적으로 비용은 순자산을 감소시킨다.

1.3 현금흐름표, 자본변동표, 주석

현금흐름표

현금흐름표(statement of cash flows)는 회계기간 동안 기업이 조성한 현금과 사용한 현금의 내역을 정리한 보고서를 말한다. 현금흐름표는 영업활동을 통한 현금창출에 대한 정보, 투자활동에 대한 정보, 자본조달을 위한 재무활동의 정보를 제공한다. 발생주의를 적용해서 산정된 회계이익은 순현금흐름과는 일치하지 않기 때문에 현금흐름표는 회계이익과 현금흐름 사이의 차이와 그 원인에 대한 정보를 제공한다.

자본변동표

자본변동표(statement of changes in equity)는 기업의 재무상태표에 표시되어 있는 자본의 변동내역을 자본 구성요소별로 보여주는 재무보고서이다. 우리나라의 「상법」규정 때문에 종전의 이익잉여금처분계산서를 재무제표의 하나로 포함시키기도 하지만, 자본변동표에서 배당을 포함한 이익잉여금 변동내역을 표시하고 있기 때문에 큰 의미는 없다고 생각된다.

그림 2-1 재무제표의 주요내용

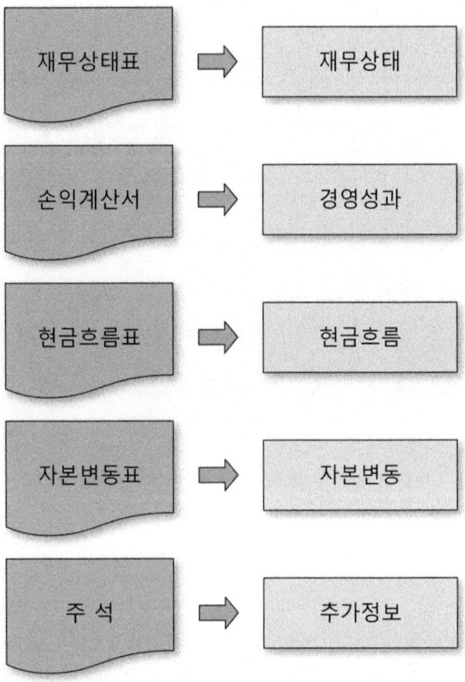

주 석

주석(footnotes)은 재무제표상의 해당 과목이나 금액에 기호를 붙이고 별지에 회계정책과 회계처리의 세부내용, 주요 계정과목의 내역 등을 기재한 것이다. 주석은 재무제표의 이해가능성과 비교가능성을 높이는 데 필요한 양적·질적 정보를 제공한다. 주석은 재무제표의 하나로서 본문에 표시되는 항목에 관한 설명이나 금액의 세부내역뿐만 아니라 우발상황 또는 약정상황과 같이 재무제표에 인식되지 않는 항목에 대한 추가적인 정보를 제공한다. 현대 회계의 추세는 주석 공시를 강화하는 방향으로 발전하고 있으며, 우리나라도 국제회계기준의 도입에 따라 주석 공시사항이 더욱 많아졌다.

알아두기

회계기간

회계에서는 기업이 예상가능한 기간 동안 영업을 계속할 것이라는 계속기업(going concern)의 기본가정을 두고 있다. 기업을 설립하여 단기간에 걸쳐 일회성 사업만을 수행하고 바로 청산한다면, 구태여 어려운 회계이론을 만들지 않더라도 손쉽게 경영성과를 계산할 수 있을 것이다. 그러나 오늘날의 기업은 설립 시점에 미리 존속기간을 정하지 않는 것이 대부분이며, 재무적 어려움에 처해서 더 이상 영업활동을 할 수 없을 때까지 오랫동안 존속한다.

만약 기업이 설립되어 청산될 때까지 이해관계자들에게 회계정보를 제공하지 않는다면, 합리적인 의사결정이 어렵고 신뢰가 떨어져 기업이 발전하기 어려울 것이다. 이에 인위적으로 회계정보를 측정하여 보고하는 기간을 정하여 재무상태와 경영성과를 보고하는데, 이를 회계기간(accounting period) 또는 재무보고기간이라고 한다.

일반적으로 기업은 1년을 한 회계기간으로 하여 재무상태와 경영성과를 측정하여 보고한다. 1월 1일부터 12월 31일까지를 한 회계기간으로 할 때, 1월 1일을 기초(期初)라고 하고 12월 31일을 기말(期末)이라고 한다. 기초와 기말 사이의 기간을 기중(期中)이라고 부른다. 또한 전년도 회계기간을 전기(前期), 당년도 회계기간을 당기(當期), 차년도 회계기간을 차기(次期)라고 한다.

회계기간이 1년을 초과할 수는 없지만 반드시 1년일 필요는 없으며, 1년보다 짧은 기간(6개월, 3개월 등)을 회계기간으로 하여 재무제표를 작성할 수도 있다. 우리나라 상장기업의 경우 1년 단위의 연차재무제표뿐만 아니라 6개월 단위의 반기재무제표, 3개월 단위의 분기재무제표를 작성하여 공시한다.

2 회계등식의 이해

2.1 회계등식

회계에서 가장 기본적인 재무제표는 재무상태표와 손익계산서이다. 그러므로 재무상태표등식(자산=부채+자본)과 손익계산서등식(수익−비용=이익 또는 손실)은 복식부기의 근간을 이루는 기본원리라 할 수 있다.

재무상태표의 구성요소인 자산, 부채, 자본은 일정시점(예를 들어, 20×1년 12월 31일 현재)의 잔액을 나타낸다. 그러나 손익계산서의 구성요소인 수익과 비용은 일정기간(예를 들어, 20×1년 1월 1일부터 20×1년 12월 31일까지) 동안의 누적된 금액을 나타낸다. 재무상태표와 손익계산서는 그 구성요소의 성격이 상이함에도 불구하고, 이익을 연결고리로 상호 밀접한 연관성을 갖는다. 재무상태표에서 기말시점의 자본은 기초시점의 자본에 당기에 발생한 이익을 합한 금액과 동일하다.

기말자본=기초자본+당기순이익

위 식에서 '당기순이익=수익−비용, 기말자본=기말자산−기말부채'이므로 다음과 같이 나타낼 수 있다.

기말자산−기말부채=기초자본+수익−비용

이 식을 정리하면 다음과 같은 회계등식을 얻을 수 있다.

기말자산+비용=기말부채+기초자본+수익

회계기간 중에 주주로부터의 추가적인 납입자본이 없었다면, 기말시점의 자본은 기초시점의 자본에 당기의 이익을 합한 금액과 같다. 그런데 당기의 이익은 당기수익에서 당기비용을 차감한 것이므로 결국 재무상태표의 자본에는 손익계산서의 이익이 포함되어 나타나는 셈이다.

재무상태표에도 당기순이익이 포함되어 나타나지만, 재무상태표에는 이익의 결과만을 표시할 뿐 그 내역을 보여주지 못하는 한계가 있다. 따라서 일정기간 동안의 이익이 어떻게 나왔는지, 즉 일정기간 동안의 경영성과가 어떠했는지를 제대로 파악하기 위해서는 손익계산서상의 수익과 비용을 살펴보아야 한다.

2.2 이익배당과 회계등식

자본은 회사의 자산총액에서 부채총액을 차감한 잔액으로서, 이는 납입자본과 이익잉여금 등으로 분류된다. **납입자본**은 주주가 회사에 실제로 납입한 금액이며, 이는 발행주식의 액면금액에 해당하는 자본금과 액면금액을 초과하여 납입한 금액 등을 포함하는 자본잉여금으로 구분할 수 있다.

이익잉여금(retained earnings)은 회사 설립 후 영업활동으로부터 발생한 순이익에서 배당금을 지급한 후 기업 내부에 누적된 이익을 의미하며, 이는 자본의 일부를 구성하는 항목이다. 따라서 이익이 발생하면 기말시점의 자본이 기초시점의 자본보다 이익만큼 늘어나고, 손실이 발생하면 그만큼 자본이 감소한다. 즉 이익의 발생으로 이익잉여금이 증가하고 이익잉여금은 자본의 일부를 구성하므로 이익의 발생은 곧 자본의 증가로 연결되는 것이다.

배당금이란 이익의 일부를 주주에게 나누어주는 것으로 손익계산서상 비용으로 처리하지 않고 이익잉여금(자본)이 감소하는 것으로 나타낸다. 배당을 지급하는 경우 기말자본은 기초자본에 당기순이익을 합한 후 배당금을 차감하여 구할 수 있다.

기말자본 = 기초자본 + 당기순이익 − 배당금

위 식에서 '당기순이익 = 수익 − 비용, 기말자본 = 기말자산 − 기말부채'이므로 다음과 같이 나타낼 수 있다.

기말자산－기말부채＝기초자본＋수익－비용－배당금

이 식을 정리하면 다음과 같은 **회계등식**을 얻을 수 있다.

기말자산＋비용＋배당금＝기말부채＋기초자본＋수익

2.3 복식부기의 기본원리

복식부기는 기업의 경영활동으로 인한 자산·부채·자본의 변화와 수익·비용의 발생내역을 그 원인과 결과에 따라 각각 왼쪽(차변)과 오른쪽(대변)으로 나누어 이중으로 기입하는 방식이다. 구체적인 기입원리를 이해하기 위해서는 재무상태표와 손익계산서의 기본구조를 알아야 한다.

회계등식에서 '자산＝부채＋자본'이므로 자산의 자리가 왼쪽이라면 부채와 자본의 자리는 그 반대편인 오른쪽이 된다.[1] 자산의 자리가 왼쪽이라는 의미는 자산을 증가시키는 거래를 자산계정의 왼쪽(차변)에 기입하고 자산을 감소시키는 거래는 자산계정의 오른쪽(대변)에 기입한다는 뜻이다. 한편 부채와 자본이 증가하는 거래는 해당 계정의 오른쪽(대변)에 기입하고, 부채와 자본이 감소하는 거래는 왼쪽(차변)에 기입해야 한다.

손익계산서 계정과목의 경우 수익은 순자산(자본)의 증가를 가져오고, 비용은 순자산(자본)의 감소를 초래한다. 따라서 수익을 증가시키는 거래는 자본과 마찬가지로 오른쪽(대변)에 기록하고, 비용을 발생시키는 거래는 왼쪽(차변)에 기입하는 것이다.

---

1 여기서 자산이 왼쪽, 부채와 자본은 오른쪽에 자리 잡고 있는데, 이는 관습적으로 그렇게 표기하였기 때문에 그렇게 굳어진 것이지, 무슨 특별한 논리가 있는 것은 아니다.

알아두기

차변과 대변

회계를 쉽게 가르치고 싶은 마음에서 회계용어 중 꼭 고치고 싶은 것이 있다. 바로 차변(借邊)과 대변(貸邊)이다. 빌릴 차(借)와 빌려줄 대(貸)를 썼으니 차변과 대변이라는 용어는 마치 그에 어울리는 깊은 뜻이 있는 것처럼 느껴진다. 그런데 막상 알고 보면, 왜 그런 용어가 생겼는지 의아해진다.

차변과 대변은 영어의 Debit과 Credit에 상응하는 용어이다. 일본이 이를 차방(借方)과 대방(貸方)이라는 용어로 번역해서 도입했고, 우리나라는 方 대신 邊으로 바꿔 차변과 대변으로 부르고 있다.

그렇다면 영어의 Debit과 Credit은 어디서 왔을까? 로마시대에 주인이 노예에게 금전을 대여하고 이를 오른쪽에 기입하였는데, 대여해 준 것을 기록하는 곳이라는 의미에서 Credit이라고 불렀다고 한다. 반대로 차입하는 사람은 이를 왼쪽에 기입하였고, 빌려온 것을 기록하는 곳이라 하여 Debit이라고 불렀다는 것이다. Debit과 Credit의 약식 표기인 Dr과 Cr도 Debtor(借主)와 Creditor(貸主)를 나타낸다.

그러나 오늘날의 회계개념으로는 금전을 대여할 경우 오른쪽이 아닌 왼쪽(차변)에 기입한다. 차입거래는 오른쪽(대변)에 기입하는 것이니, 어원을 생각하다 보면 오히려 혼란만 더할 뿐이다. 차라리 차변은 계정의 왼쪽, 대변은 계정의 오른쪽을 나타내는 것이라고 단순하게 생각하자. 용어도 그에 맞게 고치는 것이 좋겠다. 차변과 대변보다는 왼쪽과 오른쪽, 또는 좌변과 우변이 훨씬 더 이해하기 쉽지 않을까?

〈유재권, 에센스 회계원리(유원북스, 2019), p. 37 참조〉

3 회계거래와 계정

3.1 회계거래의 의의

회계는 기업의 재무상태에 변화를 일으키고 그 영향을 금액으로 측정할 수 있는 경제적 사건을 인식해서 기록하는데, 이러한 요건을 충족시키는 경제적 사건을 회계용어로 거래(transaction)라고 부른다.[2]

회계거래(accounting transaction)는 기업의 경영활동 중 재무제표를 구성하는 자산, 부채, 자본, 수익, 비용 항목에 영향을 미치고, 화폐단위로 측정이 가능한 사건을 말한다. 따라서 법적인 거래라 하더라도 재무제표의 구성요소에 영향을 미치지 않으면, 회계거래로 인식되지 않는다. 예를 들어 상품을 주문하더라도 그 시점에서는 회사의 재무상태에 아무런 영향을 미치지 않는다고 보아 회계처리를 하지 않으며, 상품이 입고되는 시점에서 자산(상품)과 부채(매입채무)를 인식하는 회계처리가 이루어진다.

현금이 분실되거나 화재로 재산 피해를 입었다면 어떻게 될까? 이는 일반적인 교환거래(매입, 매출 등)와는 느낌이 좀 다르지만, 자산이 감소하였으므로 회계상 거래로 인식하여야 한다. 여기서 회계상 거래로 인식한다는 말은 이들 거래를 장부에 반영함으로써 재무상태표와 손익계산서에 그 영향이 나타나도록 한다는 의미이다.

어떤 사건을 회계거래로 인식하는 문제는 그 사건을 장부에 기록할 것인지의 여부를 결정하는 중요한 회계적 판단이다. 회계처리의 출발점은 회계상 거래를 식별하고 이를 화폐단위로 측정하는 일이다.

2 유재권, 에센스 회계원리(유원북스, 2019), p. 38.

알아두기

회계거래의 분류

회계거래는 수익·비용과 관련하여 교환거래, 손익거래, 혼합거래로 분류할 수 있다.

교환거래는 기업의 수익이나 비용을 직접적으로 발생시키지 않는 거래로 자산 간의 교환, 자본금의 출자, 부채의 조달과 상환 등의 거래를 말한다. 현금으로 기계설비를 구입하거나 현금을 출자한 경우가 교환거래의 예이다.

손익거래는 기업의 수익과 비용을 직접적으로 변동시켜 순자산에 영향을 미치는 거래로 인건비 지급, 수익발생으로 인한 현금증가 등이 손익거래로 볼 수 있다.

혼합거래는 한 거래 내에 교환거래와 손익거래가 동시에 발생하는 거래로 원금과 이자를 포함한 차입금 상환, 기계설비의 처분에 따른 손실 발생 등이 혼합거래의 예로 볼 수 있다.

3.2 거래의 이중성

모든 거래는 재산 변화의 원인과 결과라는 두 가지 측면, 즉 **거래의 이중성**(duality of transactions)을 갖고 있다. 회계거래는 자산, 부채, 자본, 수익, 비용 항목 중 반드시 두 개 이상의 항목에 영향을 미친다. 예를 들어 외상으로 상품을 구입하면, 상품이라는 자산이 증가하고 매입채무라는 부채가 증가한다. 종업원에게 급여를 지급하면, 급여라는 비용이 발생하고 현금이라는 자산이 감소한다. 여기서 두 개 이상의 항목이란 동일한 재무제표 요소에 두 번 영향을 미치는 것을 포함한다. 예를 들어 상품을 현금으로 구입하면, 상품이라는 자산이 증가하고 현금이라는 자산이 감소한다.

단식부기는 재산의 변화라는 거래의 결과만을 기록하는 데 비해서, 복식부기는 거래의 발생 원인과 거래의 결과를 동시에 기록하는 것에 큰 차이가 있다. 복식부기는 모든 회계거래에 대하여 원인과 결과를 분석하여 해당 계정과목의 차변(왼쪽)과 대변(오른쪽)에 구분하여 기재한다. 복식부기의 원리상 차변(왼쪽) 합계는 대변(오른쪽) 합계와 항상 일치하게 되는데, 이를 **대차평균의 원리**(principle of equilibrium)라고 부른다. 대차평균의 원리에 따라 복식부기는 회계기록의 정확성을 어느 정도 자기 검증할 수 있는 장점이 있다.

회계거래를 인식하여 회계처리가 이루어지면 기업의 재무상태는 수시로 변동하지만, 거래의 이중성으로 인해 회계등식은 언제나 성립하게 된다. 손익계산서 구성항목인 수익과 비용의 경우 재무상태표에 직접 표시되는 항목은 아니지만, 자본의 구성요소인 이익에 영향을 미쳐 궁극적으로는 자본의 증감요인으로 반영된다.

3.3 계 정

회계상 거래를 성격별로 분류하여 기록하는 장소를 **계정**(account)이라고 한다. 기업의 경영활동은 수많은 거래를 수반하는데, 이를 체계적으로 분류하고 기록하여 재무상태표와 손익계산서 등의 요약된 회계보고서를 만든다. 계정에 구체적인 이름을 붙인 것이 계정과목이며, 주요 계정과목을 예시하면 〈표 2-3〉과 같다.

회계에서 계정과목은 마치 주소와 같은 역할을 담당한다. 주소가 있기 때문에 우편물이 정확한 장소에 배달되는 것처럼, 계정과목이 있기 때문에 수많은 회계거래가 체계적으로 분류되어 저장될 수 있는 것이다. 정부가 주소체계를 미리 정해 두는 것과 마찬가지로 대부분의 기업에서는 자사의 특성을 고려한 계정과목표(chart of accounts)를 만들어 사용하고 있다.

표 2-3 **주요 계정과목**

재무상태표 계정	자산계정	현금예금, 매출채권, 재고자산, 토지, 건물, 기계장치, 비품, 영업권 등
	부채계정	매입채무, 선수금, 퇴직급여충당부채, 차입금 등
	자본계정	자본금, 자본잉여금, 이익잉여금 등
손익계산서 계정	수익계정	매출, 이자수익, 임대료수익, 유형자산처분이익 등
	비용계정	매출원가, 급여, 임차료, 감가상각비, 이자비용 등

3.4 분개와 전기

복식부기의 기본원리에 따라 회계거래를 계정에 기입하는 규칙에 대하여 좀 더 살펴보자. 계정의 왼쪽을 차변(借邊, debit), 오른쪽을 대변(貸邊, credit)이라고 부른다. 모든 계정에는 차변과 대변이 있는데, 이를 명확히 구분하기 위해 중앙에 경계선을 그어서 계정을 나타내는 것을 T계정 형식이라고 부른다.

회계거래가 발생하면 분개라는 절차를 통해 장부에 기록하게 된다. **분개**(分介, journalizing)는 회계거래가 어느 계정과목에 해당하는 거래인지, 그 계정과목의 차변 또는 대변의 어느 쪽인지, 얼마의 금액을 기록할 것인지를 결정하는 절차이다. 모든 회계거래는 분개를 통해 그 거래에 내재된 원인과 결과가 파악되어 계정과목으로 전달된다.

재무제표에서 자산, 부채, 자본, 수익, 비용이 어느 쪽에 자리 잡고 있는지를 살펴보면, 차변과 대변의 기입 원리를 짐작할 수 있다. 자산은 원래 재무상태표의 차변(왼쪽)에 위치시키기로 약속했으니, 자산이 증가하는 거래는 차변에 기입하고 반대로 자산이 감소하는 거래는 대변에 기입한다. 부채와 자본은 자산과 반대로 생각하면 된다. 손익계산서 과목인 수익과 비용도 마찬가지다.

이와 같이 회계상의 거래는 자산의 증가와 감소, 부채의 증가와 감소, 자본의 증가와 감소, 수익의 발생과 비용의 발생이라는 8개의 요소로 구성되어 있으며, 이를 거래의 8요소라고 부른다.

차변(왼쪽)에는 자산의 증가, 부채의 감소, 자본의 감소, 비용의 발생(증가)을 기재하고, 대변(오른쪽)에는 자산의 감소, 부채의 증가, 자본의 증가, 수익의 발생(증가)을 기입한다. 만약 비용이 감소하는 거래가 발생하면 대변(오른쪽)에 기입하고, 수익이 감소하는 거래는 차변(왼쪽)에 기입하면 된다. 모든 거래는 반드시 차변과 대변에 동일한 금액을 기입해야 하며, 아무리 많은 거래

표 2-4 T계정

차변(왼쪽)	대변(오른쪽)

표 2-5 **거래의 8요소**

차변(왼쪽)	대변(오른쪽)
자산 (+) 부채 (−) 자본 (−) 비용 (+)	자산 (−) 부채 (+) 자본 (+) 수익 (+)

를 기입하더라도 전체 차변금액과 대변금액은 반드시 일치하게 된다(대차평균의 원리).

회계거래가 발생하면 분개를 하고, 이를 총계정원장에 옮겨 적는 **전기**(轉記, posting) 과정을 거친다. **총계정원장**(general ledger)은 자산, 부채, 자본, 수익, 비용의 모든 계정을 모아 놓은 장부를 의미하며, **원장**(ledger)이라고 부르기도 한다.

분개가 이루어지면 차변과 대변에 기재된 계정에 그 금액이 기입된다. 차변에 분개된 내용은 해당 계정의 차변에 옮겨 적고, 대변에 분개된 내용은 해당 계정의 대변에 옮겨 기재한다. 또한 계정에 전기된 내용만 보고도 그 거래내역을 짐작할 수 있도록 금액 앞에 상대(차변 또는 대변) 계정과목을 함께 기입한다.

예제 2-1 분개와 전기

다음의 거래를 분개한 후 총계정원장에 전기하라.

- 3월 2일에 매출채권 ₩1,000,000을 현금으로 회수하다.
- 3월 4일에 매입채무 ₩600,000을 현금으로 지급하다.

| 해설 |

거래를 분개하면 다음과 같다.

- 3/2: (차) 현금예금 ₩1,000,000 (대) 매출채권 ₩1,000,000
- 3/4: (차) 매입채무 ₩600,000 (대) 현금예금 ₩600,000

이들이 계정에 전기된 것을 나타내면 다음과 같다.

현금예금

⋮		⋮	
3/2 매출채권	1,000,000	3/4 매입채무	600,000

매출채권

⋮		⋮	
		3/2 현금예금	1,000,000

매입채무

⋮		⋮	
3/4 현금예금	600,000		

주요 용어

재무제표(financial statements: F/S)

기업이 회계기간 동안에 수행한 경영활동의 결과를 간결하게 요약한 재무보고서이다.

☞ 재무상태표, 손익계산서, 현금흐름표, 자본변동표, 주석 등

회계등식(accounting equation)

☞ 기말자산＋비용＋배당금＝기말부채＋기초자본＋수익

복식부기(double entry bookkeeping)

기업의 경영활동으로 인한 자산 · 부채 · 자본의 변화와 수익 · 비용의 발생내역을 그 원인과 결과에 따라 각각 왼쪽(차변)과 오른쪽(대변)으로 나누어 이중으로 기입하는 방식이다.

회계거래(accounting transaction)

기업의 경영활동 중 재무제표를 구성하는 자산, 부채, 자본, 수익, 비용 항목에 영향을 미치고, 화폐단위로 측정이 가능한 사건을 말한다.

거래의 이중성(duality of transactions)

모든 거래는 재산 변화의 원인과 결과라는 두 가지 측면이 있으며, 자산, 부채, 자본, 수익, 비용 항목 중 반드시 두 개 이상의 항목에 영향을 미친다.

대차평균의 원리(principle of equilibrium)

복식부기의 원리상 차변(왼쪽) 합계는 대변(오른쪽) 합계와 항상 일치하게 되는 것을 말한다. 이 원리에 따라 복식부기는 회계기록의 정확성을 어느 정도 자기 검증할 수 있는 장점이 있다.

계정(account)

회계상 거래를 성격별로 분류하여 기록하는 장소를 의미한다.

분개(分介, journalizing)

회계거래가 어느 계정과목에 해당하는 거래인지, 그 계정과목의 차변 또는 대변의 어느

쪽인지, 얼마의 금액을 기록할 것인지를 결정하는 절차이다.

전기(轉記, posting)

회계거래가 발생하면 분개를 한 후, 이를 총계정원장에 옮겨 적는 과정을 의미한다.

총계정원장(general ledger)

자산, 부채, 자본, 수익, 비용의 모든 계정을 모아 놓은 장부를 의미하며, 원장(ledger)이라고 부르기도 한다.

연습문제

Ⅰ. 완성/선택형 문제

1. (　　　　)는 일정시점(결산기 말)에서 기업의 자산, 부채, 자본에 관한 정보를 제공하는 재무보고서로서 대차대조표(balance sheet: B/S)라고도 한다.

2. (　　　　)는 일정기간 동안 기업 영업활동의 결과 발생한 수익과 비용을 대응시켜 당해기간의 손익을 표시한 보고서로서 기업의 종합적인 경영성과를 나타내는 재무제표이다.

3. 복식부기의 원리상 차변(왼쪽) 합계는 대변(오른쪽) 합계와 항상 일치하게 되는데, 이를 (　　　　)라고 부른다.

4. 회계상 거래를 성격별로 분류하여 기록하는 장소를 (　　　　)이라고 한다.

5. (　　　　)는 회계거래가 어느 계정과목에 해당하는 거래인지, 그 계정과목의 차변 또는 대변의 어느 쪽인지, 얼마의 금액을 기록할 것인지를 결정하는 절차이다.

6. 다음 중 회계등식으로 타당하지 않은 것은?

① 자산＝부채＋자본
② 기말자산＝기말부채＋기초자본＋당기순이익
③ 기말자산＝기말부채＋기말자본
④ 기말자산＋배당금＝기말부채＋기초자본＋당기순이익
⑤ 기말자산－비용＝기말부채＋기초자본＋수익

7. 다음 중 회계등식에 관한 설명으로 타당하지 않은 것은?

① 회계등식은 회계원리가 시작되는 출발점이다.
② 자산은 부채와 자본의 합과 같다.
③ 회계기말에는 회계등식이 반드시 성립하지만, 기중에는 성립하지 않는 것이 일반적이다.
④ 회계등식은 복식부기의 근간을 이루는 기본원리라 할 수 있다.
⑤ 회계기간 중에 주주로부터의 추가적인 납입자본이 없었다면, 기말시점의 자본은 기초시점의 자본에 당기의 이익을 합한 금액과 같다.

8. 복식부기의 원리에 관한 다음 설명 중 타당하지 않은 것은?

① 복식부기는 거래의 원인과 결과를 차변과 대변으로 나누어 기록한다.
② 자산이 증가하는 거래는 차변에 기록한다.
③ 부채가 감소하는 거래는 차변에 기록한다.
④ 수익이 발생하는 거래는 차변에 기록한다.
⑤ 비용이 발생하는 거래는 차변에 기록한다.

9. 회계거래에 관한 다음 설명 중 타당하지 않은 것은?

① 법적인 거래는 재무제표의 구성요소에 영향을 미치는지의 여부에 관계없이 회계거래로 인식해야 한다.
② 현금을 분실하였다면 회계거래로 인식해야 한다.
③ 회계거래로 인식하기 위해서는 화폐단위로 측정할 수 있어야 한다.
④ 화재로 재고자산이 소실되었다면 회계거래로 인식해야 한다.
⑤ 회계거래는 수익·비용과 관련하여 교환거래, 손익거래, 혼합거래로 분류할 수 있다.

10. 거래의 이중성에 관한 다음 설명 중 타당하지 않은 것은?

① 모든 거래는 재산 변화의 원인과 결과라는 두 가지 측면을 갖는다.
② 단식부기도 거래의 이중성을 장부에 기록한다는 점에서 복식부기와 차이가 없다.
③ 회계거래는 자산, 부채, 자본, 수익, 비용 항목 중 반드시 두 개 이상의 항목에 영향을 미친다.
④ 거래의 이중성으로 인하여 회계등식이 성립한다.
⑤ 손익계산서 구성항목인 수익과 비용의 경우 재무상태표에 직접 표시되는 항목은

아니지만, 자본의 구성요소인 이익에 영향을 미쳐 궁극적으로는 자본의 증감요인으로 반영된다.

11. 계정기입의 규칙에 관한 다음 설명 중 타당하지 않은 것은?

① 계정의 왼쪽을 차변, 오른쪽을 대변이라고 부른다.
② 차변에는 자산의 증가, 부채의 감소, 자본의 감소, 비용의 발생을 기입한다.
③ 대변에는 자산의 감소, 부채의 증가, 자본의 증가, 수익의 발생을 기입한다.
④ 거래에서 차변과 대변에 다른 금액이 기입될 수도 있다.
⑤ 회계에서 계정과목은 마치 주소와 같은 역할을 담당한다.

12. 분개와 전기에 관한 다음 설명 중 타당하지 않은 것은?

① 회계상의 거래는 8개의 요소로 구성되어 있다.
② 회계거래가 발생하면 분개를 하고 이를 총계정원장에 옮겨 기록한다.
③ 차변에 분개된 내용은 해당 계정의 대변에 옮겨 적고, 대변에 분개된 내용은 해당 계정의 차변에 옮겨 기재한다.
④ 총계정원장은 자산, 부채, 자본, 수익, 비용의 모든 계정을 모아 놓은 장부를 의미하며, 원장이라고 부르기도 한다.
⑤ 전기를 할 때는 거래내역을 짐작할 수 있도록 금액 앞에 상대 계정과목을 함께 기입한다.

13. 다음 자료를 이용하여 계산한 기말자본은? (경영지도사, 2018)

• 총수익	₩25,000,000	• 기초자산	₩21,000,000
• 기초부채	₩12,000,000	• 총비용	₩22,000,000

① ₩3,000,000 ② ₩5,000,000 ③ ₩9,000,000
④ ₩12,000,000 ⑤ ₩14,000,000

II. 서술/계산형 문제

1. 현금흐름표, 자본변동표, 주석에 대해서 설명하라.

2. 회계등식에 대해서 설명하라.

3. 복식부기의 기본원리에 대해서 설명하라.

4. 거래의 이중성에 대해서 설명하라.

5. 거래의 8요소에 대해서 설명하라

6. (회계등식)

   (주)청운의 자산과 부채가 다음과 같을 경우 자본은 얼마인가?

현　　금 100	매출채권 200	재고자산 250	건　　물 500
매입채무 150	미지급금 100	차 입 금 300	

7. (회계등식)

   다음 (1)~(5)에 알맞은 금액은?

(기말) 자산	(기말) 부채	기초 자본	기말 자본	수익	비용	당기 순이익
1,000	400	(1)		2,000	1,800	
(2)	500	200		1,000	900	
1,200	600	500		(3)	600	
1,100	500	400				(4)
		600	(5)	1,000	800	

제3장

회계순환과정

1. 회계순환과정의 의의
2. 거래의 발생과 분개
3. 총계정원장으로의 전기
4. 시 산 표
5. 재무제표 작성과 장부 마감

기업은 재무상태에 영향을 미치는 경제적 사건을 요약하여 이해관계자에게 경제적 의사결정에 유용한 회계정보를 주기적으로 제공해야 한다. 이를 위해 경영자는 각종 경제적 사건을 정보화하는 일련의 과정을 반복적으로 수행한다. 즉 경제적 사건의 분석 및 기록에서부터 재무제표를 작성하기까지의 일련의 회계과정을 주기적으로 반복하게 되는데, 이와 같은 일련의 과정을 회계순환과정(accounting cycle)이라고 한다. 본장에서는 일련의 회계순환과정, 즉 '회계거래의 분석 및 기록 → 회계거래의 분류 → 계정별 정보의 요약 → 회계정보의 보고'를 단계별로 살펴보고자 한다.

1 회계순환과정의 의의

회계에서는 거래를 식별하고 측정하는 것부터 재무제표를 작성하기까지 일련의 과정이 회계기간을 주기로 반복되는데, 이를 **회계순환과정**(accounting cycle)이라고 한다.[1]

회계순환과정은 크게 기중 거래를 기록하는 과정(기중의 회계처리)과 기말에 결산 작업을 수행하는 과정(기말의 회계처리)으로 구분할 수 있다.

회계기간의 기중에는 회계거래를 식별하여 화폐단위로 측정하고, 이를 분개

그림 3-1 **회계순환과정**

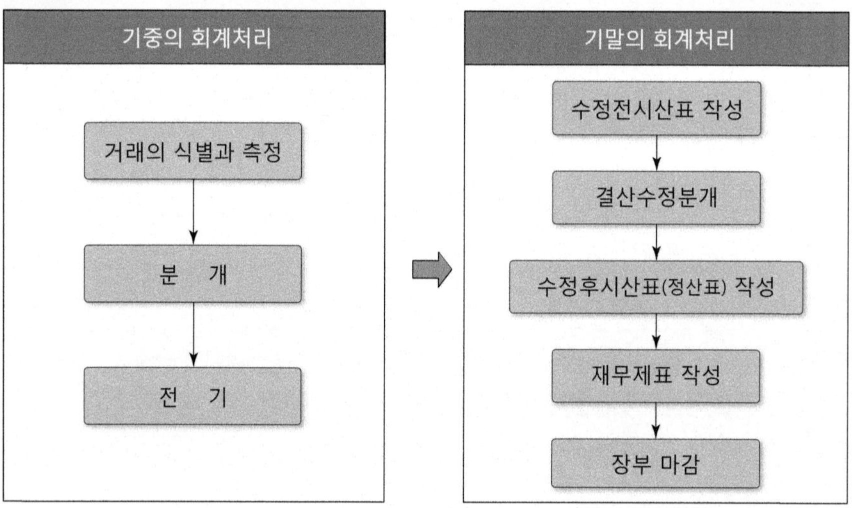

1 유재권, 에센스 회계원리(유원북스, 2019), pp. 75~92.

하여 총계정원장의 해당 계정에 전기한다.[2] 회계기간의 기말이 되면, 재무제표를 작성하기 위한 결산작업을 수행한다. 그 첫 단계로 기중의 회계처리가 오류 없이 이루어졌는지를 점검하기 위해 수정전시산표를 작성해 본다. 그 다음에는 결산시점에서 각 계정의 잔액을 수정해야 할 사항을 파악하여 결산수정분개를 하고, 수정전시산표에 이를 반영하여 수정후시산표(정산표)를 만든다. 이를 토대로 재무제표를 작성하고 총계정원장의 각 계정을 마감하여 회계순환과정이 종료되며, 회계기간마다 이 같은 과정을 반복한다.

2 거래의 발생과 분개

2.1 분개의 중요성

회계거래가 발생하면 분개를 통해 장부에 기입하기 때문에 올바른 분개는 정확한 회계정보를 만드는 데 가장 기본이 되는 중요한 요소이다. 회계실력이란 곧 정확한 분개를 할 수 있는 능력이라고 말해도 과언이 아니다.

분개를 하기 위해서는 해당 거래가 재무제표의 구성요소(자산, 부채, 자본, 수익, 비용) 중 어느 것에 영향을 주는지를 판단해야 한다. 회사가 미리 정해 둔 계정과목표를 보고 가장 적합한 계정과목을 찾

---

2 기업에서 발생하는 모든 거래는 회계장부에 기록된다. 일반적으로 회계장부는 주요부와 보조부로 구분될 수 있다. 주요부는 회계연도 중 발생하는 모든 거래를 발생순서대로 기록하는 주된 장부이며, 분개장과 총계정원장이 이에 속한다. 보조부는 주요부에 요약된 내용을 보충하여 기록하는 장부이며, 현금출납장, 매입장, 매출장, 받을어음기입장, 지급어음기입장, 재고수불부, 매입처원장, 매출처원장 등이 있다.

아 해당 거래가 그 계정과목을 증가시키는 것인지, 아니면 감소시키는 것인지를 판단하여 차변(왼쪽)과 대변(오른쪽)에 계정과목명과 금액을 기입한다.

아무리 복잡한 거래라 하더라도 일단 분개가 정확하게 이루어지면, 그 다음 단계는 기계적으로 진행되는 절차에 불과하므로 회계처리의 정확성이 보장된다. 그러나 분개 단계에서 발생한 실수는 수많은 거래 속에 파묻혀 그 이후에 오류를 찾아 바로잡기가 매우 어렵다.

2.2 회계거래와 분개

회계거래 — 종합사례

(주)청운은 20×1년 6월에 설립한 여행사이다. 20×1년 6월 1일부터 6월 30일까지 발생한 (주)청운의 거래는 다음과 같다. 20×1년 6월 30일 현재의 재무상태표와 20×1년 6월 한 달 동안의 손익계산서를 작성하기 위한 일련의 회계처리과정을 살펴보자.[3]

(1) 6월 1일: 액면 ₩5,000의 주식 6,000주를 발행하여 ₩30,000,000의 자본금을 납입받다.

(2) 6월 2일: 사무실 임차보증금으로 ₩10,000,000을 지급하고, 월 ₩1,200,000의 임차료는 다음 달 2일에 지급하기로 계약하였다.

(3) 6월 5일: 신문에 개업 광고를 게재하고, 광고비 ₩1,000,000을 지급하였다.

(4) 6월 7일: ₩2,000,000의 소모품을 구입하고, 이를 자산으로 회계처리하였다.

(5) 6월 13일: 여행상품을 제공하고 대금 ₩3,000,000을 입금받았다.

(6) 6월 16일: 은행에서 ₩20,000,000을 차입하고, 이자는 다음 달 16일에 ₩100,000씩 지급하기로 하였다.

(7) 6월 20일: 여행상품을 판매하고 대금 ₩8,000,000은 추후 받기로 하였다.

---

3 「유재권, 에센스 회계원리(유원북스, 2019)」. 저자의 양해를 구해 동일한 사례를 사용하였음.

(8) 6월 25일: 6월분 종업원급여 ₩4,800,000을 지급하였다.

(9) 6월 27일: 6월 20일의 판매대금(매출채권) 중 ₩4,000,000을 입금받았다.

(10) 6월 28일: 7월에 여행상품을 제공하기로 약정하고, 계약금 ₩2,000,000을 미리 받았다.

(11) 6월 29일: 6월분 직원 출장경비 ₩800,000을 지급하였다.

(12) 6월 30일: 사무실에 대하여 화재보험에 가입하고, 12개월분(20×1. 7. 1~20×2. 6. 30) 보험료 ₩1,200,000을 지급하였다. 지급된 보험료는 전액을 보험료(비용)로 회계처리하였다.

거래의 분석과 분개

(1) 6월 1일 거래

- 거래의 분석: 회사의 현금이 증가하였으므로 자산(현금예금)의 증가로 차변(왼쪽)에 기입하고, 이는 주식발행으로 주주로부터 입금받은 것이니 자본(자본금)의 증가로 대변(오른쪽)에 기입한다.
- 분개: (차) 현 금 예 금 ₩30,000,000 (대) 자 본 금 ₩30,000,000

(2) 6월 2일 거래

- 거래의 분석: 회사의 현금이 감소하였으니 자산(현금예금)의 감소로 대변(오른쪽)에 기입한다. 임차보증금은 임대차계약 종료 시 임대인으로부터 돌려받을 수 있는 자산이므로 자산(임차보증금)의 증가로 차변(왼쪽)에 기입한다. 결국 현금이라는 자산이 임차보증금이라는 다른 형태의 자산으로 바뀐 셈이다.
- 분개: (차) 임차보증금 ₩10,000,000 (대) 현 금 예 금 ₩10,000,000

(3) 6월 5일 거래

- 거래의 분석: 회사의 현금이 감소하였으므로 자산(현금예금)의 감소로 대변(오른쪽)에 기입하고, 이는 광고비로 지급된 것이니 비용(광고선전비)의 증가로 차변(왼쪽)에 기입한다.
- 분개: (차) 광고선전비 ₩1,000,000 (대) 현 금 예 금 ₩1,000,000

(4) 6월 7일 거래

• 거래의 분석: 회사의 현금이 감소하였으므로 자산(현금예금)의 감소로 대변(오른쪽)에 기입하고, 소모품이라는 자산이 증가하였으니 자산(소모품)의 증가로 차변(왼쪽)에 기입한다.

• 분개: (차) 소 모 품 ₩2,000,000 (대) 현 금 예 금 ₩2,000,000

(5) 6월 13일 거래

• 거래의 분석: 회사의 현금이 증가하였으니 자산(현금예금)의 증가로 차변(왼쪽)에 기입하고, 이는 여행상품의 판매로 받은 것이니 수익(매출)의 증가로 대변(오른쪽)에 기입한다.

• 분개: (차) 현 금 예 금 ₩3,000,000 (대) 매 출 ₩3,000,000

(6) 6월 16일 거래

• 거래의 분석: 회사의 현금이 증가하였으므로 자산(현금예금)의 증가로 차변(왼쪽)에 기입하고, 이는 은행으로부터 차입한 것이니 부채(차입금)의 증가로 대변(오른쪽)에 기입한다.

• 분개: (차) 현 금 예 금 ₩20,000,000 (대) 차 입 금 ₩20,000,000

(7) 6월 20일 거래

• 거래의 분석: 추후 거래처로부터 받을 수 있는 외상값이 생겼으므로 자산(매출채권)의 증가로 차변(왼쪽)에 기입하고, 이는 여행상품의 판매로 받은 것이니 수익(매출)의 증가로 대변(오른쪽)에 기입한다.

• 분개: (차) 매 출 채 권 ₩8,000,000 (대) 매 출 ₩8,000,000

(8) 6월 25일 거래

• 거래의 분석: 회사의 현금이 감소하였으므로 자산(현금예금)의 감소로 대변(오른쪽)에 기입하고, 이는 종업원급여로 지급된 것이니 비용(급여)의 증가로 차변(왼쪽)에 기입한다.

• 분개: (차) 급 여 ₩ 4,800,000 (대) 현 금 예 금 ₩4,800,000

(9) 6월 27일 거래

• 거래의 분석: 회사의 현금이 증가하였으므로 자산(현금예금)의 증가로 차

변(왼쪽)에 기입하고, 이는 매출채권을 회수한 것이니 자산(매출채권)의 감소로 대변(오른쪽)에 기입한다.

• 분개: (차) 현금예금 ₩4,000,000 (대) 매출채권 ₩4,000,000

(10) 6월 28일 거래

• 거래의 분석: 회사의 현금이 증가하였으므로 자산(현금예금)의 증가로 차변(왼쪽)에 기입하며, 이는 회사가 다음 달(7월)에 제공할 여행상품에 대한 대가 중 일부를 미리 받은 것이므로 수익(매출)이 아닌 부채(선수금)로 인식하여 대변(오른쪽)에 기입한다.

• 분개: (차) 현금예금 ₩2,000,000 (대) 선 수 금 ₩2,000,000

(11) 6월 29일 거래

• 거래의 분석: 회사의 현금이 감소하였으므로 자산(현금예금)의 감소로 대변(오른쪽)에 기입하고, 이는 직원 출장경비로 지급된 것이니 비용(여비교통비)의 증가로 차변(왼쪽)에 기입한다.

• 분개: (차) 여비교통비 ₩800,000 (대) 현금예금 ₩800,000

(12) 6월 30일 거래

• 거래의 분석: 회사의 현금이 감소하였으니 자산(현금예금)의 감소로 대변(오른쪽)에 기입하고, 지급된 보험료를 전액 비용으로 회계처리하기로 하였으므로 비용(보험료)의 증가로 차변(왼쪽)에 기입한다.

• 분개: (차) 보 험 료 ₩1,200,000 (대) 현금예금 ₩1,200,000

알아두기

자본거래와 손익거래

주식회사의 자본은 그 발생원천에 따라 자본거래로 인한 것과 손익거래로 인한 항목으로 구분할 수 있다.

자본거래는 증자(增資)나 감자(減資)와 같이 주주와의 사이에 이루어진 거래로서 납입자본을 증가시키거나 감소시키는 것을 의미하며, 이는 손익계산서를 거치지 않고 직접 재무상태표의 자본에 반영시킨다. 즉, 자본거래에서는 수익이나 비용이 발생되지 않는다.

손익거래는 수익이나 비용을 발생시키는 거래이며, 이는 손익계산서에 표시된다. 또한 궁극적으로 재무상태표의 자본에도 영향을 미친다. 즉 손익거래는 손익계산서의 이익에 반영되어 재무상태표의 자본 항목인 이익잉여금에 포함되어 표시된다(재무상태표의 기말이익잉여금은 기초이익잉여금에 당기순이익을 합한 금액이다).

(주)청운의 종합사례에서 6월 1일의 거래는 자본거래의 전형적인 예이다. 주주에게 주식을 발행하여 현금이 입금되었지만, 이는 회사가 영업을 해서 번 돈이 아니기 때문에 수익(매출)의 증가가 아닌 자본(자본금)의 증가로 회계처리하는 것이다.

분개장과 전표

회계상 거래와 관련된 증빙서류(세금계산서, 영수증, 송장, 검수보고서 등)가 입수되면, 이에 기초하여 분개가 이루어진다. 분개는 **분개장**(分介帳, journal)이란 회계장부에 기록하거나, 전표(傳票, slip)를 사용하기도 한다. 분개장은 증빙서류를 토대로 회계상의 거래를 기록하는 장부이며, 회사에서 연속적으로 이루어진 재무적 거래의 모든 내역을 보여준다. 분개는 회계상 기록대상인 거래나 사건을 회계장부에 처음으로 기록하는 절차이다. 분개를 통해 회계상 거래가 재무제표의 기본 구성요소(자산, 부채, 자본, 수익, 비용) 중 어느 항목에 얼마만큼의 변화를 가져오는지 회사의 장부에 공식적으로 반영되는 것이다.

〈표 3-1〉에서 예시한 분개장에는 거래가 발생한 순서에 따라 거래일자, 계정과목, 차변과 대변 금액, 거래내역 등이 기입된다.

실무에서는 분개장 대신 전표도 많이 사용된다. 일반적으로 **전표**는 입금전표, 출금전표, 대체전표로 구분된다.

입금전표는 현금이 입금되는 거래를 기록하며, 현금이 입금된다는 정보가 이미 차변에 기록된 것으로 보아 상대편(대변) 계정과목과 금액만 전표에 기입하면 된다.

출금전표는 현금이 출금되는 거래를 기록하는 전표이며, 현금이 출금된다는 정보가 이미 대변에 기록된 것으로 보아 상대편(차변) 계정과목과 금액만 전표에 기입한다. 은행에서 예금을 인출할 때 고객이 푸른색의 출금전표에 계좌번

표 3-1 **분 개 장**

일자	적 요	원면	차변	대변
6월 1일	(현금예금) (자본금) 주식발행으로 주금을 납입받다.	101 301	30,000,000	 30,000,000
6월 2일	(임차보증금) (현금예금) 사무실 임차계약을 체결하고, 임차보증금을 지급하다.	130 101	10,000,000	 10,000,000
6월 5일	(광고선전비) (현금예금) ×××에 광고비를 지급하다.	511 101	1,000,000	 1,000,000
⋮	⋮	⋮	⋮	⋮

호를 적고 기명날인하는데, 은행 입장에서 보면 이는 고객이 직접 출금전표를 작성해 주는 셈이다.

대체전표는 현금의 입출금이 없는 거래(대체거래)를 기록할 때 사용하며, 차변 및 대변의 계정과목과 금액을 모두 기입해야 한다.

전표를 이와 같이 세 가지 종류로 구분해서 사용하지 않고, 모든 거래를 하나의 전표 양식을 사용해서 기록하는 것도 물론 가능하다. 전표가 발행되면 관련 증빙서류와 함께 일자별로 편철하여 보관하는 것이 일반적이다.

3 총계정원장으로의 전기

분개가 이루어지면 차변과 대변에 기재된 계정에 그 금액을 기입한다. 차변에 분개된 내용은 해당 계정의 차변에 옮겨 적고, 대변에 분개된 내용은 해당 계정의 대변에 옮겨 기재한다. 또한 계정에 전기된 내용만 보고도 그 거래내역을 짐작할 수 있도록 금액 앞에 상대(차변 또는 대변) 계정과목을 함께 기입한다.

앞에서 예시한 (주)청운의 종합사례에서 회계거래의 분개를 총계정원장에 전기하면 〈표 3-2〉와 같다.

표 3-2 총계정원장

현금예금

날짜	계정	금액	날짜	계정	금액
6/ 1	자 본 금	30,000,000	6/ 2	임차보증금	10,000,000
6/13	매 출	3,000,000	6/ 5	광고선전비	1,000,000
6/16	차 입 금	20,000,000	6/ 7	소 모 품	2,000,000
6/27	매출채권	4,000,000	6/25	급 여	4,800,000
6/28	선 수 금	2,000,000	6/29	여비교통비	800,000
			6/30	보 험 료	1,200,000

매출채권

날짜	계정	금액	날짜	계정	금액
6/20	매 출	8,000,000	6/27	현금예금	4,000,000

소 모 품

날짜	계정	금액	날짜	계정	금액
6/ 7	현금예금	2,000,000			

임차보증금

날짜	계정	금액	날짜	계정	금액
6/ 2	현금예금	10,000,000			

차 입 금

날짜	계정	금액	날짜	계정	금액
			6/16	현금예금	20,000,000

선 수 금

날짜	계정	금액	날짜	계정	금액
			6/28	현금예금	2,000,000

자 본 금

날짜	계정	금액	날짜	계정	금액
			6/ 1	현금예금	30,000,000

매 출

날짜	계정	금액	날짜	계정	금액
			6/13	현금예금	3,000,000
			6/20	매출채권	8,000,000

광고선전비

날짜	계정	금액	날짜	계정	금액
6/ 5	현금예금	1,000,000			

	급 여	
6/25 현 금 예 금	4,800,000	

	여비교통비	
6/29 현 금 예 금	800,000	

	보 험 료	
6/30 현 금 예 금	1,200,000	

4 시 산 표

4.1 수정전시산표

시산표(試算表, trial balance)는 기중 회계처리의 정확성을 확인하고 결산을 준비하기 위해서 총계정원장에 기록된 모든 계정과목의 금액을 한곳으로 모은 표이다. 결산수정분개가 반영되기 이전 단계의 시산표를 수정전시산표라고 하며, 이에 결산수정분개를 반영하여 수정후시산표를 작성한다.

복식부기에서는 모든 거래를 차변과 대변으로 나누어 동일한 금액을 기입하기 때문에 총계정원장의 차변에 기입된 금액의 합계는 대변에 기입된 금액의 합계와 일치하게 된다(대차평균의 원리). 시산표는 총계정원장에 설정된 모든 계정의 차변과 대변의 합계와 잔액을 함께 표시하는 형식으로 만들거나(합계잔액시산표), 차변 또는 대변의 잔액만을 옮겨 적는 형식으로 작성할 수 있다(잔액시산표).

(주)청운의 종합사례에서 수정전 합계잔액시산표와 잔액시산표를 작성하면 각각 〈표 3-3〉, 〈표 3-4〉와 같다.

시산표의 차변합계와 대변합계가 동일함을 확인할 수 있다. 이는 분개 시 차변과 대변에 동일한 금액을 기입하였고, 전기가 제대로 이루어졌음을 나타

표 3-3 **수정전 합계잔액시산표**

합계잔액시산표

(주)청운 20×1년 6월 30일 현재 (단위: 천원)

차 변		계정과목	대 변	
잔액	합계		합계	잔액
39,200	59,000	현 금 예 금	19,800	
4,000	8,000	매 출 채 권	4,000	
2,000	2,000	소 모 품		
10,000	10,000	임차보증금		
		차 입 금	20,000	20,000
		선 수 금	2,000	2,000
		자 본 금	30,000	30,000
		매 출	11,000	11,000
1,000	1,000	광고선전비		
4,800	4,800	급 여		
800	800	여비교통비		
1,200	1,200	보 험 료		
63,000	86,800	합 계	86,800	63,000

표 3-4 **수정전 잔액시산표**

잔액시산표

(주)청운 20×1년 6월 30일 현재 (단위: 천원)

계정과목	차 변	대 변
현 금 예 금	39,200	
매 출 채 권	4,000	
소 모 품	2,000	
임차보증금	10,000	
차 입 금		20,000
선 수 금		2,000
자 본 금		30,000
매 출		11,000
광고선전비	1,000	
급 여	4,800	
여비교통비	800	
보 험 료	1,200	
합 계	63,000	63,000

낸다. 시산표를 통해 모든 계정들의 잔액을 한눈에 볼 수 있어 재무제표의 대략적인 윤곽을 파악하는 데도 도움이 된다.

만약 시산표의 차변합계와 대변합계가 일치하지 않는다면, 이는 분개와 전기를 하는 과정에서 적어도 하나 이상의 오류가 있었음을 의미한다. 이와 같이 대차평균의 원리 덕분에 복식부기는 어느 정도 자기검증기능(self-verification function)을 가지고 있지만, 시산표가 회계처리 오류를 모두 알려주지는 못한다는 점에 유의해야 한다.

시산표의 차변합계와 대변합계가 일치하지 않을 경우 이는 어딘가에 오류가 있다는 것을 시사하지만, 그 오류가 구체적으로 어느 계정에서 발생한 것인지는 알려주지 못한다. 따라서 오류가 어디서 발생하였는지를 찾기 위한 추가적인 노력이 필요하다. 또한 시산표의 차변합계와 대변합계가 일치하더라도 계정기록에 오류가 없다고 확신할 수는 없다. 예를 들어 비용계정의 차변에 기록해야 하는 거래를 자산계정의 차변에 잘못 기입하더라도 시산표의 차변합계와 대변합계는 일치하게 되므로 오류를 알려줄 수 없는 것이다.

4.2 결신수정분개

결산수정분개의 필요성

기중의 회계처리는 주로 현금을 지급하거나 수취하는 거래, 발생한 사실을 비교적 손쉽게 파악할 수 있는 거래 위주로 이루어진다. 그러나 재무상태와 경영성과를 정확하게 보고하기 위해서는 기중의 회계처리과정에서 적정하게 측정하지 못한 재무제표의 구성요소(자산, 부채, 자본, 수익, 비용)를 현금주의가 아닌 발생주의를 적용하여 정확한 금액으로 측정할 필요가 있다.

결산수정분개(adjusting entry)는 기말 결산시점에 자산, 부채, 자본, 수익, 비용을 발생주의를 반영하여 정확한 금액으로 조정하는 분개이다. 결산수정분개는 수익과 비용계정을 조정하는 형태로 나타나며, 이는 관련 자산이나 부채계정의 조정을 수반하는 특징이 있다. 결산수정분개도 분개장에 기록하고 각 계정에 전기해야 한다.

결산수정분개의 유형

결산수정분개는 기업의 영업성격에 따라 다양하게 나타날 수 있지만, 대표적인 유형으로 발생분개(accruals)와 이연분개(deferrals)를 들 수 있다.

발생분개는 당해 회계기간에 수익이 실현되거나 비용이 발생하였지만 현금수취나 현금지급이 미래에 이루어지기 때문에 아직 기록되지 않은 수익 또는 비용을 당해 회계기간에 인식하기 위한 결산수정분개를 의미한다. 즉 발생분개는 미수수익(당기에 실현되었으나 아직 현금이 입금되지 않은 수익)과 미지급비용(당기에 발생하였으나 아직 현금을 지급하지 않은 비용)을 인식하는 결산수정분개이다.

이연분개는 당해 회계기간 또는 그 이전에 이미 현금수취나 현금지급이 이루어져 수익 또는 비용으로 기록되었지만 기말 현재 아직 실현되지 않은 수익이나 발생되지 않은 비용을 당기의 수익이나 비용으로 인식하지 않고 다음 회계기간으로 넘기는 결산수정분개를 말한다. 즉 이연분개는 선수수익(당기 또는 그 이전에 현금이 입금되었지만 기말 현재 아직 실현되지 않은 수익)과 선급비용(당기 또는 그 이전에 현금이 지급되었지만 기말 현재 아직 발생되지 않은 비용)을 인식하는 결산수정분개이다.

이외에도 결산수정분개가 필요한 항목으로 소모품, 감가상각비, 대손상각비, 퇴직급여 등을 들 수 있다.

발생분개

(주)청운의 종합사례에서 발생분개와 관련된 사항을 살펴보면 다음과 같다.

(1) (주)청운은 6월 2일에 매달 ₩1,200,000의 임차료를 지급하기로 하는 사무실 임차계약을 체결하였으나, 임차료의 지급기일이 7월 2일이므로 6월 말 현재 아직 6월분 임차료(₩1,200,000)를 지급하지 않은 상태이다. 만약 현금주의에 따른다면 6월의 임차료는 없다고 생각하겠지만, 발생주

의를 적용하면 6월분 임차료(₩1,200,000)가 이미 발생한 것이므로 이를 비용(임차료)으로 인식하는 결산수정분개가 필요하다.

(차) 임 차 료 ₩1,200,000 (대) 미지급비용 ₩1,200,000

(2) (주)청운은 6월 16일의 차입금 ₩20,000,000에 대한 이자를 매월 ₩100,000씩 지급하여야 한다. 6월말 현재 아직 지급기일(7월 16일)이 도래하지 않아 이자를 지급하지 않았지만, 발생주의를 적용하면 약 반달치 이자 ₩50,000을 이자비용으로 인식하는 결산수정분개가 필요하다.

(차) 이자비용 ₩50,000 (대) 미지급비용 ₩50,000

이연분개

(주)청운의 종합사례에서 이연분개와 관련된 사항을 살펴보면 다음과 같다.

20×1년 6월 30일에 1년분(20×1. 7. 1~20×2. 6. 30) 보험료 ₩1,200,000을 지급하고, 전액을 20×1년 6월의 비용(보험료)으로 인식하였다. 그러나 회사가 보험에 가입하여 얻는 효익은 기간의 경과에 비례하여 발생한다고 보는 것이 합리적이다. 20×1년 6월 30일 현재 보험기간이 전혀 경과하지 않았기 때문에 1년분 보험료를 비용이 아닌 자산으로 회계처리하여야 한다. 따라서 다음의 결산수정분개가 필요하다.[4]

(차) 선급비용(선급보험료) ₩1,200,000 (대) 보험료 ₩1,200,000

4 20×1년 6월 30일에 보험료 ₩1,200,000을 차변에 기록하였는데, 상기 결산수정분개에서 대변에 보험료 ₩1,200,000을 기재함으로써 결국 20×1년 6월의 최종적인 보험료(비용)는 0이 된다(₩1,200,000－₩1,200,000＝0).

알아두기

선행분개와 결산수정분개의 관계

결산수정분개를 할 때는 기중에 해당 거래를 어떻게 회계처리하였는지, 즉 선행분개가 어떻게 이루어졌는지를 면밀하게 관찰하는 것이 중요하다. 예를 들어 (주)청운의 종합사례에서 6월 30일 거래의 경우 차변에 비용(보험료)이 아닌 자산(선급보험료)으로 회계처리하였다면, 결산 시 어떻게 해야 할까? 이 경우에는 이미 관련 자산(선급보험료)의 금액이 ₩1,200,000으로 정확하게 회계장부에 계상되어 있으므로 결산수정분개가 필요없다.

이와 같이 선행분개에 따라 결산수정분개가 달라지게 마련이다. 선행분개와 결산수정분개가 결합되어 최종적인 계정금액이 산출된다. 따라서 발생주의를 적용할 때 해당 계정의 수정 후 금액이 얼마가 되어야 하는지를 먼저 결정한 후 선행분개의 내용을 반영하여 결산수정분개를 하여야 한다.

선행분개가 어떤 방법으로 이루어지더라도(설사, 잘못 회계처리되었다 하더라도) 결산수정분개를 통해 정확한 계정금액을 만들어 내면 되는 것이다.

소모품

기업은 문구류, 복사지 등 소액의 소모품(supplies)을 빈번하게 구입하고 사용한다. 소모품의 구입 시 회계처리방법은 두 가지 방법을 생각할 수 있다.

첫째는 (주)청운의 종합사례와 같이 소모품의 구입 시 차변에 자산으로 계상하는 방법이다. 이 경우에는 기말시점에 남아 있는 소모품을 파악하여 당기에 사용된 부분을 계산하고, 이를 비용인 소모품비로 인식해야 한다. 종합사례의 경우 6월 30일 시점에 남아 있는 소모품이 ₩500,000이라고 가정한다면, 다음의 결산수정분개를 하여야 한다.

(차) 소모품비 ₩1,500,000 (대) 소 모 품 ₩1,500,000

둘째는 소모품의 구입 시 차변에 자산(소모품)이 아닌 비용(소모품비)으로 회계처리하는 방법으로 실무상 많이 사용된다. 이 방법을 사용할 경우 기말시점에 남은 소모품을 비용(소모품비)에서 차감하고 자산으로 인식하는 결산수정분개를 하면 된다. 1년 단위의 회계기간을 상정한다면, 1년 동안 구매한 소모품

중 기말시점에 남는 금액은 사용된 금액에 비해서 그다지 많지 않을 것이다. 만약 기말시점에 남은 소모품 금액이 미미하다면 결산수정분개를 생략하더라도 무방할 것이므로 회계처리가 간편해지는 장점이 있다.

4.3 정산표와 수정후시산표

수정후시산표는 수정전시산표에 결산수정분개를 반영한 시산표이다. 종합사례에서 (주)청운이 해야 하는 결산수정분개를 요약하면 다음과 같다.

(1) 6월 2일 거래: 미지급임차료 인식

(차) 임 차 료 ₩1,200,000 (대) 미지급비용 ₩1,200,000

표 3-5 정신표

정 산 표

(주)청운 20×1년 6월 30일 현재 (단위: 천원)

계정과목	수정전시산표		결산수정분개		수정후시산표	
	차변	대변	차변	대변	차변	대변
현 금 예 금	39,200				39,200	
매 출 채 권	4,000				4,000	
소 모 품	2,000			(2) 1,500	500	
선 급 비 용			(4) 1,200		1,200	
임차보증금	10,000				10,000	
차 입 금		20,000				20,000
선 수 금		2,000				2,000
미지급비용				(1) 1,200 (3) 50		1,250
자 본 금		30,000				30,000
매 출		11,000				11,000
광고선전비	1,000				1,000	
급 여	4,800				4,800	
여비교통비	800				800	
보 험 료	1,200			(4) 1,200		
임 차 료			(1) 1,200		1,200	
소 모 품 비			(2) 1,500		1,500	
이 자 비 용			(3) 50		50	
합 계	63,000	63,000	3,950	3,950	64,250	64,250

(2) 6월 7일 거래: 소모품비 인식

(차) 소모품비 ₩1,500,000 (대) 소 모 품 ₩1,500,000

(3) 6월 16일 거래: 미지급이자 인식

(차) 이자비용 ₩50,000 (대) 미지급비용 ₩50,000

(4) 6월 30일 거래: 선급보험료 인식

(차) 선급비용 ₩1,200,000 (대) 보 험 료 ₩1,200,000

정산표를 사용하면 수정전시산표에 결산수정분개가 반영되어 수정후시산표가 나오는 과정을 쉽게 이해할 수 있다. 〈표 3-5〉에서 제시된 정산표의 오른쪽에 재무상태표와 손익계산서를 포함시키면 수정전시산표로부터 재무제표 작성에 이르기까지의 결산과정을 일목요연하게 확인할 수 있으며, 이는 금액을 기록할 수 있는 열의 수가 10개이므로 10위식 정산표라고 부른다.

5 재무제표 작성과 장부 마감

5.1 재무제표 작성

수정후시산표가 완성되면, 이를 바탕으로 재무제표를 만들 수 있다. 수정후시산표에서 자산, 부채, 자본에 속하는 계정과목을 추출하여 재무상태표를 만들고, 수익과 비용에 속하는 계정과목으로 손익계산서를 만든다. (주)청운의 20×1년 6월 30일 현재의 재무상태표와 20×1년 6월 1일부터 6월 30일까지의 손익계산서는 각각 〈표 3-6〉, 〈표 3-7〉과 같다.[5]

5 신설법인인 (주)청운은 기초이익잉여금이 없기 때문에 기말이익잉여금은 당기순이익과 동일하게 된다.

표 3-6 재무상태표

재무상태표		
(주)청운	20×1년 6월 30일 현재	(단위: 천원)
자 산:		
현 금 예 금		39,200
매 출 채 권		4,000
소 모 품		500
선 급 비 용		1,200
임차보증금		10,000
자산총계		54,900
부 채:		
차 입 금		20,000
선 수 금		2,000
미지급비용		1,250
부채총계		23,250
자 본:		
자 본 금		30,000
이익잉여금		1,650
자본총계		31,650
부채와 자본총계		54,900

표 3-7 손익계산서

손익계산서		
(주)청운	20×1년 6월 1일부터 6월 30일까지	(단위: 천원)
매 출		11,000
판 매 비		(1,000)
광고선전비	1,000	
관 리 비		(8,300)
급 여	4,800	
여비교통비	800	
임 차 료	1,200	
소 모 품 비	1,500	
금 융 비 용		(50)
이 자 비 용	50	
당기순이익		1,650

5.2 장부 마감

한 회계기간의 모든 회계처리가 종료되면 다음 회계기간의 거래들을 새 장부에 기록하기 위하여 장부를 마감하는 절차가 이루어진다. 손익계산서계정(수익, 비용)과 재무상태표계정(자산, 부채, 자본)은 그 성격이 상이하므로 장부의 마감절차도 다르다.

손익계산서계정의 마감

손익계산서계정은 어느 일정기간의 경영성과를 측정하기 위한 계정이다. 예를 들어 매출계정은 당기에 이루어진 판매액을 누적해서 기록하는 계정이다. 차기에는 차기의 경영성과를 측정하기 위해서 0에서부터 다시 출발하여 새롭게 기록해야 한다.

이와 같이 손익계산서계정의 잔액은 해당 회계기간에만 의미가 있고, 다음 회계기간으로 이월되지 않는다. 손익계산서계정은 장부 마감이 이루어지면 잔액이 남지 않기 때문에 임시계정 또는 명목계정이라고 부른다.

모든 손익계산서계정의 잔액은 결산 시 임시적으로 설정되는 집합손익계정에 대체되면서 마감된다. 이때 계정 간 대체를 위해 하는 분개를 **마감분개**(closing entry)라고 하며, 이는 장부 마감을 위해 이루어지는 형식적 절차에 불과하므로 재무제표의 수치에 영향을 미치지는 않는다.

마감분개를 하고 각 계정에 전기하면 모든 수익과 비용계정의 잔액은 0이 되고, 그 상태에서 차변합계와 대변합계를 기록하고 선을 그어 계정을 마감한다. (주)청운의 종합사례에서 매출계정의 마감을 나타내면 〈표 3-8〉과 같다.

손익계산서계정을 마감하기 위하여 설정된 집합손익계정도 역시 임시계정

표 3-8 **매출계정의 마감**

매		출	
6/30 집합손익	11,000,000	6/13 현금예금	3,000,000
		6/20 매출채권	8,000,000
	11,000,000		11,000,000

표 3-9 **집합손익계정**

집합손익

6/30	광고선전비	1,000,000	6/30	매 출	11,000,000
6/30	급 여	4,800,000			
6/30	여비교통비	800,000			
6/30	임 차 료	1,200,000			
6/30	소 모 품 비	1,500,000			
6/30	이 자 비 용	50,000			
6/30	**이익잉여금**	**1,650,000**			
		11,000,000			11,000,000

이므로 잔액을 남기지 않고 마감하여야 한다.

집합손익계정의 차변합계와 대변합계의 차액은 당기순이익 또는 당기순손실을 의미하며, 이를 이익잉여금계정에 대체한다. 이 분개를 통해 재무상태표에 당기순이익만큼 이익잉여금이 증가되거나 당기순손실만큼 이익잉여금이 감소되어 나타난다. (주)청운의 종합사례에서 집합손익계정을 나타내면 〈표 3-9〉와 같다.

6월의 총수익(매출)이 ₩11,000,000으로 총비용 ₩9,350,000보다 ₩1,650,000이 더 많으며, 이는 6월의 순이익을 의미한다. 당기순이익(₩1,650,000)을 재무상태표계정인 이익잉여금계정에 대체함으로써 집합손익계정도 마감되는 것이다. 손익계산서계정의 마감절차를 요약하면 다음과 같다.

(1) 집합손익계정의 설정

(2) 수익계정의 마감

(차) 수 익 ××× (대) 집합손익 ×××

(3) 비용계정의 마감

(차) 집합손익 ××× (대) 비 용 ×××

(4) 집합손익계정의 마감

① 당기순이익이 발생한 경우

(차) 집합손익 ××× (대) 이익잉여금 ×××

② 당기순손실이 발생한 경우

(차) 이익잉여금 ××× (대) 집합손익 ×××

재무상태표계정의 마감

재무상태표계정은 어느 일정시점의 재무상태를 측정하기 위한 계정이다. 손익계산서계정과 달리 재무상태표계정은 한 회계기간이 종료하더라도 잔액이 없어지지 않고 차기로 이월되어 계속 유지된다. 자산, 부채, 자본은 다음 회계기간에도 권리나 의무가 계속 존속하기 때문이다. 예를 들어 당기 말의 예금잔액이 1억원이라면 차기가 시작되는 시점의 예금계정도 0이 아닌 1억원이라는 의미이다.

이와 같이 재무상태표계정은 장부 마감이 이루어지더라도 그 잔액이 없어지지 않고 차기로 이월되기 때문에 영구계정 또는 실질계정이라고 부른다. 재무상태표계정의 마감은 분개 없이 각 계정 내에서 이월기입하는 형태로 이루어진다. (주)청운의 종합사례에서 현금예금계정의 마감을 나타내면 〈표 3-10〉과 같다.[6]

표 3-10 **현금예금계정의 마감**

현금예금

6/ 1	자 본 금	30,000,000	6/ 2	임차보증금	10,000,000
6/13	매 출	3,000,000	6/ 5	광고선전비	1,000,000
6/16	차 입 금	20,000,000	6/17	소 모 품	2,000,000
6/27	매출채권	4,000,000	6/25	급 여	4,800,000
6/28	선 수 금	2,000,000	6/29	여비교통비	800,000
			6/30	보 험 료	1,200,000
			6/30	**차기이월**	**39,200,000**
		59,000,000			59,000,000
7/ 1	**전기이월**	**39,200,000**			

6 6월 중 현금예금이 ₩59,000,000 증가하였고, 감소한 금액은 ₩19,800,000이다. 그 결과 6월 말 현재 현금예금의 잔액은 ₩39,200,000이고, 이는 곧 7월 초의 현금예금 잔액이 되는 것이다.

알아두기

결산정책

연말이 다가오면 회계부서는 한 해의 경영실적을 마감하는 결산 준비에 바빠진다. 거래처와 채권·채무 잔액을 확인하고 각 부서에 경비 정산을 독촉하는 등 한시라도 빨리 손익규모를 확정하고자 애쓴다. 그런데 이 같은 실무부서의 노력만으로 결산절차가 끝나는 것은 아니나. 경영 고위층에서는 회사의 이익규모를 얼마로 할 것인지를 결정하는, 이른바 결산대책 수립에 골몰하게 된다.

원칙대로 처리하면 되지 결산을 하는데 무슨 대책이 있겠느냐고 생각할지 모르지만, 마음 먹기에 따라서는 회계상 이익을 늘리거나 줄일 수 있는 방안이 전혀 없지는 않다.

예를 들어 유형자산의 취득 초기에 감가상각방법을 정률법에서 정액법으로 바꾸거나, 감가상각대상 자산의 내용연수를 연장하면 회계상 이익이 늘어나는 효과가 있다. 당기의 회계상 이익을 늘리기 위해 비용 지출을 다음 사업연도로 미루거나, 심지어는 부실채권이 발생해도 대손충당금을 충분히 설정하지 않는 사례도 있다. 이와는 달리 당기의 이익을 축소하고자 하는 경우에는 유형자산에 대한 자본적 지출을 수익적 지출(기간비용)로 처리하는 등, 위와는 정반대의 방향으로 회계처리를 시도한다.

물론 이러한 시도가 지나치면 분식결산이 되기도 하지만, 실무상으로는 대체적인 회계처리방법이 존재하고 여러 추정 요소에서 경영자의 주관성을 완전히 배제할 수 없기 때문에 회사가 합법적으로 이익을 조정할 소지가 있다는 점을 부인하기 어렵다.

재무제표를 분석함에 있어서는 이와 같은 경영자의 의도를 염두에 두고, 숫자 뒤에 숨어 있는 회사의 결산정책에 대해 생각해 볼 필요가 있다. 예를 들어 이익을 줄이는 방향으로 회계변경이 이루어졌다면, 실제로 발생한 이익은 재무제표에 공표된 금액보다 더 많다고 보아도 무방할 것이다.

그런데 회사의 경영자는 왜 이익수준을 조정하고자 하는 것일까? 여기에는 다양한 이

유가 있다. 먼저 경영자의 이익평준화(income smoothing) 동기를 꼽을 수 있다. 회사의 이익이 급증하면 차기 이후의 실적에 대한 부담이 커지고, 법인세 부담은 물론 주주들로부터의 배당압력이 가중될 염려가 있기 때문에 경영자는 이익이 크게 늘어나는 것을 그다지 달가워하지 않는다는 것이다. 또한 이익이 급격히 줄게 되면 자신의 경영능력에 대한 부정적인 평가가 우려되고 은행 거래 시 불이익을 받을 소지가 있기 때문에 경영자는 회사의 이익수준을 완만한 템포로 늘려가고자 하는 동기를 가질 수 있다.

최근에는 최고경영자(CEO)가 교체되는 회계기간에 이익을 크게 줄이거나 큰 폭의 적자를 내는 이른바 '빅 배스(big bath)' 회계처리가 구설수에 오르는 일이 잦아졌다. 특정 연도의 이익을 크게 줄이면 그 다음 해부터 회계상 이익이 늘어나는 효과가 있다. 새 CEO가 자신의 미래 성과를 돋보이도록 만들기 위해서 전임자에게 과도할 정도로 책임을 전가시킨 것은 아닌지 의문을 가질 만도 하다. 또한 불과 몇 달 전에 발표한 결산실적이 실제보다 부풀려져 억지로 이익이 난 것처럼 분식했던 것은 아닌지에 대해서도 짚어볼 일이다.

〈유재권, 에센스 회계원리(유원북스, 2015), pp. 85~87 참조〉

주요 용어

회계순환과정(accounting cycle)

거래를 식별하고 측정하는 것부터 재무제표를 작성하기까지 일련의 과정이 회계기간을 주기로 반복되는 것을 의미한다.

분개장(分介帳, journal)

증빙서류를 토대로 회계상의 거래를 기록하는 장부이며, 회사에서 연속적으로 이루어진 재무적 거래의 모든 내역을 보여준다.

입금전표

현금이 입금되는 거래를 기록하며, 현금이 입금된다는 정보가 이미 차변에 기록된 것으로 보아 상대편(대변) 계정과목과 금액만 전표에 기입하면 된다.

출금전표

현금이 출금되는 거래를 기록하는 전표이며, 현금이 출금된다는 정보가 이미 대변에 기록된 것으로 보아 상대편(차변) 계정과목과 금액만 전표에 기입한다.

대체전표

현금의 입출금이 없는 거래(대체거래)를 기록할 때 사용하며, 차변 및 대변의 계정과목과 금액을 모두 기입해야 한다.

시산표(試算表, trial balance)

기중 회계처리의 정확성을 확인하고 결산을 준비하기 위해서 총계정원장에 기록된 모든 계정과목의 금액을 한곳으로 모은 표이다.

결산수정분개(adjusting entry)

기말 결산시점에 사산, 부채, 자본, 수익, 비용을 발생주의를 반영하여 정확한 금액으로 조정하는 분개이다.

발생분개(accruals)

당해 회계기간에 수익이 실현되거나 비용이 발생하였지만 현금수취나 현금지급이 미래에 이루어지기 때문에 아직 기록되지 않은 수익 또는 비용을 당해 회계기간에 인식하기 위한 결산수정분개를 의미한다.

이연분개(deferrals)

당해 회계기간 또는 그 이전에 이미 현금수취나 현금지급이 이루어져 수익 또는 비용으로 기록되었지만 기말 현재 아직 실현되지 않은 수익이나 발생되지 않은 비용을 당기의 수익이나 비용으로 인식하지 않고 다음 회계기간으로 넘기는 결산수정분개를 말한다.

수정후시산표

수정전시산표에 결산수정분개를 반영한 시산표이다.

마감분개(closing entry)

모든 손익계산서계정의 잔액은 결산 시 임시적으로 설정되는 집합손익계정에 대체되면서 마감되는데, 이때 계정 간 대체를 위해 하는 분개를 말한다.

연습문제

Ⅰ. 완성/선택형 문제

1. 회계에서는 거래를 식별하고 측정하는 것부터 재무제표를 작성하기까지 일련의 과정이 회계기간을 주기로 반복되는데, 이를 (   )이라고 한다.

2. (   )은 증빙서류를 토대로 회계상의 거래를 기록하는 장부이며, 회사에서 연속적으로 이루어진 재무적 거래의 모든 내역을 보여준다.

3. (   )는 기중 회계처리의 정확성을 확인하고 결산을 준비하기 위해서 총계정원장에 기록된 모든 계정과목의 금액을 한곳으로 모은 표이다.

4. (   )는 기말 결산시점에 자산, 부채, 자본, 수익, 비용을 발생주의를 반영하여 정확한 금액으로 조정하는 분개이다.

5. (   )는 당해 회계기간에 수익이 실현되거나 비용이 발생하였지만 현금수취나 현금지급이 미래에 이루어지기 때문에 아직 기록되지 않은 수익 또는 비용을 당해 회계기간에 인식하기 위한 결산수정분개를 의미한다.

6. (   )는 당해 회계기간 또는 그 이전에 이미 현금수취나 현금지급이 이루어져 수익 또는 비용으로 기록되었지만 기말 현재 아직 실현되지 않은 수익이나 발생되지 않은 비용을 당기의 수익이나 비용으로 인식하지 않고 다음 회계기간으로 넘기는 결산수정분개를 말한다.

7. 회계기간에 관한 다음 설명 중 타당하지 않은 것은?

① 계속기업의 가정과 관련이 깊다.
② 회계에서는 거래를 식별하고 측정하는 것부터 재무제표를 작성하기까지 일련의 과정이 회계기간을 주기로 반복되는데, 이를 회계순환과정이라고 한다.
③ 인위적으로 회계정보를 측정하여 보고하는 기간을 정하여 재무상태와 경영성과를 보고한다.
④ 일반적으로 1년을 한 회계기간으로 하지만, 3개월 단위의 분기재무제표를 작성하기도 한다.
⑤ 회계기간이 1년을 초과해도 무방하다.

8. 회계순환과정에 관한 다음 설명 중 타당하지 않은 것은?

① 거래를 식별하고 측정하는 것부터 재무제표를 작성하기까지 일련의 과정이 반복된다.
② 회계기간의 기말이 되면, 재무제표를 작성하기 위한 결산작업을 수행한다.
③ 기말의 회계처리는 수정전시산표를 작성하는 것으로 마감된다.
④ 기중 거래를 기록하는 과정과 기말에 결산작업을 수행하는 과정으로 구분할 수 있다.
⑤ 회계기간은 주기로 반복된다.

9. 분개와 전기에 관한 다음 설명 중 타당하지 않은 것은?

① 분개를 하기 위해서는 해당 거래가 재무제표의 구성요소 중 어느 것에 영향을 주는지를 판단해야 한다.
② 분개는 분개장이란 회계장부에 기록하거나 전표를 사용한다.
③ 전표는 입금전표, 출금전표, 대체전표로 구분할 수 있다.
④ 차변에 분개된 내용은 해당 계정의 대변에 전기된다.
⑤ 대체전표는 현금의 입출금이 없는 거래를 기록할 때 사용하며, 차변 및 대변의 계정과목과 금액을 모두 기입해야 한다.

10. 다음 중 회계순환과정의 순서를 가장 바르게 나타낸 것은?

① 분개 – 전기 – 수정전시산표 – 결산수정분개 – 정산표 – 재무제표 – 장부 마감
② 전기 – 분개 – 수정전시산표 – 결산수정분개 – 정산표 – 재무제표 – 장부 마감
③ 분개 – 전기 – 정산표 – 결산수정분개 – 수정전시산표 – 재무제표 – 장부 마감

④ 분개 – 전기 – 수정전시산표 – 정산표 – 결산수정분개 – 장부 마감 – 재무제표
⑤ 분개 – 전기 – 결산수정분개 – 수정전시산표 – 정산표 – 장부 마감 – 재무제표

11. 시산표에 관한 다음 설명 중 타당하지 않은 것은?

① 차변합계와 대변합계가 동일하다.
② 대차평균의 원리가 반영된 결과이다.
③ 자기검증기능을 가진다.
④ 시산표의 차변합계와 대변합계가 일치한다면, 이는 계정기록에 오류가 없음을 의미한다.
⑤ 시산표를 통해 모든 계정들의 잔액을 한눈에 볼 수 있어 재무제표의 대략적인 윤곽을 파악하는 데도 도움이 된다.

12. 결산수정분개에 관한 설명으로 타당하지 않은 것은?

① 결산수정분개는 주로 기말 결산시점에 이루어진다.
② 기중의 회계처리과정에서 적정하게 측정하지 못한 재무제표의 구성요소를 발생주의를 반영하여 정확한 금액으로 조정하는 분개이다.
③ 결산수정분개는 수익과 비용계정을 조정하는 형태로 나타나며, 자산·부채와는 무관하다.
④ 결산수정분개는 기간이익의 크기에 영향을 미친다.
⑤ 결산수정분개의 대표적인 유형으로 발생분개와 이연분개를 들 수 있으며, 이외에도 결산수정분개가 필요한 항목으로 소모품, 감가상각비, 대손상각비, 퇴직급여 등을 들 수 있다.

13. 기말의 회계처리에 관한 다음 설명 중 타당하지 않은 것은?

① 수정전시산표에 결산수정분개를 반영하여 수정후시산표를 만든다.
② 결산수정분개는 총계정원장에 전기할 필요가 없다.
③ 정산표를 사용하면 수정전시산표에 결산수정분개가 반영되어 수정후시산표가 나오는 과정을 쉽게 이해할 수 있다.
④ 수정후시산표에서 자산, 부채, 자본에 속하는 계정과목을 추출하여 재무상태표를 만든다.
⑤ 수정후시산표에서 수익과 비용에 속하는 계정과목으로 손익계산서를 만든다.

14. 다음 중 집합손익 계정으로 집합(대체)되는 계정은? (경영지도사, 2022)

① 미수수익 ② 선급비용 ③ 미지급비용
④ 이자비용 ⑤ 선수수익

15. 20×1년 4월 1일에 화재보험에 가입하면서 1년분의 보험료 ₩100,000을 현금으로 지급하였다. 지급 시 전액을 보험료로 회계처리하였다면, 20×1년 말 결산 시 어떤 수정분개가 필요한가?

① (차) 보 험 료 ₩25,000 (대) 선급보험료 ₩25,000
② (차) 보 험 료 ₩75,000 (대) 선급보험료 ₩75,000
③ (차) 보 험 료 ₩100,000 (대) 선급보험료 ₩100,000
④ (차) 선급보험료 ₩75,000 (대) 보 험 료 ₩75,000
⑤ (차) 선급보험료 ₩25,000 (대) 보 험 료 ₩25,000

II. 서술/계산형 문제

1. 회계순환과정에 대해서 설명하라.

2. 실무에서는 분개장 대신 전표도 많이 사용되며, 전표는 입금전표, 출금전표, 대체전표로 구분된다. 각 전표의 사용법에 대해서 설명하라.

3. 시산표(trial balance)에 대해서 설명하라.

4. 결산수정분개(adjusting entry)의 필요성 및 유형에 대해서 설명하라.

5. 손익계산서계정과 재무상태표계정의 마감을 비교하여 설명하라.

6. (결산수정분개)

다음의 거래가 발생하는 경우 20×1년 12월 31일 결산일에 어떤 수정분개가 필요한가?

(1) 20×1년 7월 1일에 1억원을 1년 만기의 정기예금(금리 4%)으로 예치하였다.

(2) 20×1년 10월 1일에 사무실을 임대하고 미리 받은 1년분 임대료 ₩2,400,000을 전액 임대료수익으로 회계처리하였다.

7. (분개, 전기, 합계잔액시산표)

다음 (주)도화의 20×1년 6월에 발생한 거래를 분개하고, 총계정원장에 전기하여, 합계잔액시산표를 작성하여라.

6/ 1일 현금 ₩500,000을 출자하여 영업을 시작하다.
5일 영업용 비품 ₩40,000을 현금으로 매입하다.
8일 상품 ₩350,000을 매입하고, 대금 중 ₩150,000을 현금지급하고 잔액은 외상으로 하다.
12일 원가 ₩200,000의 상품을 ₩260,000에 현금으로 판매하다.
15일 외상매입금 ₩200,000을 현금으로 지급하다.
20일 상품 ₩180,000을 외상으로 매입하다.
23일 원가 ₩80,000의 상품을 ₩140,000에 외상으로 판매하다.
25일 당월분 직원월급 ₩20,000을 현금으로 지급하다.
27일 지원야근식대 ₩10,000을 현금으로 지급하다.
31일 사무실 월세 ₩40,000을 현금으로 지급하다.

8. (재무상태표와 손익계산서)

문제 (7)에서 결산수정분개가 없다고 가정하여 (주)도화의 재무상태표와 손익계산서를 작성하라.

제4장
재무제표의 이해

1. 재무상태표
2. 손익계산서
3. 현금흐름표
4. 자본변동표와 주석
5. 재무제표 간의 상관관계

재무제표(financial statements: F/S)는 기업이 회계기간 동안에 수행한 경영활동의 결과로서 재무상태와 경영성과를 간결하게 요약한 보고서를 말한다. 재무제표의 작성목적은 기업의 이해관계자들에게 다양한 형태의 재무정보를 제공하는 데 있다. 따라서 정보이용자들은 재무제표를 통하여 기업의 수익력은 물론 재무적 강점 및 약점과 미래의 전망 등을 파악할 수 있다.

이 장에서는 주요 재무제표인 재무상태표, 손익계산서, 현금흐름표, 자본변동표와 주석 등에 대해서 살펴보고자 한다.

1 재무상태표

재무상태표는 결산기 말에서 기업의 자산, 부채와 자본에 관한 정보를 제공한다.

재무상태표(statement of financial position)는 일정시점(결산기 말)에서 기업의 자산, 부채, 자본에 관한 정보를 제공하는 재무보고서로서 대차대조표(balance sheet: B/S)라고도 한다. 재무상태표의 양식은 계정식과 보고식이 있다. 계정식에서는 차변에 자산이, 대변에 부채와 자본이 기재된다. 보고식에서는 위에서 아래 방향으로 자산, 부채, 자본의 순서로 기재된다.

재무상태표는 자금의 운용상태(자산)와 조달원천(부채와 자본)의 관계, 즉 재무상태를 나타낸다. 재무상태표에서 자산항목은 기업이 조달한 자금을 어떻게 활용하고 있는가를 보여주는 것으로 자금의 운용상태(투자활동)를 나타내며, 부채와 자본항목은 기업이 자금을 어떻게 조달하였는가를 보여주는 것으로 자금의 조달원천, 즉 자본구조(자금조달활동)를 나타내고 있다. 따라서 재무상태표는 기업의 투자활동과 자금조달활동의 결과를 한 시점에서 정리한 보고서를 의미한다.

〈표 4-1〉은 디지털미디어, 정보통신, 반도체 등의 사업을 하고 있는 가상의 기업인 한국전자(주)의 보고식 재무상태표를 예시한 것이다.

표 4-1 **재무상태표**

회사명: 한국전자(주) (단위: 백만원)

과 목	20×0년 12월 말	20×1년 12월 말	20×2년 12월 말
유동자산	14,714	16,621	17,791
당좌자산*	11,495	13,283	13,973
현금및현금성자산	978	2,027	2,360
단기금융자산	8,675	9,475	8,523
매출채권	1,842	1,781	3,090
재고자산	3,219	3,338	3,818
비유동자산	43,095	48,604	54,728
투자자산	12,645	17,122	21,653
유형자산	28,820	29,777	31,250
무형자산	523	568	653
기타비유동자산	1,107	1,137	1,172
보증금	611	701	861
장기선급비용	496	436	311
자산총계	57,809	65,225	72,519
유동부채	9,635	10,803	11,721
매입채무	1,869	1,936	2,388
단기차입금	3,623	3,487	4,352
기타유동부채	4,143	5,380	4,981
비유동부채	2,977	2,861	2,684
사채	1,222	1,508	1,194
장기차입금	787	584	608
퇴직급여채무	432	439	508
기타비유동부채	536	330	374
(부채총계)	12,612	13,664	14,405
자본금	898	898	898
자본잉여금	6,367	6,575	6,590
자본조정	−6,981	−8,747	−8,597
기타포괄손익누계액	557	1,873	3,807
이익잉여금	44,356	50,962	55,416
(자본총계)	45,197	51,561	58,114
부채와 자본총계	57,809	65,225	72,519

* 한국채택국제회계기준(K-IFRS)에서는 당좌자산을 별도로 구분표시하지 않는다.

알아두기

대차대조표

재무상태표의 옛 이름은 대차대조표(貸借對照表)이다. 상장기업과 「외감법」 적용을 받는 기업은 2009년부터 종전의 대차대조표라는 용어 대신에 재무상태표라는 명칭을 사용하고 있다. 그런데 아직도 대차대조표로 표기하는 곳이 많아 용어의 혼선을 초래하고 있다. 예를 들어 「상법」과 2014년부터 시행된 중소기업회계기준은 여전히 대차대조표라는 용어를 사용한다.

貸借對照表는 Balance Sheet의 일본말이다. 뜻도 잘 통하지 않는 용어를 한 글자도 고치지 않고 그대로 가져왔다. 남의 옷을 빌어 입었으니 용어가 부자연스럽다는 비판이 많았고, 이에 '재무상태를 나타내는 표'라는 의미를 살려 재무상태표로 바꾼 것이다. 국제회계기준의 도입을 계기로 어려운 회계용어를 그나마 뜻이 좀 통하도록 순화한 것인데, 최근에 제정된 중소기업회계기준조차 이러한 취지를 외면한 셈이다.

〈유재권, 에센스 회계원리(유원북스, 2019), p. 117 참조〉

1.1 자산항목

재무상태표에 기재되는 자산의 항목은 일반적으로 유동성이 높은 순서에 따라 배열한다. 유동성(liquidity)은 자산의 현금화 정도를 의미한다. 따라서 현금화가 용이한 자산을 유동성이 높은 자산이라고 한다.

〈표 4-1〉에서 볼 수 있는 바와 같이 자산항목으로 유동자산과 비유동자산이 배열되어 있다. 유동자산은 유동성의 정도에 따라 현금및현금성자산, 단기금융자산, 매출채권, 재고자산의 순으로 배열되며, 비유동자산은 투자자산, 유형자산, 무형자산, 기타비유동자산의 순으로 배열된다.

유동자산

유동자산(current assets)은 보고기간 말로부터 1년 이내에 현금으로 전환되거나 전환이 예상되는 자산을 말하며, 현금화의 용이성에 따라 당좌자산(quick assets), 재고자산(inventories)으로 분류된다.

당좌자산은 유동자산 중에서 환금성이 가장 높은 자산으로 판매과정을 거치지 않고 단기간에 현금화시킬 수 있는 현금및현금성자산, 단기금융자산, 매출채권, 선급비용 등이 포함된다.[1] 한편 **재고자산**은 정상적인 영업활동과정에서 판매 또는 생산활동을 지원하기 위한 목적으로 보유하는 자산을 말한다. 재고자산은 판매과정을 거쳐야만 현금화시킬 수 있는 자산으로서 당좌자산에 비하여 유동성이 낮은 자산이다. 재고자산에는 상품, 제품, 반제품, 재공품, 원재료, 저장품 등이 포함된다.

비유동자산

비유동자산(non-current assets)은 정상적인 영업활동에 투자되어 1년 이내에 현금화하기 어려운 자산으로서 그 사용형태가 급격하게 변하지 않는 자산을 말한다. 비유동자산은 투자자산, 유형자산, 무형자산, 기타비유동자산으로 분류되며, 토지를 제외한 대부분의 유·무형자산은 감가상각(depreciation) 또는 상각(amortization)이라는 절차를 통해 장기간에 걸쳐 비용으로 처리된다.

투자자산(long-term investments)은 장기적인 투자수익을 목적으로 보유하는 채권 및 주식 등의 금융자산, 영업활동에 사용되지 않는 투자부동산(토지 및 건물), 특정목적(퇴직금 지급, 설비확장, 채무상환 등)의 장기성예금, 그리고 다른 기업에 대한 중대한 영향력 행사나 지배를 목적으로 장기간 보유하는 주식(관계기업투자주식) 등을 포함한다. 투자자산은 기업의 고유한 영업목적에 사용되지 않는다는 점에서 유형자산과 구분되며, 장기적으로 보유하고 있다는 점에서 단기투자 목적의 유동자산과 구분된다.

유형자산(property, plant and equipment)은 제품의 생산, 서비스의 제공, 타인

---

1 현금성자산은 현금의 단기적인 운용을 목적으로 취득한 유동성이 가장 높은(만기가 3개월 이내) 금융자산을 의미한다. 그리고 단기금융자산은 기업이 여유자금의 활용목적으로 보유하는 단기예금, 단기대여금, 유동자산으로 분류되는 금융자산 등의 단기보유목적 금융자산을 총칭하는 개념이다.

에 대한 임대 또는 자체적으로 사용할 목적으로 장기간(1년 이상) 보유하는 물리적 형체가 있는 자산을 말하며, 토지, 건물, 비품, 기계장치, 건설중인 자산 등을 포함한다.

무형자산(intangible assets)은 물리적 형체는 없지만 독자적으로 식별가능한 비화폐성자산으로 특허권이나 실용신안권 등을 포함한 산업재산권, 저작권, 개발비, 영업권 등이 있다.[2] 기타비유동자산은 비유동자산 중 투자자산, 유형자산, 무형자산으로 분류될 수 없는 자산으로 임차보증금, 장기선급비용 등을 포함한다.

1.2 부채와 자본항목

부 채

일반적으로 부채(liabilities)는 상환만기가 빠른 순으로 기록되며, 상환기간이 1년 이내인 유동부채와 1년 이상인 비유동부채로 구분된다.

유동부채(current liabilities)는 일상적인 상거래에서 발생하는 영업상의 채무와 만기가 1년 이내인 지급채무로 구성된다. 예를 들어 매입채무, 미지급비용, 단기차입금, 선수금 등이 유동부채에 속한다.

한편 **비유동부채**(non-current liabilities)는 만기가 1년 이상인 장기성 부채로서 사채, 장기차입금 등의 장기금융부채, 퇴직급여충당부채 등의 장기충당부채, 이연법인세부채(유동부채로 분류되는 부분 제외)와 장기선수금 등이 비유동부채에 속한다.

자 본

자본(stockholders' equity)은 기업의 소유자인 주주에게 귀속될 소유자지분을 의미한다. 자산총액에서 부채총액을 차감한 잔여지분인 자본은 자본금, 자본잉여금, 자본조정, 기타포괄손익누계액, 이익잉여금으로 분류된다.

자본금(capital stock)은 1주당 액면금액에 발행주식총수를 곱하여 산출되며,

---

2 이효익·최관·백원선, 제2판 회계원리(신영사, 2010), p. 222.

우선주 자본금(preferred stock), 보통주 자본금(common stock)으로 구분된다. **자본잉여금**(capital surplus)은 자본거래(증자, 감자 등)에서 발생된 잉여금으로서 주식발행초과금, 자기주식처분이익 등을 포함하며, **이익잉여금**(retained earnings)은 기업의 이익 중 사외에 유출되거나 자본금계정에 대체되지 않고 사내에 유보된 부분을 의미한다. **자본조정**(capital adjustment)은 자본의 성격이 결정되지 않은 임시항목으로서 자본총계에 가감하는 형식으로 기재되는데, 회사가 발행한 주식을 소각, 재매각 또는 임직원에게 상여금으로 줄 목적으로 임시취득한 자기주식(treasury stock)이 대표적인 예이다.

그리고 **기타포괄손익누계액**(accumulated other comprehensive income)은 당기순손익을 제외한 기타포괄손익(other comprehensive income)의 누계잔액을 의미하며, 이에 해당되는 과목으로는 매도가능금융자산평가손익, 해외사업외화환산손익, 보험수리적손익, 자산재평가잉여금, 현금흐름위험회피 파생상품평가손익 등이 있다.[3]

1.3 재무상태표의 한계

재무상태표는 일정한 시점에서 자금의 운용결과와 조달원천을 나타내는 보고서이기 때문에 기업의 재무상태를 평가하는 데 유용한 자료로 이용되고 있다. 특히 재무상태표의 정보는 기업의 유동성 및 재무적 탄력성(financial flexibility), 부채상환능력과 이익창출능력 등을 평가하는 데 유용하게 이용될 수 있다.[4]

그러나 재무상태표는 다음과 같은 몇 가지 한계점을 가지고 있다.[5]

첫째, 재무상태표에서 자산을 역사적 원가(historical costs)에 의해 평가하는 경우 자산금액이 공정한 시장가치를 나타낸다고 볼 수 없다는 점이다. 따라서 재무상태표상의 자산가치와 경제적 실질가치 사이에 차이가 있을 수 있다. 또

3 포괄손이이란 증·감자나 이익배당과 같은 주주와의 거래가 아닌 거래나 사건으로 인해 일정 회계기간 동안 발생한 순자산의 변동을 총칭하는 것으로서, 이는 당기순손익과 기타포괄손익으로 구분된다.

4 재무적 탄력성은 현금흐름의 금액과 시기를 효과적으로 조절할 수 있어서 예상하지 않은 자금수요 또는 투자기회에 대처할 수 있는 기업의 능력을 의미한다.

5 권수영·이재경, 중급재무회계, 박영사, 2005, pp. 116~117.

한 물가변동으로 인한 효과가 재무상태표에 반영되지 않을 수 있다.

둘째, 재무상태표에는 많은 질적 정보 또는 비계량적 정보가 반영되어 있지 않다는 점이다. 모든 회계처리가 실제로 발생한 거래를 기준으로 이루어지기 때문에 어떤 자원은 미래의 현금흐름을 창출하기 위해 사용되었음에도 불구하고 그 자원이 재무상태표에 기재되지 않는 경우가 있다. 예를 들어 인적자원을 들 수 있다. 경영능력이 탁월한 경영집단은 기업의 미래 현금흐름을 증가시킬 수 있는 중요한 인적자원임에도 불구하고 재무상태표에는 이러한 경영자 집단의 가치가 기재되지 않는다.

셋째, 대체적 회계처리방법이 인정되고 있다는 점이다. 기업회계기준에서 인정하고 있는 여러 회계처리방법 중에서 하나를 선택하여 회계처리를 할 수 있기 때문에 여러 기업의 재무상태표를 비교분석하는 것이 어려울 뿐만 아니라 동일 기업이라 하더라도 회계처리방법을 변경하는 경우에는 재무상태표를 기간별로 비교하는 것도 현실적으로 어려운 일이다.

넷째, 재무상태표를 작성하는 데 주관적인 판단이 많이 개입된다는 점이다. 예를 들어 매출채권의 회수가능성, 재고자산의 판매가능성과 비유동자산의 내용연수 등을 추정해야 하기 때문에 주관성이 개입될 여지가 많다.

다섯째, 재무상태표에서 부채의 성격을 갖는 부외금융(off-balance sheet financing) 항목이 제외될 수 있다는 점이다. 이와 같은 항목을 회사가 의도적으로 배제시키는 경우가 많아 문제가 심각할 수 있다. 부외금융 항목의 예로는 운용리스, 프로젝트금융(project financing) 등을 들 수 있다.

이상과 같은 한계로 인하여 재무상태표는 특정시점에서의 재무상태, 즉 자산과 부채 및 소유주지분을 실질적으로 평가하여 작성하는 것이 아니라 단순히 정해진 회계처리방법에 따라 작성된 회계기록의 결과이다. 따라서 차기에 이월될 잔액을 단순히 나열한 것에 불과하고 회계실체의 정확한 경제적 상태를 나타내 주지 못한다는 비판을 받고 있다. 그러므로 재무상태표를 분석하는 경우에는 재무상태표상에 나타나지 않지만 재무상태를 파악하는 데 중요한 정보를 보완적으로 이용하여야 한다.

알아두기

측정기준

재무제표 요소를 측정하는 기준은 역사적원가 이외에도 현행원가, 공정가치, 순실현가능가치, 현재가치 등을 들 수 있다.

현행원가(current cost)는 측정 대상과 동일한 자산을 현재시점에서 취득할 경우 지급해야 할 금액을 의미하며, 대체원가(replacement cost)라고 부르기도 한다.

공정가치(fair value)는 거래의사가 있는 독립된 당사자가 활성시장에서 자산과 교환할 수 있는 화폐금액을 말한다. 자산을 최초로 인식하는 시점에서는 역사적원가와 공정가치가 같겠지만, 최초 인식 이후에는 시장상황이 변하여 역사적원가와 공정가치 사이에 차이가 발생하게 된다.

순실현가능가치(net realizable value)는 현금으로 받을 수 있는 판매가치에서 판매부대비용을 차감한 금액을 의미한다.

현재가치(present value)는 미래 현금유입액의 현재가치에서 미래 현금유출액의 현재가치를 차감한 금액이다. 이는 화폐의 시간가치를 고려한 측정기준이며, 회사채 회계처리 등에서 사용된다.

〈유재권, 에센스 회계원리(유원북스, 2019), p. 114 참조〉

2 손익계산서

손익계산서는 기업의 종합적인 경영성과를 나타내는 재무제표이다.

손익계산서(income statement: I/S)는 일정기간 동안 기업에서 발생한 수익과 비용을 대응시켜 당해기간의 손익을 표시한 보고서로서 기업의 종합적인 경영성과를 나타내는 재무제표이다. 가상의 기업인 한국전자(주)의 손익계산서를 예시하면 〈표 4-2〉와 같다.[6]

2.1 손익계산서의 내용

국제회계기준은 영업이익의 구분표시를 요구하지 않기 때문에 정보의 유용성이 떨어진다는 비판이 제기되었다. 이에 우리나라는 한국채택국제회계기준의 일부를 개정하여 손익계산서에서 영업이익을 구분표시하거나, 주석에 영업이익의 구성항목을 공시하도록 규정하고 있다.

6 2011년부터 적용되고 있는 한국채택국제회계기준(K-IFRS)에서는 재무제표의 일부로서 〈표 4-2〉와 같이 전통적 손익항목만 표시하는 별개의 손익계산서를 작성할 경우, 기업은 손익을 자본에 직접 반영하는 기타포괄손익거래를 포함시킨 포괄손익계산서를 추가로 작성하도록 요구하고 있다. 한국전자(주)의 포괄손익계산서를 예시하면 다음과 같다.

포괄손익계산서

회사명: 한국전자(주) (단위: 백만원)

과 목	20×1년도	20×2년도
당기순이익	7,425	5,526
기타포괄손익	1,316	1,934
매도가능금융자산평가이익	1,026	1,790
해외사업외화환산이익	290	144
당기총포괄이익	8,741	7,460

표 4-2 손익계산서

회사명: 한국전자(주) (단위: 백만원)

과 목	20×0년도	20×1년도	20×2년도
매출액	58,973	63,176	72,953
매출원가	42,360	46,847	55,381
매출총이익	16,613	16,329	17,572
판매비와 관리비	9,679	10,386	13,438
영업이익	6,934	5,943	4,134
금융수익	1,768	1,674	5,727
이자수익	1,239	1,279	1,401
외환차익	404	347	4,050
외화환산이익	125	48	276
금융비용	724	835	5,116
이자비용	303	332	284
외환차손	392	457	4,202
외화환산손실	29	46	630
기타수익	1,642	2,488	1,883
기타비용	404	640	720
법인세비용차감전순이익	9,216	8,630	5,908
법인세비용	1,300	1,205	382
당기순이익	7,916	7,425	5,526
주당손익			
기본주당순이익	5,282원	4,953원	3,768원
희석주당순이익*	5,206원	4,895원	3,734원

* 발행주식수를 증가시킬 수 있는 전환사채, 신주인수권부사채 등의 전환을 고려하여 산출됨.

한편 비상장기업이 적용할 수 있는 일반기업회계기준에서는 손익계산서에 매출총이익, 영업이익, 법인세비용차감전계속사업이익, 계속사업이익, 당기순이익을 구분하여 표시하도록 하고 있다.

매출총이익

매출액(sales)은 주된 영업활동을 통하여 재화 또는 용역을 제조·판매한 대가로 얻어지는 수익을 말하며, 매출원가(cost of sales)는 재화 또는 용역을 생산하는 과정에서 발생된 비용으로 재화 또는 용역의 취득원가를 의미한다.

매출총이익(gross profit)은 매출액에서 매출원가를 차감한 것으로 생산효율성을 측정하는 근거가 된다. 매출총이익률(매출총이익/매출액)이 높다는 것은 원자재의 원활한 구매 또는 숙련된 노동력으로 인하여 생산효율성이 높다는 것을 의미한다. 제조업에서 매출원가는 제조원가를 의미하며, 판매업에서 매출원가는 판매원가를 의미한다. 제조원가는 재료비, 노무비와 경비 등으로 구성된다.

영업이익

영업이익(operating income)은 영업활동의 결과 발생된 이익으로 매출총이익에서 판매비와 관리비를 차감하여 산출되며, 영업효율성을 측정하는 근거가 된다.

판매비는 재화 또는 용역의 판매과정에서 발생되는 비용을, 그리고 관리비는 영업활동을 지원하는 부서의 관리 및 유지와 관련하여 발생되는 비용을 말한다. [그림 4-1]에서 볼 수 있는 바와 같이 판매비와 관리비는 어느 부서에서 발생하였느냐에 따라 구분될 수 있다.

판매비와 관리비(selling and administrative expenses)는 급여, 퇴직급여, 복리후생비, 지급수수료, 감가상각비, 세금과공과, 광고선전비, 경상개발비와 대손상각비 등 매출원가에 속하지 않는 모든 영업비용을 포함한다.

그림 4-1 기업조직과 비용분류

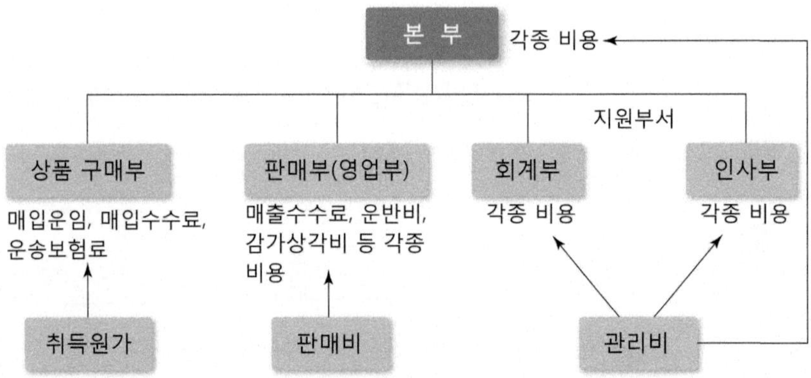

법인세비용차감전계속사업이익

법인세비용차감전계속사업이익(중단사업손익이 없을 경우 법인세비용차감전순이익)은 영업이익에 금융수익 및 기타수익을 가산한 후 금융비용 및 기타비용을 차감하여 산출된다. 금융수익과 비용 등은 이자수익이나 이자비용 등을 포함하는 재무활동의 결과이므로 재무효율성을 측정하는 근거가 된다.

금융손익 및 기타손익은 매출수익을 얻기 위한 주된 영업활동 이외에 보조적 또는 부수적인 활동에서 발생하는 영업외손익을 말한다. 따라서 금융손익 및 기타손익은 주된 영업활동에서 발생한 손익이 아니라는 점에서 영업손익과 구별되며, 계속사업으로 발생한다는 점에서 중단사업으로부터 발생한 중단사업손익과 구별된다. 금융수익에는 이자수익, 외환차익, 외화환산이익 등이 포함되며, 금융비용에는 이자비용, 외환차손, 외화환산손실 등이 포함된다.

계속사업이익

법인세는 사업활동을 수행함에 따라 발생된 소득에 대하여 「법인세법」의 규정에 따라 부과되는 조세이다. 실제로 부과되는 법인세는 기업회계기준에 따라 측정된 법인세비용차감전순이익에 근거하지 않고 「법인세법」의 규정에 따라 측정된 과세소득에 근거하여 산출된다. 따라서 회계이익에 근거한 법인세와 세법에 근거한 법인세 사이에 차이가 있기 마련이며, 이와 같은 차이를 이연법인세(deferred taxes)라고 한다.[7]

회계상의 법인세가 세법상의 법인세보다 큰 경우에 그 차이를 이연법인세부채라고 하고, 회계상의 법인세가 세법상의 법인세보다 작은 경우에는 그 차이를 이연법인세자산이라고 한다. 그리고 법인세는 세법에서 정해진 기한 내에 납부하면 되므로 납부할 때까지 유동부채 항목의 하나인 미지급법인세로 재무상태표에 표시된다.

계속사업이익은 법인세비용차감전계속사업이익에서 회계이익에 근거하여 산출된 계속사업이익법인세비용을 차감하여 측정된다.

---

7 보다 정확히 말하면 회계이익과 과세소득 사이의 손익인식기준 또는 자산·부채의 평가방법상의 차이에 의한 일시적 차이는 이연법인세계정에 의해 처리되는 반면, 조세정책적 목적 또는 회계이익과 과세소득의 개념의 차이에 의한 영구적 차이는 법인세 기간 내에 배분하여 처리된다.

당기순이익

중단사업손익은 사업중단직접비용과 중단사업자산손상차손을 포함한 중단사업으로부터 발생한 손익을 의미하며 법인세효과를 차감한 후의 순액으로 보고한다.

당기순이익(net income)은 최종적인 경영활동의 결과로서 주주에게 귀속되는 이익이며, 계속사업이익에서 중단사업손익(법인세효과 차감 후)을 가감하여 측정된다. 그러므로 당기순이익은 자기자본의 투자성과를 측정하는 척도가 된다.

2.2 손익계산서의 한계

손익계산서는 일정한 기간 동안에 발생한 수익과 비용을 대응시켜 작성되는 재무제표로서 기업의 경영성과를 평가하는 데 유용한 자료이다. 그러나 재무상태표에서와 마찬가지로, 수익과 비용의 측정 및 표시방법의 차이로 인하여 다음과 같은 한계점을 지니고 있다.

첫째, 회계이익이 기업의 현금결제능력을 의미하지 않는다는 점이다. 회계이익은 모든 수익과 비용을 실현주의와 발생주의에 기초하여 인식하는 한편 기간적으로 대응시켜 측정되는 이익의 개념이기 때문에 모든 수익과 비용을 실현주의에 기초하여 측정되는 현금흐름과 상당한 차이가 있다. 예를 들어 회계이익을 산출할 때 생산활동에 필요한 시설의 구입대금을 자본적 지출로 인식하여 구입대금의 일부만을 당기의 비용(감가상각비)으로 처리하지만, 현금흐름에서는 구입대금을 모두 당기의 현금유출로 처리하고 있다.

둘째, 재무상태표와 마찬가지로 손익계산서를 작성하는 작성자의 주관이 개입될 가능성이 높다는 점이다. 예를 들어 원가배분 또는 대손율 추정 등에서 개인의 주관이 작용할 수 있다.

셋째, 수익은 판매가격에 의하여 측정되는 반면에 비용은 역사적 원가에 의하여 측정된다는 점이다. 따라서 인플레이션이 심할 때 회계이익에 근거하여 기업의 경영성과를 평가하는 경우 그릇된 판단을 가져올 수 있다.

넷째, 여러 가지 회계처리방법 중에서 하나의 방법을 이용하여 회계처리를 할 수 있기 때문에 기업간 비교가 어려울 뿐만 아니라 동일기업에서도 회계처리방법을 변경할 수 있기 때문에 기간별 비교가 어려울 수 있다는 점이다.

다섯째, 회계이익에는 주주의 기회비용이 반영되어 있지 않다는 점이다. 순이익은 채권자들에 대한 금융비용을 공제한 후 계산되지만, 주주의 자본비용(기회비용)인 자기자본비용이 반영되어 있지 않다.

여섯째, 손익계산서에는 포함되지 않지만 기업의 경영성과에 중대한 영향을 미치는 요인으로 계량화할 수 없는 질적인 요소가 많다는 점이다. 예를 들어 노동자의 성실성, 기업의 이미지와 기업의 평판 등과 같은 요인은 손익계산서에 반영되어 있지 않다.

3 현금흐름표

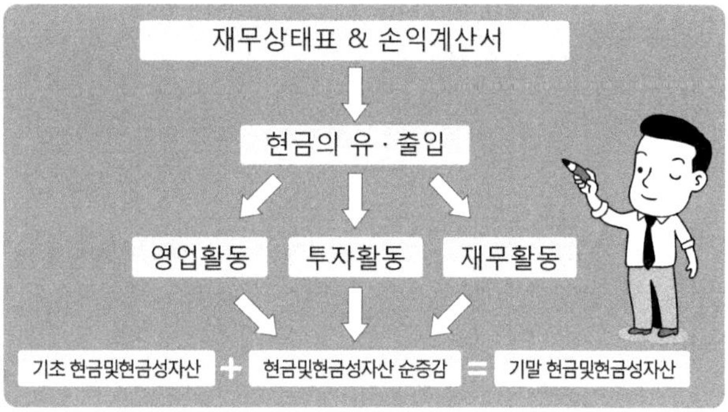

현금흐름표(statement of cash flows)는 일정한 기간에서 기업이 조성한 현금과 사용한 현금의 내역을 정리한 보고서를 말한다. 현금흐름표에서는 현금의 변동내용을 명확하게 보고하기 위하여 당해 회계기간에 속하는 현금유입과 현금유출의 내용을 영업활동, 투자활동과 재무활동 등 세 가지 활동부문으로 구분하여 표시하고 있다. 따라서 현금흐름표를 통하여 일정한 기간 동안에 일어난 현금흐름의 변동원인, 미래의 현금흐름창출능력 및 현금결제능력 등에 관한 유용한 정보를 얻을 수 있다.

현금흐름표는 직접법과 간접법 등 두 가지 방법으로 작성된다. 두 방법은 영업활동으로 인한 현금흐름의 표시방법에 차이가 있다. 〈표 4-3〉은 간접법으로 작성된 한국전자(주)의 현금흐름표를 예시한 것이다.

표 4-3 **현금흐름표**

회사명: 한국전자(주) (단위: 백만원)

과 목	20×0년도	20×1년도	20×2년도
영업활동 현금흐름	12,874	13,264	10,633
영업에서 창출된 현금흐름	13,238	13,522	9,898
당기순이익	7,916	7,425	5,526
조정	5,437	6,604	6,805
영업활동으로 인한 자산·부채의 변동	−115	−507	−2,433
이자의 수취	1,239	1,279	1,401
이자의 지급	−303	−332	−284
법인세 납부액	−1,300	−1,205	−382
투자활동 현금흐름	−10,481	−9,688	−9,290
투자활동 현금유입액	4,780	4,030	5,639
투자활동 현금유출액	−15,261	−13,718	−14,929
재무활동 현금흐름	−2,469	−2,527	−1,010
재무활동 현금유입액	176	118	166
재무활동 현금유출액	−2,645	−2,645	−1,176
현금및현금성자산의 증가(감소)	−76	1,049	333
기초 현금및현금성자산	1,054	978	2,027
기말 현금및현금성자산	978	2,027	2,360

간접법에 의한 경우 영업활동 현금흐름은 손익계산서 항목과 관련하여 나타나는 것으로서 먼저 당기순이익에 조정항목 및 영업활동으로 인한 자산·부채의 변동을 가감하여 영업활동에서 창출된 현금을 계산한 후, 이자수취, 이자지급, 법인세납부 등을 반영하여 구한다.[8] 영업활동 현금흐름은 기업의 정상적인 경영활동의 성과를 측정하는 것으로 수익력과 위험을 나타내는 척도가 된다.

투자활동 현금흐름은 기업의 수익창출을 위해 장기간에 걸쳐 그 효과가 나타날 것으로 기대되는 재무상태표의 투자자산, 유형자산 및 무형자산 등과 관

8 당기순이익의 조정항목:
+현금유출이 없는 비용(감가상각비, 유가증권평가손실 등)
−현금유입이 없는 수익(유가증권평가이익, 외화환산이익 등)
+투자와 재무활동으로 인한 비용(유형자산처분손실, 사채상환손실 등)
−투자와 재무활동으로 인한 수익(유형자산처분이익, 사채상환이익 등)
+이자비용−이자수익+법인세비용

련하여 발생하는 현금흐름으로서, 투자활동 현금유입에서 현금유출을 차감하여 측정된다.

그리고 재무활동 현금흐름은 기업의 자금을 조달한 방법과 자금상환 내역 및 재무자산의 취득과 처분에 대한 현금흐름으로 재무상태표의 장단기 대여금, 비유동부채 및 자본 그리고 일부 단기부채의 항목들과 관련하여 발생하며, 재무활동 현금유입에서 현금유출을 차감하여 측정된다.

알아두기

챗GPT, 재무제표도 분석한다…“기업실적 예측 사람보다 정확”

美 시카고대 연구 결과…AI 정확도 60% vs 인간 애널 52~56%
차세대 로보어드바이저 개발 단초…“완전한 대체는 불가…상호보완 관계”

유명 생성 AI(인공지능)인 챗GPT가 기업 재무제표를 분석해 인간 애널리스트보다 더 정확히 미래 실적을 예측할 수 있다는 연구 결과가 나왔다.

재무제표 분석은 매출, 마진, 비용 등 데이터를 읽고 회사의 수익 창출 동력을 진단하는 것이 골자다. 이 작업은 투자 판단의 핵심 과정으로 복잡한 수치를 정확히 해석해야 해 종전엔 AI가 하기 어려운 분야로 꼽혔다. 성능 향상 부진의 늪에 빠진 투자용 AI ‘로보어드바이저’의 개발에 새 돌파구가 될지 주목된다.

1일 금융투자 및 AI 업계에 따르면 미국 시카고대 경영대학원의 발레리 니콜라예프(회계학) 교수팀은 이런 내용의 논문 ‘거대언어모델(LLM)을 통한 재무제표 분석’을 인터넷에 공개했다. LLM은 언어에 특화한 생성 AI 모델로, 챗GPT의 핵심 엔진 역할을 한다. 니콜라예프 교수팀은 기업 1만5천401곳의 최근 수십년간 재무제표 15만여건을 입수해 업체 이름과 연도를 알 수 없도록 익명화 처리했다. 이를 챗GPT의 대표 LLM인 ‘GPT-4’에 넣고, 정교한 프롬프트(지시문)를 써서 3단계에 걸쳐 재무제표를 분석하고 미래 실적 방향을 예측하라고 시켰다. 예컨대 ‘최근 3년 동안 회사 매출이 꾸준히 올랐다’(트렌드 분석), ‘영업 마진율이 25%로 개선 추세다’(비율 분석), ‘매출이 성장하고 영업 비용을 잘 관리해 실적이 계속 좋아질 것 같다’(심층 이유 분석) 식의 순서로 AI가 결론을 도출할 수 있게 한 것이다.

AI가 내놓은 실적 예측이 맞았는지 여부를 집계한 결과 정확도는 60.35%로 나타났다. 인간 애널리스트들이 실적발표 1개월 뒤에 내놓은 미래 실적 평균 예측의 정확도인

52.71%를 훨씬 앞지르는 수치다. AI의 정확도는 인간 애널리스트들의 3개월 뒤 예측(55.95%)과 6개월 뒤 예측(56.68%)보다도 좋았다.

https://img8.yna.co.kr/etc/inner/KR/2024/06/30/AKR20240630032500008_01_i_P4.jpg

재무제표 분석은 객관적 지표를 근거로 기업의 근본 체력을 짚어볼 수 있어 시장 수요가 크지만, 전문가의 식견이 필요한 작업이다. 국내 유튜브에서는 현직 공인회계사 등이 유명 종목의 재무제표를 해석해주는 동영상이 인기가 높다. 이 때문에 AI가 많은 기업의 재무제표를 잘 분석해주면 이를 개인 투자자의 참고 자료로 제공하거나, 기관 투자자의 업무 효율을 높이는 데 쓰일 수 있다는 기대가 적잖다.

이번 연구는 차세대 로보어드바이저 개발에도 자극이 될 전망이다. 지금껏 로보어드바이저는 주가와 순이익 등 대표 수치의 과거 통계적 패턴을 학습(머신러닝)해 종목의 주가 향방을 예측했다. 이 방식은 그러나 상식을 뒤엎는 변화가 속출하는 현실 시장에서 잘 통하지 않아 운용 성과가 사람보다 못할 때가 많았다. 이 때문에 챗GPT처럼 AI가 재무제표의 세부 내용까지 분석할 수 있게 되면, 성능이 대폭 개선된 로보어드바이저를 만들 수 있을 것으로 보인다.

실제 니콜라예프 교수팀은 챗GPT의 분석 결과를 토대로 투자 전략을 짜 시뮬레이션한 결과, 종전 AI 모델보다 훨씬 더 높은 수익률을 올렸다고 밝혔다. 국내 금융투자 업계의 한 관계자는 "이번 연구의 데이터가 적은 양은 아니지만 실전 관점에서는 그 폭이 제한적이라 앞으로 더 많은 검증이 필요하다. 그러나 생성 AI의 새 활용 방안을 제시한 만큼 흥미로운 출발점이 될 것으로 전망한다"고 평했다.

논문은 그러나 AI가 인간 투자 전문가를 완전히 대체할 수는 없을 것으로 봤다. 생성 AI는 지적 능력이 탁월하지만, 어떤 세부 오류나 착오가 나타날지 미리 예측·통제할 수 없어 인간의 감독이 필요하기 때문이다. 연구진은 "챗GPT와 인간 애널리스트는 상호 보완 관계"라며 "AI가 모르는 추가 맥락 정보가 중요할 때 사람이 주도적으로 분석을 이끄는 등의 협업이 가능할 것"이라고 내다봤다.

〈연합뉴스, 2024. 7. 1〉

4 자본변동표와 주석

4.1 자본변동표

자본변동표(statement of changes in equity)는 한 회계기간 동안 발생한 소유주지분의 변동을 표시하는 재무보고서로서 자본금, 자본잉여금, 자본조정, 기타포괄손익누계액, 이익잉여금 등의 변동에 대한 포괄적인 정보를 제공한다. 자본변동표에는 자본의 각 구성요소별로 기초잔액, 변동사항, 기말잔액을 표시하도록 되어 있다.

〈표 4-4〉는 한국전자(주)의 자본변동표를 예시한 것이다. 자본변동표는 제

표 4-4 자본변동표

회사명: 한국전자(주) (단위: 백만원)

구 분	자본금	자본잉여금	자본조정	기타포괄손익누계액	이익잉여금	자본합계
20×0년 12월 말	898	6,367	−6,981	557	44,356	45,197
당기순이익					7,425	7,425
회계변경의 누적효과						−
현금배당					−819	−819
매도가능금융자산평가이익				1,026		1,026
해외사업외화환산이익				290		290
자기주식취득			−1,766			−1,766
자기주식처분이익		208				208
20×1년 12월 말	898	6,575	−8,747	1,873	50,962	51,561
당기순이익					5,526	5,526
회계변경의 누적효과					100	100
현금배당					−1,172	−1,172
매도가능금융자산평가이익				1,790		1,790
해외사업외화환산이익				144		144
자기주식처분			150			150
자기주식처분이익		15				15
20×2년 12월 말	898	6,590	−8,597	3,807	55,416	58,114

무제표 간의 연계성을 제고시켜 주기 때문에 정보이용자들이 재무제표 간의 관계를 보다 명확하게 이해할 수 있게 된다.

4.2 주 석

주석(footnotes)은 재무제표상의 해당 과목이나 금액에 기호를 붙이고 별지에 회계정책과 회계처리의 세부내용, 주요 계정과목의 내역 등을 기재한 것이다. 주석은 재무제표의 이해가능성과 비교가능성을 높이는 데 필요한 양적·질적 정보를 제공한다. 주석은 재무제표의 하나로 본문에 표시되는 항목에 관한 설명이나 금액의 세부내역뿐만 아니라 우발상황 또는 약정상황과 같이 재무제표에 인식되지 않는 항목에 대한 추가적인 정보를 제공한다.

주석은 재무제표 이용자가 재무제표를 이해하고 다른 기업의 재무제표와 비교하는 데 도움을 줄 수 있도록 일반적으로 다음 순서로 표시한다.

- 한국채택국제회계기준을 준수했다는 사실
- 적용한 중요한 회계정책(자산·부채의 측정기준, 감가상각방법 등)의 요약
- 재무상태표, 손익계산서, 자본변동표, 현금흐름표에 표시된 항목에 대한 보충정보
- 기타 공시: 우발부채와 재무제표에서 인식하지 아니한 계약상 약정사항, 비재무적 공시항목 등

알아두기

연결재무제표

법률적으로 독립된 모든 기업은 자신을 하나의 경제적 실체(economic entity)로 하여 개별적인 재무제표를 작성한다(개별재무제표). 개별재무제표에 대비되는 개념으로 연결재무제표(consolidated financial statements)란 법률적으로 독립된 기업이라 하더라도 실질적으로 지배와 종속 관계에 있는 기업들을 하나의 경제적 실체로 보아 이들 기업의 개별재무제표를 결합하여 하나의 재무제표로 만든 것을 말한

다. 타 기업을 지배하는 기업을 지배기업(parent company), 지배를 받는 피투자기업을 종속기업(subsidiary company)이라고 부른다. 연결재무제표는 연결재무상태표, 연결손익계산서, 연결현금흐름표, 연결자본변동표로 구성된다.

국제회계기준은 타 기업의 지분을 50% 이상 소유하거나 실질적인 지배력을 행사하는 경우 연결재무제표를 주된 재무제표로 공시하도록 요구하고 있다. 연결재무제표는 '법적 형식보다는 경제적 실질을 중시'(substance over form)하는 회계적 사고의 산물이다.

5 재무제표 간의 상관관계

이상에서 설명한 재무상태표, 손익계산서, 현금흐름표, 자본변동표 등은 서로 유기적으로 연결되어 있다. 이와 같은 재무제표 간의 상호연관성을 그림으로 나타내면 [그림 4-2]와 같다.

그림 4-2 재무제표 간의 상호연관성

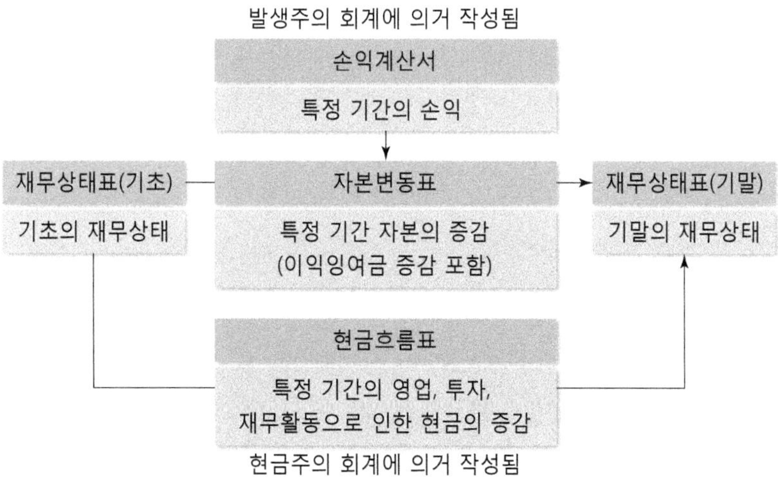

자료: 송인만·윤순석·최관, 제4판 K-IFRS 중급재무회계, 신영사, 2012, p. 129.

알아두기

재무제표에서 놓치지 말아야 할 주요 체크포인트 10가지

금융감독원이 재무제표를 분석할 때 놓치지 말아야 할 주요 체크포인트 10가지를 선정해 발표했다. 금감원은 자산, 매출, 순이익 등 기본 지표만으로 단편적으로 기업 실적을 분석할 경우 잘못된 의사결정을 내릴 수 있어 각별한 주의가 필요하다고 당부했다.

주요 체크포인트 10가지

구분	주요내용
1	재무상태표만 확인하고 계셨나요? 다른 재무재표도 같이 보세요!
2	막막한 재무제표 숫자, 주석에서 해답을 찾아보세요!
3	아직도 별도재무제표만? 실질 경영성과는 연결재무제표에 있어요!
4	재무제표는 당기만 보지 말고 과거재무제표와 함께 보세요!
5	기업의 현금, 어디서 벌어서 어떻게 사용했을까요?
6	영업이익, 실제 영업현금흐름과 비교해서 따져보세요!
7	기업이 어느 기업에 투자하고 있는지도 꼼꼼히 확인하세요!
8	특수관계자 거래가 있다면 좀 더 주의를 기울이세요!
9	숨어있는 부채가 있진 않을까? 우발부채 주석에서 찾아보세요!
10	자본인데 상환가능성이? 자본의 실질구성을 확인하세요!

1. 재무상태표 외에 다른 재무제표도 챙겨 보자.

재무제표는 크게 재무상태표, 포괄손익계산서, 자본변동표, 현금흐름표, 주석 등으로 구성되어 있다. 특정시점 현재 기업의 재무상태, 즉 자산, 부채, 자본의 규모와 그 구성 내용을 알고 싶다면 재무상태표를 확인해야 한다. 그리고 일정기간 동안 발생한 수익과 비용의 항목별 내역을 알고 싶으면 포괄손익계산서를 활용할 수 있으며, 이를 통해 매출과 순이익 산출 과정 등을 확인할 수 있다.

자본변동표에서는 배당, 증자 등 일정기간 동안 자본의 각 항목(자본금, 이익잉여금 등)의 변동내역을 확인할 수 있다. 현금흐름표는 일정기간 동안 현금이 어떻게 조달되고 사용됐는지 알 수 있도록 현금흐름 정보를 영업, 투자, 재무활동으로 구분해 표시하고 있어 유용하다. 주석은 기업의 회계정책, 재무제표 작성근거, 본문에 표시되지 않는 질적 정보 등 재무제표 이해에 필요한 보충 정보를 상세히 담고 있다.

2. 숫자만 봐서 잘 모르겠다면 주석을 확인하자

재무제표 본문은 주로 간략한 금액 정보만 표시되는 반면, 주석에는 관련 항목에 관한 구체적인 설명과 보충 정보를 상세하게 공시하고 있다. 기업의 개요, 주주 구성이나 회계정책, 지급보증 등 우발부채와 약정사항 등 재무제표 본문에 표시되지 않은 항목에 대한 다양한 정보도 포함하므로, 재무제표 분석 시 반드시 본문과 관련 주석을 함께 볼 필요가 있다.

3. 실질 경영성과는 연결재무제표로 볼 수 있다

연결재무제표는 지배기업과 종속기업의 재무정보(자산, 부채, 자본, 수익, 비용)를 하나로 합산한 후 내부거래 등을 제거한 재무제표이며, 지배기업만의 재무정보는 별도재무제표를 통해 확인 가능하다. 연결실체 내 매출거래 등이 많은 경우, 별도재무제표의 실적은 확대되더라도, 연결재무제표에서는 이러한 내부거래 효과가 제거된다. 즉 기업의 연결실체 내부거래와 외부 고객과의 거래에 따른 효과를 구분하기 위해서는 연결과 별도재무제표를 비교하는 것이 중요하다.

4. 당기만 보지 말고 과거 재무제표와 함께 보자

재무제표는 기간별 비교를 수월하게 할 수 있도록 전기와 당기 재무제표를 비교하는 형식으로 표시한다. 재무제표의 기간별 비교를 통해 기업의 성장 이력, 비경상적 거래 효과 등을 파악하고, 향후 성장성 등을 예측해 볼 수 있다.

5. 기업의 현금흐름에 주목하자

현금흐름표는 회계기간 중 발생한 현금흐름을 기업의 활동별, 즉 영업·투자·재무활동으로 세분화해 표시하고 있다. 현금이 주로 어디서 얼마나 유입되고, 어떻게 사용되는지는 기업의 미래 수익성과 자금관리 능력 등을 평가하는 데 유용한 정보를 제공하므로, 현금흐름표를 통해 현금의 주요 발생원천과 사용내역 등을 꼼꼼히 확인할 필요가 있다.

6. 영업이익, 실제 영업현금흐름과 비교해서 따져보자

영업이익만으로 수익성을 평가하지 말고, 현금흐름표에서 영업이익과 영업활동 현금흐름과의 차이를 이해하는 것은 수익성 분석에 많은 도움이 된다. 포괄손익계산서에서 파악하기 어려운 현금의 유입·유출에 대한 정보는 현금흐름표를 통해 확인 가능하므로, 포괄손익계산서와 현금흐름표를 상호 비교하는 것이 중요하다. 예를 들어, 과거 모뉴엘 사례처럼 영업이익 규모와 영업활동 현금흐름의 차이가 지나치게 크다면, 분식회계 또는 유동성 부족 위험 등이 있을 수 있다는 점을 유의해야 한다.

7. 기업이 어느 기업에 투자하고 있는지도 꼼꼼히 확인하자

기업은 다른 기업에 대한 투자를 통해 추가 수익과 현금창출을 기대할 수 있는 반면, 피투자기업의 재무상황과 관련된 위험에 노출될 수 있다. 또 피투자기업에 대한 투자 성격(유의적인 영향력, 지배력 보유 등)에 따라 재무제표에 반영되는 회계처리가 달라질 수 있으므로 주석에 공시된 투자 현황, 피투자기업의 요약재무정보 등을 통해 피투자기업의 재무상황 및 관련 영향 등을 파악할 필요가 있다.

8. 특수관계자 거래가 있다면 좀 더 주의를 기울여라

특수관계자 거래 및 약정 등은 기업의 재무상태와 당기손익에 중요한 영향을 미칠 수 있다. 이 때문에 특수관계자 주석을 통해 거래 금액, 채권·채무 잔액, 약정 조건, 대손충당금 설정액, 보증·담보 제공 내역 등에 주의를 기울일 필요가 있다. 예를 들어 특수관계자 거래가 비경상적으로 많거나, 일반적인 제3자와의 거래 대비 거래조건이 불리할 경우, 특수관계자 거래가 재무성과에 미치는 영향을 주의 깊게 살펴봐야 한다.

9. 숨어있는 부채를 확인하자

소송·보증 등과 관련해 발생하는 우발부채는 그 결과 및 영향 등을 추정할 수 없는 경우 재무상태표에 부채로 인식되지는 않으나, 향후 소송결과 또는 지급보증 현실화 등의 사유로 기업이 소송 패소에 따른 책임을 부담하거나, 원래의 채무자를 대신해 채무를 상환하게 될 가능성이 존재하므로 주의를 기울여야 한다. 우발부채 및 약정사항 등에 대한 주석을 통해 우발손실의 발생 가능성 및 시기, 규모 등에 대한 내용을 반드시 확인할 필요가 있다.

10. 자본인데 상환 가능성이? 자본의 실질 구성을 확인하자

신종자본증권의 경우 회계상 자본으로 분류되더라도 상환 가능성 등 부채의 특성을 함께 보유하고 있으므로 자본의 질적 구성을 살펴볼 필요가 있다. 신종자본증권은 발행사가 만기에 원리금 상환을 연장할 수 있는 옵션을 가지고 있어 일정조건 충족 시 회계상 자본으로 인정되는 회사채다. 주석을 통해 신종자본증권의 발행 규모, 원리금 상환조건, 청산 시 우선순위, 중도상환 가능성 등 상세 발행조건을 확인할 필요가 있다.

〈조선비즈, 2018. 9. 11 수정〉

알아두기

금융감독원의 전자공시시스템(DART)

기업의 재무제표를 신속하고 저렴하게 수집할 수 있는 방법은 금융감독원(www.fss.or.kr)의 전자공시시스템(data analysis, retrieval and transfer system: DART)을 이용하는 것이다. 전자공시시스템은 우리나라 기업이 금융감독원 등 관계기관에 제출하는 신고서 또는 보고서 등을 인터넷을 통하여 전자문서로 제출하고 그 내용을 실시간으로 일반인에게 공시함으로써 공시의 신속성과 기업경영의 투명성을 제고하기 위한 종합적인 공시시스템이다. 기존의 공시는 서면에 의한 공시로서 제출대상회사가 금융감독원, 한국거래소 등을 직접 방문하여 다량의 공시서류를 제출하였으나, 전자공시시스템은 금융감독원이 제공하는 전자문서 소프트웨어를 이용하여 공시서류를 작성하고 인터넷을 통하여 한 번만 제출하면 모든 공시의무가 완료된다. 따라서 방문에 따른 불편과 다량의 서면문서 작성으로 인한 자원의 낭비를 막을 수 있을 뿐만 아니라 일반인(투자자, 학생, 기타 이해관계인)들로 하여금 실시간으로 인터넷을 통해 해당 회사의 정보를 얻을 수 있게 한다.

재무제표분석에 필요한 자료를 얻기 위해서는 먼저 전자공시시스템(dart.fss.or.kr)에 접속하여 분석하고자 하는 회사의 사업보고서 등을 검색(상세검색)한다. 그 다음 검색된 기업의 사업보고서의 우측 상단에 있는 '다운로드'를 선택하여 재무제표자료(엑셀파일)를 다운로드받으면 재무제표분석에 필요한 자료를 쉽게 얻을 수 있다.

주요 용어

재무상태표(statement of financial position)

일정시점(결산기 말)에서 기업의 자산, 부채, 자본에 관한 정보를 제공하는 재무보고서로서 대차대조표(balance sheet: B/S)라고도 한다.

유동자산(current assets)

보고기간 말로부터 1년 이내에 현금으로 전환되거나 전환이 예상되는 자산을 말한다.

당좌자산(quick assets)

유동자산 중에서 환금성이 가장 높은 자산으로 판매과정을 거치지 않고 단기간에 현금화시킬 수 있는 현금및현금성자산, 단기금융자산, 매출채권, 선급비용 등이 포함된다.

재고자산(inventories)

정상적인 영업활동과정에서 판매 또는 생산활동을 지원하기 위한 목적으로 보유하는 자산을 말한다.

비유동자산(non-current assets)

정상적인 영업활동에 투자되어 1년 이내에 현금화하기 어려운 자산으로서 그 사용형태가 급격하게 변하지 않는 자산을 말한다.

투자자산(long-term investments)

기업 본래의 사업목적이 아닌 타기업을 지배·통제하거나 유휴자금의 증식을 목적으로 장기간 소유하는 자산으로 장기성예금, 투자유가증권, 투자부동산 등이 이에 속한다.

유형자산(property, plant and equipment)

제품의 생산, 서비스의 제공, 타인에 대한 임대 또는 자체적으로 사용할 목적으로 장기간(1년 이상) 보유하는 물리적 형체가 있는 자산을 말하며, 토지, 건물, 비품, 기계장치, 건설중인 자산 등을 포함한다.

무형자산(intangible assets)

물리적 형체는 없지만 독자적으로 식별가능한 비화폐성자산으로 특허권이나 실용신안권 등을 포함한 산업재산권, 저작권, 개발비, 영업권 등이 있다.

유동부채(current liabilities)

일상적인 상거래에서 발생하는 영업상의 채무와 만기가 1년 이내인 지급채무로 구성되며, 매입채무, 미지급비용, 단기차입금, 선수금 등을 포함한다.

비유동부채(non-current liabilities)

만기가 1년 이상인 장기성 부채로서 사채, 장기차입금 등의 장기금융부채, 퇴직급여충당부채 등의 장기충당부채, 이연법인세부채(유동부채로 분류되는 부분 제외)와 장기선수금 등을 포함한다.

자본(stockholders' equity)

기업의 소유자인 주주에게 귀속될 소유자지분을 의미한다.

자본금(capital stock)

1주당 액면금액에 발행주식총수를 곱하여 산출되며, 우선주 자본금(preferred stock), 보통주 자본금(common stock)으로 구분된다.

자본잉여금(capital surplus)

자본거래(증자, 감자 등)에서 발생된 잉여금으로서 주식발행초과금, 자기주식처분이익 등을 포함한다.

이익잉여금(retained earnings)

기업의 이익 중 사외에 유출되거나 자본금계정에 대체되지 않고 사내에 유보된 부분을 의미한다.

자본조정(capital adjustment)

자본의 성격이 결정되지 않은 임시항목으로서 자본총계에 가감하는 형식으로 기재되며, 회사가 발행한 주식을 소각, 재매각 또는 임직원에게 상여금으로 줄 목적으로 임시취득한 자기주식(treasury stock)이 대표적인 예이다.

기타포괄손익누계액(accumulated other comprehensive income)
당기순손익을 제외한 기타포괄손익(other comprehensive income)의 누계잔액을 의미하며, 이에 해당되는 과목으로는 매도가능금융자산평가손익, 해외사업외화환산손익, 보험수리적손익, 자산재평가잉여금, 현금흐름위험회피 파생상품평가손익 등이 있다.

손익계산서(income statement: I/S)
일정기간 동안 기업에서 발생한 수익과 비용을 대응시켜 당해기간의 손익을 표시한 보고서로서 기업의 종합적인 경영성과를 나타내는 재무제표이다.

매출총이익(gross profit)
매출액에서 매출원가를 차감한 것으로 생산효율성을 측정하는 근거가 된다.

영업이익(operating income)
영업활동의 결과 발생된 이익으로 매출총이익에서 판매비와 관리비를 차감하여 산출되며, 영업효율성을 측정하는 근거가 된다.

법인세비용차감전계속사업이익(중단사업손익 없을 경우 법인세비용차감전순이익)
영업이익에 금융수익 및 기타수익을 가산한 후 금융비용 및 기타비용을 차감하여 산출되며, 재무효율성을 측정하는 근거가 된다.

계속사업이익
법인세비용차감전계속사업이익에서 회계이익에 근거하여 산출된 계속사업이익법인세비용을 차감하여 측정된다.

당기순이익(net income)
최종적인 경영활동의 결과로서 주주에게 귀속되는 이익이며, 계속사업이익에서 중단사업손익(법인세효과 차감 후)을 가감하여 측정되며, 자기자본의 투자성과를 측정하는 척도가 된다.

현금흐름표(statement of cash flows)
일정한 기간에서 기업이 조성한 현금과 사용한 현금의 내역을 정리한 보고서를 말한다.

자본변동표(statement of changes in equity)
한 회계기간 동안 발생한 소유주지분의 변동을 표시하는 재무보고서로서 자본금, 자본잉여금, 자본조정, 기타포괄손익누계액, 이익잉여금 등의 변동에 대한 포괄적인 정보를 제공한다.

주석(footnotes)

재무제표상의 해당 과목이나 금액에 기호를 붙이고 별지에 회계정책과 회계처리의 세부 내용, 주요 계정과목의 내역 등을 기재한 것이다.

연습문제

Ⅰ. 완성/선택형 문제

1. (　　　　)는 일정시점(결산기 말)에서 기업의 자산, 부채, 자본에 관한 정보를 제공하는 재무보고서로서 대차대조표(balance sheet: B/S)라고도 한다.

2. (　　　　)은 물리적 형체는 없지만 독자적으로 식별가능한 비화폐성자산으로 특허권이나 실용신안권 등을 포함한 산업재산권, 저작권, 개발비, 영업권 등이 있다.

3. (　　　　)은 자본의 성격이 결정되지 않은 임시항목으로서 자본총계에 가감하는 형식으로 기재되는데, 회사가 발행한 주식을 소각, 재매각 또는 임직원에게 상여금으로 줄 목적으로 임시취득한 자기주식(treasury stock)이 대표적인 예이다.

4. (　　　　)는 일정기간 동안 기업에서 발생한 수익과 비용을 대응시켜 당해기간의 손익을 표시한 보고서로서 기업의 종합적인 경영성과를 나타내는 재무제표이다.

5. (　　　　)은 영업활동의 결과 발생된 이익으로 매출총이익에서 판매비와 관리비를 차감하여 산출되며, 영업효율성을 측정하는 근거가 된다.

6. (　　　　)은 재무제표상의 해당 과목이나 금액에 기호를 붙이고 별지에 회계정책과 회계처리의 세부내용, 주요 계정과목의 내역 등을 기재한 것이다.

7. 유동자산 중에서 환금성이 가장 높은 자산으로 판매과정을 거치지 않고 단기간에 현금화시킬 수 있는 것은?

   ① 재고자산　　② 무형자산　　③ 유형자산
   ④ 당좌자산　　⑤ 투자자산

8. 재무상태표의 한계점과 거리가 먼 것은?

① 재무상태표에서 자산을 역사적 원가에 의해 평가할 경우 자산금액이 공정한 시장가치를 나타낸다고 볼 수 없다.
② 재무상태표에는 많은 질적 정보 또는 비계량적 정보가 반영되어 있지 않다.
③ 단일의 회계처리방법만이 인정되고 있어 융통성이 부족하다.
④ 재무상태표를 작성하는 데 주관적인 판단이 많이 개입될 수 있다.
⑤ 일반적으로 인정된 회계원칙 하에서는 부외금융(off-balance sheet financing)현상이 발생할 가능성이 있다.

9. 손익계산서에서 산출될 수 있는 이익 중 잘못된 것은?

① 매출총이익 = 매출액 − 매출원가
② 영업이익 = 매출총이익 − 판매비와 관리비
③ 법인세비용차감전계속사업이익 − 영업이익 + 금융수익 및 기타수익
− 금융비용 및 기타비용
④ 계속사업이익 = 법인세비용차감전계속사업이익 − 계속사업이익법인세비용
⑤ 당기순이익 = 계속사업이익 − 중단사업손익(법인세효과 차감 전)

10. 손익계산서의 한계점과 거리가 먼 것은?

① 회계이익이 기업의 현금결제능력을 의미하지 않는다.
② 손익계산서를 작성하는 작성자의 주관이 개입될 가능성이 높다.
③ 수익은 판매가격에 의하여 측정되는 반면에 비용은 역사적 원가에 의하여 측정된다. 따라서 인플레이션이 심할 때 회계이익에 근거하여 기업의 경영성과를 평가하는 경우 그릇된 판단을 가져올 수 있다.
④ 회계이익에 주주의 기회비용이 반영되지만 그 측정이 주관적이어서 문제가 있다.
⑤ 손익계산서에는 포함되지 않지만 기업의 경영성과에 중대한 영향을 미치는 요인으로 계량화할 수 없는 질적인 요소가 많다.

11. 손익계산서의 구성 항목에 해당하지 않는 것은? (경영지도사, 2020)

① 판매비 ② 매출액 ③ 외상매입금
④ 이자비용 ⑤ 매출원가

12. 현금흐름표에 관한 설명으로 옳지 않은 것은? (경영지도사, 2021)

① 자금개념을 현금및현금성자산으로 정의한다.
② 기간별 경영성과를 평가하는 데 유용하다.
③ 영업, 투자 및 재무활동으로 분류하여 보고한다.
④ 배당지급능력 및 부채상환능력에 대한 정보를 제공한다.
⑤ 미래현금흐름의 예측과 평가에 유용한 정보를 제공한다.

13. 재무제표 요소에 관한 설명으로 옳은 것은? (경영지도사, 2024)

① 자산은 현재사건의 결과로 기업이 통제하는 미래의 경제적자원을 의미한다.
② 부채는 과거사건의 결과로 기업의 경제적자원을 이전해야 하는 미래의 의무를 의미한다.
③ 자본은 기업의 자산에서 모든 부채를 차감한 후의 잔여지분을 의미한다.
④ 수익은 자본의 증가를 가져오는 자산의 증가나 부채의 감소로서, 자본청구권 보유자의 출자와 관련된 것을 포함한다.
⑤ 비용은 자본의 감소를 가져오는 자산의 감소나 부채의 증가로서, 자본청구권 보유자에 대한 분배와 관련된 것을 포함한다.

Ⅱ. 서술형 문제

1. 다음 용어를 간략하게 설명하라.

(1) 무형자산 (2) 유동성 (3) 투자자산
(4) 자본잉여금 (5) 자본조정 (6) 영업이익
(7) 이연법인세 (8) 주석

2. 재무상태표와 손익계산서를 비교하여 설명하라.

3. 재무상태표의 한계에 대해서 설명하라.

4. 손익계산서의 한계에 대해서 설명하라.

5. 현금흐름표, 자본변동표에 대해서 설명하라.

Memo

제 5 장

재무비율분석

재무비율분석(financial ratio analysis)은 여러 가지 재무비율을 이용하여 기업의 재무상태와 경영성과를 분석·평가하는 방법을 말한다. 기업의 이해관계자들(경영자, 주주, 채권자 등)은 재무비율분석을 통하여 의사결정에 유용한 정보를 얻고 있다.

이 장에서는 먼저 재무비율분석의 의의를 설명하고, 재무비율의 분류, 계산방법 및 분석, 그리고 사례기업을 이용하여 기업의 재무상태와 경영성과를 평가하는 과정을 다루고자 한다.

1 재무비율분석의 의의

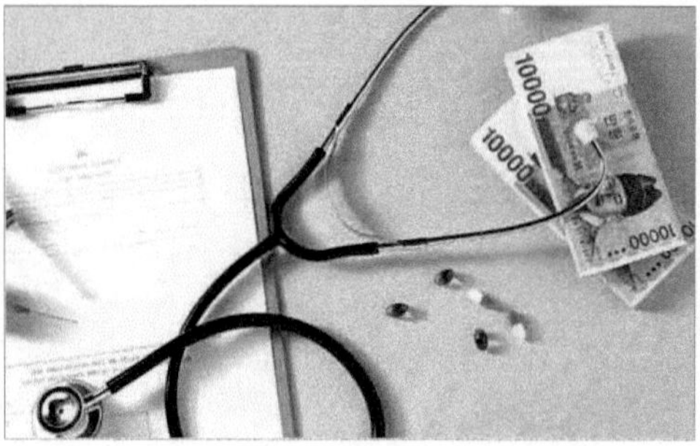

재무비율분석을 통해 기업의 건강을 진단할 수 있다.

재무상태표, 손익계산서 등과 같은 재무제표를 분석하여 기업의 재무상태와 경영성과를 파악할 수 있다. 그러나 재무제표의 내용이 매우 복잡하기 때문에 재무제표를 직접 분석하여 의사결정에 필요한 정보를 얻는 것은 쉬운 일이 아니다. 따라서 재무제표에 포함된 유용한 정보를 쉽게 파악할 수 있는 수단이 필요하며, 이를 위해 고안된 것이 재무비율이다.

재무비율(financial ratio)은 경제적 의미와 논리적 관계가 분명한 재무제표의 두 항목을 상대적 비율로 나타낸 것이다. 따라서 재무비율분석은 재무비율의 경제적 의미를 분석하여 기업의 재무상태와 경영성과를 평가하는 기법이라 할 수 있다. 재무비율분석의 기본목적은 기업의 다양한 이해관계자에게 목적적합한 정보를 제공하는 데 있다.

알아두기

기업의 건강진단

경기 포천에 있는 영진산업은 수성접착제와 계면활성제 등을 만드는 중소기업이다. 이 회사가 위기를 맞은 때는 2013년이다. 새 공장을 지어 입주했는데, 불량률이 증가하는 등 품질관리가 제대로 안 됐다. 주요 고객사인 섬유업체와 건축 관련 업체들의 영업이 잘 안 돼 여기에 납품하는 물량도 감소하는 '이중고'를 겪었다. 이러다 보니 수익성이 떨어지고 생산성도 떨어졌다. 이미자 영진산업 대표가 중소기업진흥공단(중진공) 경기북부지부에 도움을 청한 시기는 작년 7월이다.

중소기업진흥공단은 영진산업에 대한 기업진단에 들어갔다. 먼저 수익성이 악화된 원

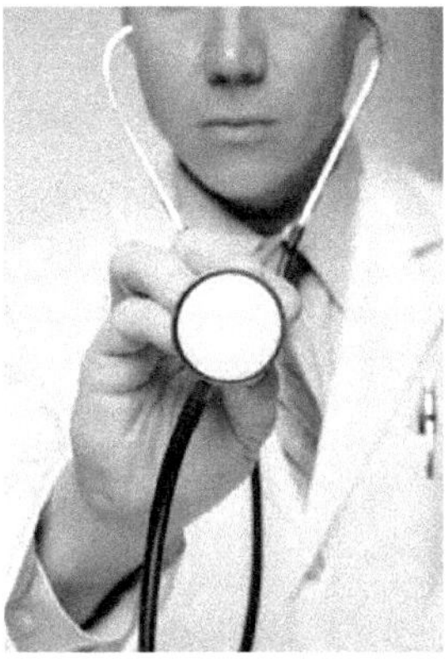

인을 분석했다. 생산성이 어떤 수준인지 파악했다. 수출 영업을 어떻게 확대할 수 있는지 진단했다. 몇 달에 걸친 분석 끝에 몇 가지 문제점이 나왔다. 이 회사는 매출채권을 회수하기까지 시간이 너무 오래 걸렸다. 팔아도 남는 게 없는 제품도 있었다. 품목은 많은데, 물량이 적으니 규모의 경제도 안 됐다. 수출을 하면서도 전담부서가 없었다. 문제 해결을 위해 중진공은 우선 다품종 소량생산 체제에 맞는 전략부터 세웠다. 인력관리 프로그램도 다시 만들었다. 핵심 인력에 대해서는 성과보상공제에 가입시켰다. 생산성 향상과 원가 절감을 주제로 한 직원 교육을 했다. 해외시장에 대한 정보도 제공했다. 이 과정을 통해 영진산업의 작년 매출은 전년대비 10% 가량 증가한 100억원을 넘었다. 올해는 120억원을 목표로 잡았다. 이 대표는 "기업진단을 통해 위기를 극복할 수 있었고 회사의 근본적인 체질도 개신할 수 있었다"고 말했다.

기업진단은 사람이 건강진단을 받는 것과 비슷하다. 건강진단을 받을 때 다양한 검사를 통해 종합적인 진단을 내리듯 기업진단은 기업이 갖고 있는 문제점을 파악한 뒤 근본적인 처방을 제시하는 것을 목표로 한다. 중진공의 기업진단사업은 기술·경영 전문가가 기업을 방문해 상태를 진단한 뒤 이에 맞는 처방전을 제시하는 방식으로 진행된다. 여기서 그치는 것이 아니라 치료에 도움이 되는 각종 정책을 연계 지원하고 사후에도 코칭을 한다. 이는 '신청-평가-지원' 방식으로 진행된 기존 정부 지원 방식에서 발전된 형태다. 이를 통해 중소기업의 안정적인 성장을 돕는다.

기업진단 서비스는 중진공이 2006년부터 해 온 중소기업 진단·지원 노하우를 집적해 개발했다. 특허 등록한 '닥터 시스템(Dr.System)'을 통해 이뤄진다. 진단(diagnosis)과 평가(rating)가 동시에 진행된다. 중진공의 닥터 시스템을 통해 기업진단이 이뤄진 게 지난해에만 4,123건에 이른다. 중진공의 정책자금 1조4,254억원이 집행됐다. 3,810건의 연계지원도 이어졌다. 중진공의 정책자금을 받은 기업 중 기업진단이 이뤄지지 않은 곳과 이뤄진 곳은 경영실적에서 큰 차이를 보였다. 2013년 기업진단을 받은 곳의 전년 대비 영업이익 증가율은 19.3%였다. 이에 비해 기업진단을 받지 않은 곳의 증가율은 8.7%에 그쳤다. 진단을 받은 중소기업들의 만족도도 높아지고 있다. 산업연구원의 성과분석에 따르면 2013년 진단 기업의 종합만족도는 100점 만점에 평균 88.9점을 기록했다. 2008년 84.2점을 시작으로 2009년 84.8점, 2010년 86.3점, 2011년 86.3점, 2012년 87.5점 등으로 매년 점수가 꾸준히 오르고 있다. 종합만족도는 사업의 진행절차, 진단 인력의 전문성, 연계 지원의 적합성, 진단 결과의 유용성 등 부문별 만족도를 합친 것이다.

〈한국경제, 2015. 4. 24 수정〉

2 재무비율의 분류와 표준비율

2.1 재무비율의 분류

재무비율은 〈표 5-1〉과 같이 경제적 의미에 따라 유동성비율, 자본구조비율, 효율성비율, 수익성비율, 성장성비율, 생산성비율, 시장가치비율 등으로 분류될 수 있다.

표 5-1 재무비율의 분류 및 경제적 의미

분 류	경제적 의미	관련 비율
유동성비율	단기채무지급능력을 측정	유동비율, 당좌비율, 순운전자본구성비율 등
자본구조비율	부채의존도를 나타내는 것으로 기업의 장기채무지급능력을 측정	부채비율, 자기자본비율, 비유동비율, 이자보상비율 등
효율성비율	보유자산의 이용효율성을 측정	매출채권회전율, 재고자산회전율, 유형자산회전율, 총자산회전율 등
수익성비율	매출 또는 투자에 대한 수익성을 나타내는 것으로 경영의 총괄적 효율성을 측정	총자산순이익률, 자기자본순이익률, 매출액순이익률 등
성장성비율	외형 및 수익의 성장가능성을 측정	총자산증가율, 매출액증가율, 순이익증가율 등
생산성비율	생산요소의 성과를 측정	부가가치율, 노동생산성, 자본생산성 등
시장가치비율	주식시장에서의 평가를 측정	주가수익비율, 주가장부가치비율, 토빈의 q비율 등

2.2 표준비율

재무비율을 이용하여 기업의 재무상태와 경영성과를 평가할 때 비교·평가의 기준이 되는 재무비율이 필요하게 된다. 비교·평가의 기준이 되는 재무비율을 **표준비율**(standard ratio)이라 한다. 표준비율로는 분석기업의 과거비율, 경험적 재무비율, 산업평균비율, 경쟁기업의 재무비율 등이 있다.

분석기업의 과거비율

개별기업의 현재 재무비율을 계산한 후 이에 대한 경영상태를 평가하고자 할 때 그 기업의 과거 재무비율을 표준비율로 선택할 수 있다. 과거비율을 표준비율로 사용하는 경우에는 기업의 각종 재무비율을 기간별로 비교하여 경영성과 등의 변동추이뿐만 아니라 특정비율의 변동원인도 쉽게 파악할 수 있다.

경험적 재무비율

경험적 재무비율은 오랜 기간에 걸쳐 체험적으로 터득된 이상적인 재무비율을 의미한다. 예를 들어 자금을 대출해 준 기업이 파산하여 금융기관이 원리금을 회수할 목적으로 유동자산을 처분할 때 절반 정도의 값을 받을 수 있다는 사실은 경험을 통해서 알려져 있다. 따라서 금융기관에서는 기업의 유동비율이 200% 이상 되어야 유동성이 양호하다고 평가한다. 또한 당좌비율이 100% 이상, 자기자본비율이 50% 이상, 비유동비율이 100% 이하 등도 경험적으로 설정된 비율이다.[1]

그러나 경험적 비율은 특정국가의 정치·경제적 특성, 사회·문화적 특성, 금융환경, 그 국가의 특정기업이 속해 있는 산업, 기업규모 등에 따라 영향을 받을 수 있다. 그리고 분석자의 입장에 따라 경험적 비율의 적정수준이 다를 수 있기 때문에 절대적인 기준에 따라 경험적 비율을 설정하는 것이 오히려 적합하지 않을 수도 있다.

---

1 이와 같은 경험적 비율은 미국 실무계에서 경험적으로 설정되어 온 것으로 한국은행, 「기업경영분석」에서도 동일한 경험적 비율을 제시하고 있다.

산업평균비율

산업평균비율은 표준산업분류와 같은 일정한 기준에 따라 산업을 분류한 후, 그 산업에 속해 있는 기업들의 재무비율을 평균한 값이다. 산업평균비율은 재무비율의 비교기준인 표준비율로 가장 널리 사용되고 있다. 산업평균비

표 5-2 전자부품, 컴퓨터, 영상, 음향 및 통신장비(대기업) 산업평균비율

재무비율	20×1년도	20×2년도
1. 유동성비율		
유동비율(%)	136.63	113.59
당좌비율(%)	109.13	90.16
순운전자본구성비율(%)	7.76	3.38
2. 자본구조비율		
부채비율(%)	52.25	60.17
자기자본비율(%)	65.68	62.43
비유동비율(%)	108.20	114.92
이자보상비율(배)	8.27	5.78
3. 효율성비율		
매출채권회전율(회)	14.08	14.45
매출채권회수기간(일)	25.92	25.26
재고자산회전율(회)	17.48	19.23
재고기간(일)	20.88	18.98
유형자산회전율(회)	2.29	2.57
총자산회전율(회)	1.06	1.12
4. 수익성비율		
총자산순이익률(%)	7.37	1.15
자기자본순이익률(%)	11.45	1.80
매출액순이익률(%)	6.93	1.03
5. 성장성비율		
총자산증가율(%)	9.28	10.84
매출액증가율(%)	5.48	15.56
순이익증가율(%)*	13.26	−81.64
6. 생산성비율		
부가가치율(%)	25.85	22.36
노동생산성(백만원)	85.23	74.12
총자본투자효율(%)	24.27	21.43

* 「기업경영분석」에 수록되지 않는 재무비율로 산업종합재무제표를 이용하여 직접 계산한 것임.

율을 표준비율로 이용하는 경우 재무비율을 산업평균비율과 비교함으로써 양호한지 또는 불량한지를 평가할 수 있다.

우리나라의 산업별 평균비율은 한국은행의 「기업경영분석」에서 얻을 수 있다. 「기업경영분석」에 수록된 산업평균비율은 기업규모에 따라 가중평균된 비율이다. 〈표 5-2〉는 한국은행의 「기업경영분석」에 수록된 '전자부품, 컴퓨터, 영상, 음향 및 통신장비(대기업)'의 산업평균비율 자료에서 추출한 것이다.[2]

경쟁기업의 재무비율

경쟁기업의 재무비율 또는 산업 내 대표적인 기업의 재무비율을 표준비율로 이용할 수 있다. 다양한 업종의 사업부를 운영하고 있는 기업의 경우 특정산업의 평균비율을 표준비율로 이용하는 데 어려움이 있다. 이와 같은 경우 산업평균비율보다 영업활동의 특성이나 규모면에서 유사한 경쟁업체의 재무비율을 표준비율로 이용하는 것이 바람직할 것이다.

한편 산업을 선도하는 대표적인 기업의 재무비율을 표준비율로 이용할 수 있다. 기업들은 산업을 선도하는 기업으로 성장하기를 원한다. 따라서 선노기업의 재무비율을 기준으로 자사의 재무비율을 분석하여 취약한 부분과 우위에 있는 부분을 파악할 수 있으며, 선도기업으로 성장하는 데 필요한 경영전략 수립에 대한 정보를 얻을 수 있다.

2 「기업경영분석」 자료는 한국은행 홈페이지(www.bok.or.kr)에 접속하여 '조사 · 연구 - 간행물 - 발간주기별 검색 - 연간 - 기업경영분석'에서 다운로드받거나, 경제통계시스템(ecos.bok.or.kr)에 접속하여 검색할 수 있다.

3 주요 재무비율의 경제적 의미

3.1 유동성비율

유동성비율(liquidity ratios)은 단기채무를 상환할 수 있는 능력을 측정하는 재무비율로 단기채무지급능력비율(short-term solvency ratios)이라고도 한다. 유동성은 단기간에 자산을 현금화시킬 수 있는 정도를 의미한다. 여기서 단기(short-term)란 기업의 정상적인 영업주기(operating cycle), 즉 원재료구입, 생산, 판매, 대금회수가 이루어지는 기간으로서 통상 1년의 기간을 의미한다.

단기채무를 상환할 수 있는 능력을 나타내는 유동성비율에 가장 많은 관심을 갖는 이해관계자는 운영자금을 대출해 주는 금융기관, 신용으로 원재료 등을 판매하는 공급업체 등이다. 그러나 현금및현금성자산, 단기금융자산, 매출채권, 재고자산 등과 같은 유동자산은 판매활동을 지원하기 위하여 보유하는 자산이기 때문에 수익성이 아주 낮고, 유동성이 높은 자산이다. 따라서 유동성을 높이기 위해서 유동자산을 과다하게 보유하는 경우에는 기업의 수익성이 낮아지게 됨을 유의해야 한다. 그러므로 기업은 유동성 부족으로 인한 손실과 높은 유동성 확보로 인한 수익성 감소의 두 측면을 충분히 고려하여 적절한 수준에서 유동성을 유지하도록 하여야 한다.

유동비율

유동비율(current ratio)은 유동자산을 유동부채로 나눈 비율로 기업의 단기채무지급능력을 측정하는 재무비율이며, 은행가비율(banker's ratio)이라고도 한다. 즉 유동비율은 단기채권자의 청구권이 유동자산에 의해 어느 정도 충당될 수 있는지를 나타내는 지표로서 다음과 같이 계산된다.

$$유동비율(\%) = \frac{유동자산}{유동부채} \times 100$$

표 5-3 한국전자(주)의 유동비율(%)

연 도	한국전자(주)	산업평균
20×1	$\frac{16,621}{10,803} \times 100 = 153.86$	136.63
20×2	$\frac{17,791}{11,721} \times 100 = 151.79$	113.59

유동비율이 높을수록 단기채무지급능력이 양호하다고 평가되며, 일반적인 기준으로 유동비율이 200% 이상이면 바람직한 것으로 평가된다. 그러나 유동비율의 적정수준에 대한 판단은 분석주체에 따라 상이할 수 있다. 채권자, 특히 공급업체와 같은 단기채권자의 입장에서 보면 유동비율이 높을수록 청구권의 회수가능성이 높아짐을 의미하기 때문에 유리하다.[3] 그러나 경영자의 입장에서 보면 높은 유동비율은 유동성을 나타내기도 하지만 현금이나 단기자산을 비효율적으로 운용하고 있다는 의미도 된다.

제4장에서 예시한 한국전자(주)의 재무제표를 이용하여 유동비율을 구하면 〈표 5-3〉과 같다. 한국전자(주)의 경우 유동비율이 20×1년, 20×2년 모두 산업평균비율에 비해 상당히 양호한 것으로 나타났다. 따라서 이 회사의 단기채무지급능력에 문제는 없는 것으로 판단된다.

당좌비율

당좌비율(quick ratio)은 산성시험비율(acid-test ratio)이라고도 하며, 유동자산에서 재고자산을 차감한 당좌자산을 유동부채로 나눈 비율로 다음과 같이 계산된다.

$$\text{당좌비율}(\%) = \frac{\text{당좌자산}}{\text{유동부채}} \times 100$$

재고자산은 판매과정을 통해서 현금으로 전환되는 속도가 비교적 늦을 뿐만

3 기업의 차입능력이 상당히 남아 있는 경우에는 낮은 유동비율에도 불구하고 단기채무지급능력에 문제가 없을 수도 있음을 유의해야 한다.

표 5-4 한국전자(주)의 당좌비율(%)

연 도	한국전자(주)	산업평균
20×1	$\frac{13,283}{10,803} \times 100 = 122.96$	109.13
20×2	$\frac{13,973}{11,721} \times 100 = 119.21$	90.16

아니라 현금화되지 못할 가능성도 있으며, 또한 청산(liquidation)시 손실의 발생위험이 가장 큰 자산이다. 따라서 당좌비율은 재고자산의 처분을 고려하지 않은 상황에서 단기채무를 상환할 수 있는 능력을 측정하는 비율이기 때문에 유동비율보다 유동성 측면을 더 강조하는 비율이라 할 수 있다.

당좌비율이 높을수록 단기채무지급능력이 양호하다고 평가되며, 일반적인 기준으로 당좌비율이 100% 이상이어야 바람직한 것으로 평가된다. 당좌비율은 유동비율의 보조비율로서 중요하며, 특히 경기에 민감한 재고자산 또는 진부화 위험이 높은 재고자산을 보유하는 기업의 단기채무지급능력을 평가하는 데 유용한 지표이다. 유동비율은 양호한 데도 불구하고 당좌비율이 불량한 경우에는 그 원인이 주로 재고자산의 과다한 보유 때문인 것으로 추정해 볼 수 있다.

한국전자(주)의 당좌비율을 구하면 〈표 5-4〉와 같다. 한국전자(주)의 경우 당좌비율도 유동비율과 마찬가지로 산업평균비율에 비해 상당히 양호한 것으로 나타났다.

순운전자본구성비율

순운전자본(net working capital)은 유동자산에서 유동부채를 차감한 금액으로 측정된다. 따라서 순운전자본이 양(+)의 값을 갖는다는 것은 유동자산으로 유동부채를 상환한 후 여유가 있다는 것을 의미한다. 순운전자본이 음(−)의 값을 갖는다는 것은 유동자산으로 유동부채를 충분히 상환할 수 없음을 나타낸다.

기업규모에 따라 필요한 순운전자본의 크기가 달라질 수 있기 때문에 총자산에서 순운전자본이 차지하는 비율인 **순운전자본구성비율**(net working capital to total assets)로 단기유동성을 측정할 수 있다. 순운전자본구성비율은 주로 기

표 5-5 한국전자(주)의 순운전자본구성비율(%)

연 도	한국전자(주)	산업평균
20×1	$\frac{16,621-10,803}{65,225}\times 100=8.92$	7.76
20×2	$\frac{17,791-11,721}{72,519}\times 100=8.37$	3.38

업의 파산예측에서 많이 이용되고 있는 재무비율이다. 순운전자본구성비율은 다음과 같이 계산된다.

$$\text{순운전자본구성비율(\%)}=\frac{\text{순운전자본}}{\text{총자산}}\times 100$$

한국전자(주)의 순운전자본구성비율을 구하면 〈표 5-5〉와 같다. 한국전자(주)의 경우 순운전자본구성비율은 20×1년, 20×2년 모두 산업평균비율에 비해 양호한 것으로 나타났다.

3.2 자본구조비율

자본구조비율(capital structure ratios)은 기업의 장기채무지급능력을 나타내는 비율로 타인자본의존도에 의해 측정된다. 부채를 이용하는 것을 레버리지(leverage)라 하기 때문에 자본구조비율을 레버리지비율(leverage ratios)이라고도 한다. 부채의 비중이 높을수록 채무에 대한 원리금상환능력이 낮아진다. 따라서 채권자의 입장에서 보면 기업의 부채의존도는 채권회수에 대한 위험부담의 정도를 나타내기 때문에 기업의 부채의존도가 낮을수록 안전하다고 평가하게 된다. 즉 자본구조비율은 기업의 장기채무에 대한 안전도를 평가하는 데 유용한 정보를 제공한다.

한편 주주 입장에서 보면 타인자본의 비중이 커질수록 적은 자본으로 기업지배권을 행사할 수 있으며, 이자비용으로 인한 법인세 절감효과를 얻을 수 있다는 이점이 있다.

부채비율

부채비율(debt ratio, debt to equity ratio)은 기업의 부채(부채총계)를 자기자본(자본총계)으로 나누어 다음과 같이 계산된다.

$$부채비율(\%) = \frac{부채}{자기자본} \times 100$$

부채비율이 낮을수록 장기채무지급능력이 양호하며, 일반적인 기준으로 부채비율이 100% 이하이어야 바람직한 것으로 평가된다. 채권자 입장에서는 부채비율이 낮을수록 채권회수의 안전도가 높아지기 때문에 낮은 부채비율을 선호한다. 그러나 주주 입장에서는 높은 부채비율을 선호할 수도 있다. 왜냐하면 경기가 호전되어 투자수익이 이자비용을 초과할 것으로 예상되는 경우에는 주주들의 몫이 확대되는 효과를 기대할 수 있으며, 보통주 발행은 기존주주들의 기업지배권을 약화시킬 우려가 있으나 부채사용은 기업지배권에 영향을 미치지 않기 때문이다.

한국전자(주)의 부채비율을 구하면 〈표 5-6〉과 같다. 한국전자(주)의 경우 부채비율은 20×2년에 약간 감소하여 개선되었으며, 산업평균에 비해서 20×1년, 20×2년 모두 매우 낮게 나타나고 있다. 따라서 이 회사의 장기채무지급능력은 상당히 양호하다고 평가할 수 있다.

표 5-6 한국전자(주)의 부채비율(%)

연 도	한국전자(주)	산업평균
20×1	$\frac{13,664}{51,561} \times 100 = 26.50$	52.25
20×2	$\frac{14,405}{58,114} \times 100 = 24.79$	60.17

자기자본비율

가장 대표적인 자본구조비율은 부채비율과 자기자본비율(stockholders' equity to total assets)이다. **자기자본비율**은 총자본(부채와 자본총계) 중에서 자기자본이

표 5-7 한국전자(주)의 자기자본비율(%)

연 도	한국전자(주)	산업평균
20×1	$\frac{51,561}{65,225} \times 100 = 79.05$	65.68
20×2	$\frac{58,114}{72,519} \times 100 = 80.14$	62.43

차지하는 비중을 나타내는 비율로 다음과 같이 계산된다.

$$\text{자기자본비율(\%)} = \frac{\text{자기자본}}{\text{총자본}} \times 100$$

자기자본은 금융비용을 부담하지 않고 이용할 수 있는 자본이다. 따라서 자기자본비율이 높을수록 기업의 재무안정성이 높아진다고 볼 수 있으며, 일반적으로 50% 이상일 경우 바람직한 것으로 평가된다.

한국전자(주)의 자기자본비율을 구하면 〈표 5-7〉과 같다. 한국전자(주)의 경우 자기자본비율은 20×2년에 약간 증가하였으며, 산업평균에 비해서도 20×1년, 20×2년 모두 높게 나타나고 있다.

알아두기

금융기관의 BIS비율

금융기관의 경우 일반제조업과는 다른 영업특성을 가지고 있기 때문에 금융기관의 안정성(대출업체의 부도 등으로 영업과정에서 손실이 발생하더라도 이를 잘 감당하고, 예금자의 지급청구에 충분히 응할 수 있는 능력)을 측정하는 비율로 국제결제은행(Bank for International Settlements: BIS) 기준 자기자본비율(이하 BIS비율이라 함)을 사용한다. 금융기관의 BIS비율은 금융기관의 자본적정성(capital adequacy) 여부를 평가하는 것으로 다음과 같이 계산된다.

$$\text{BIS비율(\%)} = \frac{\text{BIS기준 자기자본}}{\text{위험가중자산}} \times 100$$

BIS기준 자기자본(분자 부분)은 기본자본(자본금, 자본준비금, 이익잉여금 등)에 보완자본(재평가적립금, 대손충당금, 후순위채무 등)을 더한 후, 공제항목(주식할인발행차금, 영업권상당액, 자기주식 등)을 차감하여 산출된다. 그리고 자산별로 거래상대방의 신용도, 담보, 보증의 유무 등 위험도를 고려하여 가중치가 부여되고, 그 위험가중치에 의해 가중평균된 자산이 위험가중자산(분모 부분)이다. 예를 들어 현금의 경우 위험이 전혀 없으므로 0%, 공공기관에 대한 채권에는 10%, OECD 국가의 은행에 대한 채권에는 20%, 주거용주택에 대한 저당권이 설정된 채권에는 50%, 기타 민간부문에 대한 채권이나 주식에는 100% 등의 위험가중치를 부여하게 된다.

국제결제은행 산하 바젤은행감독위원회는 1988년 7월 '은행 자기자본비율 규제에 관한 국제적 통일기준'을 만들어 회원국 은행으로 하여금 1992년 말부터 BIS비율을 8% 이상 유지하도록 의무화하였다. 이에 따라 BIS비율이 8%에 미치지 못하는 은행 등은 해외차입이 곤란하거나 차입을 하더라도 높은 자금조달비용을 부담해야 한다.

우리나라는 BIS비율 준수제도를 1992년에 도입하여 은행이 1995년 말부터 동 비율을 8% 이상 유지하도록 하고 있으며, 은행 경영평가제도상 BIS비율 목표수준을 10%로 정해 놓고 있다.

〈한국은행, 알기쉬운 경제지표해설(2004), pp. 422~425 수정〉

비유동비율

비유동비율(non-current ratio)은 기업자산의 고정화 위험을 측정하는 대표적인 비율로서 자기자본이 비유동자산에 어느 정도 투입되어 운용되고 있는가를 나타내는 지표이다. 비유동비율은 비유동자산을 자기자본으로 나눈 비율이다.

$$\text{비유동비율}(\%) = \frac{\text{비유동자산}}{\text{자기자본}} \times 100$$

비유동비율이 낮을수록 기업의 장기적 재무안정성이 좋은 것으로 평가된다. 일반적으로 비유동비율이 100% 이하이면 양호한 것으로 보고 있다. 그 이유는 비유동자산은 기업활동에서 계속 사용되는 자산이기 때문에 상환부담이 없는 자기자본으로 투자하는 것이 재무안정성 측면에서 바람직하다고 판단되기 때문이다.

표 5-8 한국전자(주)의 비유동비율(%)

연 도	한국전자(주)	산업평균
20×1	$\frac{48,604}{51,561} \times 100 = 94.27$	108.20
20×2	$\frac{54,728}{58,114} \times 100 = 94.17$	114.92

한국전자(주)의 비유동비율을 구하면 〈표 5-8〉과 같다. 한국전자(주)의 경우 20×1년, 20×2년 모두 비유동비율이 산업평균비율보다 낮기 때문에 산업 내 타기업에 비해서 재무안정성이 양호하며, 20×2년에는 약간 더 개선된 것으로 평가된다. 또한 고정설비에 대한 대규모 투자가 소요되는 산업의 특성에도 불구하고 경험적 비율인 100%보다 낮은 수준을 보이고 있다.

이자보상비율

이자보상비율(times interest earned, interest coverage ratio)은 영업이익을 이자비용으로 나눈 비율로 다음과 같이 계산된다.[4]

$$\text{이자보상비율(배)} = \frac{\text{영업이익}}{\text{이자비용}}$$

이자보상비율은 이자지급에 필요한 수익을 창출할 수 있는 능력을 측정하기 위한 지표로 기업의 이자지급능력을 판단하는 데 유용한 비율이다. 즉 이자보상비율은 영업이익으로 이자비용의 몇 배까지 지급할 수 있는가를 측정하는 비율이기 때문에 적정 수준 이상의 이자보상비율을 유지해야만 이자비용의 지급능력이 양호한 것으로 평가받게 된다. 이 비율이 1보다 작을 경우 채권자들의 법적 대응으로 인하여 기업이 파산할 수도 있다.

4 영업이익 대신에 법인세비용차감전순이익과 이자비용을 합한 금액, 즉 이자비용및법인세비용차감전순이익(earnings before interest and taxes: EBIT)을 사용하기도 한다. 그리고 감가상각비 등 비현금지출비용은 이자비용을 충당하는 데 사용될 수 있다. 이와 같은 점을 반영하여 EBIT에 감가상각비와 무형자산상각비를 더한 금액, 즉 EBITDA(earnings before interest, taxes, depreciation and amortization)를 이자비용으로 나누어 이자보상비율을 계산할 수도 있다.

표 5-9 **한국전자(주)의 이자보상비율(배)**

연 도	한국전자(주)	산업평균
20×1	$\frac{5,943}{332} = 17.90$	8.27
20×2	$\frac{4,134}{284} = 14.56$	5.78

한국전자(주)의 이자보상비율을 구하면 〈표 5-9〉와 같다. 영업이익의 감소로 인해 20×2년도 한국전자(주)의 이자보상비율이 전년도에 비해 감소하였으나, 산업평균비율과 비교하면 20×1년, 20×2년 모두 매우 높게 나타나고 있다. 따라서 한국전자(주)의 장기채무지급능력은 상당히 양호한 것으로 평가된다.

3.3 효율성비율

효율성비율(efficiency ratios)은 자산의 효율적 이용도를 측정하는 비율로 회전율에 의해 측정되며, 활동성비율(activity ratios) 또는 자산관리비율(asset management ratios)이라고도 한다. 수익의 발생원천이 매출액이기 때문에 자산의 이용도는 매출액을 기준으로 측정된다. 효율성비율은 자산을 몇 번 회전시켜 매출액을 달성했느냐를 나타내는 것으로서 매출액을 자산항목으로 나누어 계산된다.[5]

$$\text{회전율(회)} = \frac{\text{매출액}}{\text{자산항목}}$$

회전율이 높을수록 투자자산에 비하여 매출액이 상대적으로 높다는 것을 의미한다. 이는 적은 자산을 투입하여 많은 매출을 실현하고 있다는 것을 의미

5 재무상태표항목은 일정시점에서의 측정치인 반면, 손익계산서항목은 일정기간 동안의 측정치이다. 그러므로 이와 같은 두 항목을 이용하여 재무비율을 계산할 때 재무상태표항목의 경우 연중가중평균값을 사용하는 것이 합리적이지만 실무에서는 편의성 차원에서 기초와 기말의 평균값을 사용한다.

하기 때문에 판매활동이 잘 이루어지고 있거나 자산을 효율적으로 이용하고 있다는 증거가 된다.

매출채권회전율, 매출채권회수기간

매출채권회전율(receivables turnover)은 매출액을 매출채권으로 나눈 비율로 매출채권의 현금화 속도를 측정하는 지표이다. 매출채권회전율은 매출채권이 1년 동안 몇 번 회전되었는가를 나타내기 때문에 매출채권관리의 효율성을 측정하는 데 이용된다.

$$\text{매출채권회전율(회)} = \frac{\text{매출액}}{\text{매출채권}}$$

매출채권회전율이 높을수록 매출채권의 현금화 속도가 빠르다는 것을 의미한다. 그러나 과다한 신용판매 확대, 고객의 지급불능, 매출채권의 회수부진 등이 매출채권회전율을 떨어뜨리는 원인이 되기도 한다.

매출채권의 현금화 속도는 **매출채권회수기간**(receivables collection period)에 의해서도 측정된다. 매출채권회수기간은 매출채권을 회수하는 데 걸리는 평균기간으로 매출채권회전율의 역수에 365를 곱하거나, 매출채권을 1일 평균매출액으로 나누어 다음과 같이 계산된다.

$$\text{매출채권회수기간(일)} = \frac{365}{\text{매출채권회전율}} = \frac{\text{매출채권}}{\text{1일 평균매출액}}$$

$$\text{1일 평균매출액} = \frac{\text{매출액}}{365}$$

일반적으로 매출채권회수기간이 짧을수록 매출채권이 효율적으로 관리되고 있다고 말할 수 있다. 그러나 보다 객관적인 평가를 위하여 기업의 목표 매출채권회수기간이나 판매조건 등을 함께 고려하는 것이 합리적이다.

한국전자(주)의 매출채권회전율을 구하면 〈표 5-10〉과 같다. 한국전자(주)의 경우 매출채권회전율은 20×2년에 감소하였으나, 산업평균에 비해서는 20×1년,

표 5-10 **한국전자(주)의 매출채권회전율(회)**

연 도	한국전자(주)	산업평균
20×1	$\frac{63,176}{(1,842+1,781)/2}=34.87$	14.08
20×2	$\frac{72,953}{(1,781+3,090)/2}=29.95$	14.45

주) 매출채권회수기간(20×1년) = $\frac{365}{34.87}=10.47$일, 매출채권회수기간(20×2년) = $\frac{365}{29.95}=12.19$일

20×2년 모두 높게 나타나고 있다. 그러므로 이 회사는 매출채권을 효율적으로 관리하고 있는 것으로 판단된다.

재고자산회전율, 재고기간

재고자산회전율(inventories turnover)은 매출액을 재고자산으로 나눈 비율로서 재고자산의 회전속도, 즉 재고자산이 당좌자산으로 변화하는 속도를 나타내는 지표이다.

$$\text{재고자산회전율(회)}=\frac{\text{매출액}}{\text{재고자산}}$$

재고자산회전율이 낮다는 것은 매출에 비해 재고자산이 과다하다는 것을 의미하며, 재고자산회전율이 높다는 것은 적은 재고자산으로 생산 및 판매활동을 효율적으로 수행하고 있다는 것을 의미한다. 그러나 재고자산회전율이 과도하게 높고 그 원인이 적정재고수준을 유지하지 못한 결과라면, 재고부족으로 인한 기회비용(재고부족으로 인한 판매기회 및 고객의 상실, 생산계획의 차질 등에 의하여 발생하는 손실)이 문제가 될 수 있다.

재고기간(days to sell inventories)은 재고자산을 판매하는 데 걸리는 기간으로 재고자산회전율의 역수에 365를 곱하거나 재고자산을 1일 평균매출액으로 나누어 구할 수 있다.

표 5-11 한국전자(주)의 재고자산회전율(회)

연 도	한국전자(주)	산업평균
20×1	$\frac{63,176}{(3,219+3,338)/2}=19.27$	17.48
20×2	$\frac{72,953}{(3,338+3,818)/2}=20.39$	19.23

주) 재고기간(20×1년) = $\frac{365}{19.27}$ = 18.94일, 재고기간(20×2년) = $\frac{365}{20.39}$ = 17.90일

$$\text{재고기간(일)} = \frac{365}{\text{재고자산회전율}} = \frac{\text{재고자산}}{\text{1일 평균매출액}}$$

한국전자(주)의 재고자산회전율을 구하면 〈표 5-11〉과 같다. 한국전자(주)의 경우 재고자산회전율은 20×2년에 약간 증가하였으며, 산업평균에 비해서도 20×1년, 20×2년 모두 높게 나타나고 있다. 그러므로 이 회사는 재고자산을 효율적으로 관리하고 있는 것으로 판단된다.

유형자산회전율

유형자산회전율(property, plant and equipment turnover)은 유형자산이 1년 동안 몇 번 회전되어 매출을 실현하고 있느냐를 측정하는 것으로서 매출액을 유형자산으로 나누어 계산된다.

$$\text{유형자산회전율(회)} = \frac{\text{매출액}}{\text{유형자산}}$$

유형자산회전율은 유형자산의 이용효율성을 측정하는 지표이다. 유형자산회전율이 높다는 것은 보유하고 있는 유형자산에 비해 높은 매출을 실현하고 있음을 의미하므로 유형자산이 효율적으로 이용되고 있다고 해석할 수 있다. 그러나 고정설비의 장기간 이용에 따른 과다한 감가상각 때문에 유형자산이 낮게 계상되어 유형자산회전율이 높게 나타날 수도 있다. 그러므로 이 비율이

표 5-12 **한국전자(주)의 유형자산회전율(회)**

연 도	한국전자(주)	산업평균
20×1	$\frac{63,176}{(28,820+29,777)/2}=2.16$	2.29
20×2	$\frac{72,953}{(29,777+31,250)/2}=2.39$	2.57

높은 원인이 어디에 있는지를 면밀히 검토한 후 유형자산에 대한 이용효율성을 평가해야 한다.

한국전자(주)의 유형자산회전율을 구하면 〈표 5-12〉와 같다. 한국전자(주)의 경우 유형자산회전율은 20×1년, 20×2년 모두 산업평균비율에 비해서 약간 낮게 나타나고 있다. 그러므로 이 회사는 유형자산에 대한 투자규모가 적정한지를 점검해 볼 필요가 있는 것으로 판단된다.

총자산회전율

총자산회전율(total assets turnover)은 매출액을 총자산(자산총계)으로 나누어 구하는 비율로 기업이 보유하고 있는 전체 자산의 효율적 이용도를 측정하는 지표이다.[6]

$$총자산회전율(회)=\frac{매출액}{총자산}$$

총자산회전율이 높을수록 총자산에 비하여 상대적으로 높은 매출을 실현하고 있음을 뜻하므로 총자산이 효율적으로 이용됨을 의미한다. 반면에 총자산회전율이 낮을수록 자산규모에 비하여 매출액이 상대적으로 낮다는 것을 의미하기 때문에 자산이 비효율적으로 이용되고 있음을 의미한다. 이 경우에는 매출액을 증대시키는 방안을 모색하거나 불필요한 자산을 매각하여 총자산 규모

6 기업의 영업활동에 직접 투입하여 활용되고 있는 경영자산의 효율성을 평가하는 지표로 다음과 같은 경영자산회전율을 이용할 수 있다.

$$경영자산회전율(회)=\frac{매출액}{총자산-건설중인\ 자산-투자자산}$$

표 5-13 한국전자(주)의 총자산회전율(회)

연 도	한국전자(주)	산업평균
20×1	$\frac{63,176}{(57,809+65,225)/2}=1.03$	1.06
20×2	$\frac{72,953}{(65,225+72,519)/2}=1.06$	1.12

를 줄일 필요가 있다.

한국전자(주)의 총자산회전율을 구하면 〈표 5-13〉과 같다. 한국전자(주)의 경우 유형자산회전율과 마찬가지로 총자산회전율도 20×1년, 20×2년 모두 산업평균비율에 비해서 약간 낮게 나타나고 있다. 그러므로 이 회사는 유형자산을 포함한 총자산에 대한 투자규모가 적정한지를 점검해 볼 필요가 있는 것으로 판단된다.

3.4 수익성비율

수익성비율(profitability ratios)은 기업의 이익창출능력을 나타내는 지표로서 기업활동의 결과를 집약한 경영성과를 측정하는 재무비율이다. 수익성비율은 기업이 주주와 채권자로부터 조달한 자본을 영업활동, 투자활동, 재무활동 등에 투자하여 얼마나 효율적으로 이용하였는가를 나타내므로 이해관계자들의 의사결정에서 중요한 정보원으로 이용된다. 경영자는 사업확장이나 신규사업 참여에 대한 의사결정을 위한 정보로, 투자자는 투자종목의 선택기준으로, 채권자는 장기적 안정성의 판단기준으로, 종업원은 임금교섭의 기준으로, 세무당국은 조세부담능력 평가의 기준으로 활용한다.

그러나 수익성비율은 손익계산서상의 회계이익에 기초하여 측정되기 때문에 기업의 실질적인 현금흐름에 관한 정보가 반영되지 않고 있다는 단점이 있다. 순이익이 큰 경우에도 일시적인 유동성의 부족으로 흑자도산이 발생할 수 있으나 수익성분석을 통하여 이와 같은 징후를 발견하기 어렵다. 따라서 단기채무지급능력을 나타내는 유동성분석, 현금흐름분석 등을 병행함으로써 기업의 수익성에 대해 균형 있는 판단을 해야 한다.

총자산순이익률

총자산순이익률(return on total assets)은 총자산을 수익창출에 얼마나 효율적으로 이용하고 있는가를 측정하는 비율로서 순이익을 총자산으로 나누어 구한다.

$$총자산순이익률(\%) = \frac{순이익}{총자산} \times 100$$

한국전자(주)의 총자산순이익률을 구하면 〈표 5-14〉와 같다. 한국전자(주)의 경우 총자산순이익률은 20×2년에 큰 폭으로 감소하고 있으나, 산업평균비율에 비해서는 20×1년, 20×2년 모두 상당히 높게 나타나고 있다. 또한 대외적인 여건 악화로 인하여 산업 전반에 걸쳐 큰 폭으로 이익이 감소하였으나 한국전자(주)는 다른 회사에 비해 이익이 적게 감소했음을 알 수 있다. 그러므로 이 회사는 산업평균에 비해 상대적으로 총자산을 수익창출에 효율적으로 활용하고 있는 것으로 판단된다.

표 5-14 한국전자(주)의 총자산순이익률(%)

연 도	한국전자(주)	산업평균
20×1	$\frac{7,425}{(57,809+65,225)/2} \times 100 = 12.07$	7.37
20×2	$\frac{5,526}{(65,225+72,519)/2} \times 100 = 8.02$	1.15

자기자본순이익률

자기자본순이익률(return on equity)은 자기자본의 성과를 나타내는 비율로서 순이익을 자기자본으로 나누어 계산된다.[7]

$$자기자본순이익률(\%) = \frac{순이익}{자기자본} \times 100$$

7 보통주 소유주에 의해서 출자된 자기자본의 효율성을 측정하기 위해서 자기자본순이익률을 계산할 때 우선주에 대한 부분을 제거하여 다음과 같이 계산하기도 한다.

$$자기자본(보통주)순이익률(\%) = \frac{순이익-우선주배당금}{자기자본(보통주)} \times 100$$

표 5-15 한국전자(주)의 자기자본순이익률(%)

연 도	한국전자(주)	산업평균
20×1	$\frac{7,425}{(45,197+51,561)/2}\times 100=15.35$	11.45
20×2	$\frac{5,526}{(51,561+58,114)/2}\times 100=10.08$	1.80

자기자본순이익률은 주주들이 요구하는 투자수익률을 의미하며, 자기자본순이익률이 높다는 것은 자기자본이 효율적으로 운용되고 있음을 의미한다. 자기자본순이익률이 주주들의 기대에 미치지 못하는 경우 주주들이 자금을 더 이상 기업에 투자하지 않을 것이기 때문에 기업의 경영활동이 위축되어 주가를 하락시키는 원인으로 작용하게 된다. 그러므로 자기자본순이익률은 기업이나 주주 모두의 입장에서 수익성을 측정하는 중요한 지표라 할 수 있다.

한국전자(주)의 자기자본순이익률을 구하면 〈표 5-15〉와 같다. 한국전자(주)의 경우 자기자본순이익률은 20×2년에 감소하였으나, 산업평균에 비해서는 20×1년, 20×2년 모두 높게 나타나고 있다. 그러므로 이 회사는 자기자본을 수익창출에 효율적으로 활용하고 있는 것으로 판단된다.

매출액순이익률

매출액순이익률(return on sales)은 순이익과 매출액의 관계를 나타내는 비율로 다음과 같이 측정된다.

$$\text{매출액순이익률}(\%)=\frac{\text{순이익}}{\text{매출액}}\times 100$$

매출액순이익률은 기업의 경영성과를 총괄적으로 나타내는 지표이며, 이 비율이 높을수록 경영성과가 양호하다.

한국전자(주)의 매출액순이익률을 구하면 〈표 5-16〉과 같다. 한국전자(주)의 경우 매출액순이익률이 20×2년에 감소하였으나, 산업평균에 비해서는 20×1년, 20×2년 모두 높게 나타나고 있다. 그러므로 이 회사의 경영성과는 양호

표 5-16 한국전자(주)의 매출액순이익률(%)

연 도	한국전자(주)	산업평균
20×1	$\frac{7,425}{63,176} \times 100 = 11.75$	6.93
20×2	$\frac{5,526}{72,953} \times 100 = 7.57$	1.03

한 것으로 판단된다.

3.5 성장성비율

성장성비율(growth ratios)은 기업의 경영규모와 경영성과가 얼마나 증대되었는가를 나타내는 비율로서, 재무제표 각 항목에 대한 일정기간 동안의 증가율로 측정된다. 성장률을 측정하는 대표적인 항목으로는 총자산, 매출액, 순이익 등이 있다.

산업의 성장률은 그 산업이 성장산업인지 또는 사양산업인지에 대한 통찰력을 제공하고, 기업의 외형적 성장과 실질적 성장에 관한 정보는 산업 내의 상대적 지위와 경쟁력을 나타낸다. 성장성비율을 분석할 때 유의하여야 할 사항은 물가상승시에는 명목성장률보다 실질성장률이 더 의미가 있으며, 일반적으로 성장성이 높은 기업은 유동성이 부족하므로 성장성과 유동성의 상반관계를 적절하게 고려해야 한다는 것이다.

총자산증가율

총자산증가율(growth rate of total assets)은 일정기간 동안 총자산이 얼마나 증가하였는가를 나타내는 비율로 기업의 전체적인 성장규모를 측정하는 지표이다.

$$\text{총자산증가율(\%)} = \frac{\text{기말총자산} - \text{기초총자산}}{\text{기초총자산}} \times 100$$

총자산증가율이 높다는 것은 투자활동이 적극적으로 이루어져 기업규모가

표 5-17 한국전자(주)의 총자산증가율(%)

연 도	한국전자(주)	산업평균
20×1	$\frac{65{,}225-57{,}809}{57{,}809}\times 100=12.83$	9.28
20×2	$\frac{72{,}519-65{,}225}{65{,}225}\times 100=11.18$	10.84

빠른 속도로 증가하고 있다는 것을 의미한다. 그러나 자산재평가가 이루어진 경우에는 새로운 자산의 취득 없이도 자산규모가 증가됨을 유의하여야 한다.

한국전자(주)의 총자산증가율을 구하면 〈표 5-17〉과 같다. 한국전자(주)의 경우 총자산증가율은 20×2년에는 전년도에 비해 약간 낮게 나타나고 있으나, 산업평균비율에 비해서는 20×1년, 20×2년 모두 높게 나타나고 있다. 따라서 국내·외 경제선방의 불투명성 등으로 인해 20×2년 한국전자(주)의 성장추세가 다소 둔화된 것으로 볼 수 있으나, 산업평균에 비해서는 성장성이 양호한 것으로 판단된다.

매출액증가율

매출액증가율(growth rate of sales)은 일정기간 동안 매출액이 얼마나 증가하였는가를 나타내는 비율로 기업의 외형적인 신장세를 나타내는 대표적인 지표이다.

$$\text{매출액증가율}(\%)=\frac{\text{당기매출액}-\text{전기매출액}}{\text{전기매출액}}\times 100$$

판매단가의 인상이나 판매량의 증가에 따라 매출액이 증가하기 때문에 증가원인에 대한 분석이 필요하며, 매출액이 증가하여도 순이익이 감소하는 경우가 있으므로 실질적인 성장지표인 순이익증가율에 대한 분석이 병행되어야 한다.

한국전자(주)의 매출액증가율을 구하면 〈표 5-18〉과 같다. 한국전자(주)의 경우 매출액증가율은 20×2년에 증가하였으며, 산업평균에 비해서 20×1년에

표 5-18 한국전자(주)의 매출액증가율(%)

연 도	한국전자(주)	산업평균
20×1	$\frac{63,176-58,973}{58,973}\times 100 = 7.13$	5.48
20×2	$\frac{72,953-63,176}{63,176}\times 100 = 15.48$	15.56

는 높으나 20×2년에는 약간 낮은 수준으로 나타나고 있다. 따라서 한국전자(주)의 외형적 신장세는 대체로 양호한 것으로 판단된다.

순이익증가율

순이익증가율(growth rate of net income)은 일정기간 동안 순이익이 얼마나 증가하였는가를 나타내는 비율로 실질적인 성장의 지표가 된다. 그러나 일정기간 동안 자본금의 변화가 있는 경우에는 순이익증가율이 왜곡될 수 있다. 따라서 주주에게 귀속되는 주당순이익의 증가율이 더 바람직한 실질적인 성장지표라 할 수 있다.

$$\text{순이익증가율}(\%) = \frac{\text{당기순이익} - \text{전기순이익}}{\text{전기순이익}} \times 100$$

$$\text{주당순이익증가율}(\%) = \frac{\text{당기주당순이익} - \text{전기주당순이익}}{\text{전기주당순이익}} \times 100$$

한국전자(주)의 순이익증가율을 구하면 〈표 5-19〉와 같다. 국내·외 경제침체로 인해 한국전자(주)의 순이익은 20×1년, 20×2년 모두 감소하고 있다.

표 5-19 한국전자(주)의 순이익증가율(%)

연 도	한국전자(주)	산업평균
20×1	$\frac{7,425-7,916}{7,916}\times 100 =-6.20$	13.26
20×2	$\frac{5,526-7,425}{7,425}\times 100 =-25.58$	−81.64

이 회사의 순이익증가율은 산업평균비율에 비해 20×1년에는 좋지 않으나, 20×2년에는 상대적으로 적게 감소한 것으로 나타나고 있다. 그러나 한국전자(주)의 경우 순이익의 변동성이 상당히 크게 나타나고 있기 때문에 보다 안정적인 성장추세를 유지하기 위한 전략(다양한 사업포트폴리오의 구축 등)을 검토해 보아야 할 것으로 판단된다.

3.6 생산성비율

생산성비율(productivity ratios)은 기업활동의 성과 및 효율을 측정하여 개별 생산요소의 기여도 및 성과배분의 합리성 여부를 평가하는 지표이다. 그러므로 생산성에 관한 지표는 경영합리화의 척도라 할 수 있으며, 생산성 향상으로 얻은 성과에 대한 분배기준이 된다. 생산성이란 투입량(input)에 대한 산출량(output)의 정도를 의미하는 것으로 기업의 자본, 노동, 경영 등의 생산요소를 결합하는 방법에 따라 산출량이 어느 정도 달성되었는지를 측정하는 데 이용된다. 생산성을 측정하는 지표로는 매출액에 대한 부가가치의 비율을 나타내는 부가가치율과 생산요소별로 생산성을 측정하는 노동생산성, 자본생산성 등이 사용된다.

생산성비율의 분석시 유의해야 할 점은 부가가치율이 증가한 경우에도 이익은 변하지 않고 임금, 금융비용, 감가상각비 등이 더 증가하였다면 생산성의 증가로 기업의 성과가 향상되었다고 보기는 어렵다. 따라서 수익성과 연계해서 분석해야 생산성에 대한 보다 명확한 평가를 할 수 있을 것이다.

부가가치율

부가가치(value added)는 최종생산자가 중간생산자로부터 구입한 원재료에 자본과 노동 등의 생산요소를 투입하여 새로이 창출한 증식된 가치이다. 한국은행의 「기업경영분석」에서는 분배측면에서 접근하여 부가가치를 다음과 같이 산출하고 있다.[8]

8 '영업잉여＝영업이익＋대손상각비－이자비용'이다.

표 5-20 한국전자(주)의 부가가치율(%)

연 도	한국전자(주)	산업평균
20×1	$\frac{19,055}{63,176}\times 100 = 30.16$	25.85
20×2	$\frac{18,112}{72,953}\times 100 = 24.83$	22.36

주) 부가가치(20×1년) = (5,943 + 1 − 332) + 5,814 + 332 + 240 + 7,057 = 19,055백만원
부가가치(20×2년) = (4,134 + 17 − 284) + 6,103 + 284 + 238 + 7,620 = 18,112백만원

부가가치 = 영업잉여 + 인건비 + 이자비용 + 세금과공과 + 감가상각비

부가가치율(value added ratio)은 일정기간 동안 기업이 창출한 부가가치를 같은 기간의 매출액으로 나눈 비율이다. 이 비율은 매출액 중 생산활동에 투입된 생산요소에 귀속되는 소득의 비율을 나타내므로 소득률이라고도 한다.[9]

$$\text{부가가치율}(\%) = \frac{\text{부가가치}}{\text{매출액}} \times 100$$

한국전자(주)의 부가가치율을 구하면 〈표 5-20〉과 같다. 한국전자(주)의 경우 20×2년에 부가가치율이 감소하였으나, 산업평균에 비해 20×1년, 20×2년에 모두 높게 나타났다. 그러므로 이 회사의 부가가치 창출능력은 양호하다고 평가할 수 있다.

노동생산성

노동생산성(productivity of labor)은 노동력의 단위당 성과를 나타내는 지표로 종업원 1인당 부가가치(value added per employee)를 의미한다.

9 한국은행의 「기업경영분석」에서는 부가가치율을 계산할 때 분모의 매출액 대신에 산출액(매출액 + 당기중 재고증감 − 외주가공비)을 사용한다.

표 5-21 한국전자(주)의 노동생산성(백만원)

연 도	한국전자(주)	산업평균
20×1	$\frac{19,055}{200}=95.28$	85.23
20×2	$\frac{18,112}{200}=90.56$	74.12

$$\text{노동생산성(원)} = \frac{\text{부가가치}}{\text{종업원 수}}$$

노동생산성이 높다는 것은 노동력이 효율적으로 이용되어 부가가치를 보다 많이 창출했음을 의미하며, 나아가 경영합리화를 통한 생산성 향상이 경쟁력 제고에 중요한 역할을 한 것으로 평가할 수 있다.

한국전자(주)의 노동생산성(종업원 1인당 부가가치)은 〈표 5-21〉과 같다. 한국전자(주)의 경우 20×2년에 노동생산성이 약간 감소하였으나, 산업평균에 비해 20×1년, 20×2년에 모두 높게 나타났다. 그러므로 이 회사의 노동생산성은 여전히 양호하다고 평가할 수 있다.

자본생산성

자본생산성(productivity of capital)은 생산요소의 하나인 자본의 단위당 투자효율을 나타내는 것으로서 가장 대표적인 자본생산성비율은 총자본투자효율이다. 총자본투자효율(gross value-added to total assets)은 기업에 투자된 총자본이 1년 동안 어느 정도의 부가가치를 창출하였는가를 나타내는 비율로 다음과 같이 계산된다.

$$\text{총자본투자효율(\%)} = \frac{\text{부가가치}}{\text{총자본}} \times 100$$

자본생산성이 높다는 것은 총자본이 효율적으로 운용되었음을 의미하며, 이 경우에는 대체로 노동생산성도 높게 나타난다.

표 5-22 **한국전자(주)의 총자본투자효율(%)**

연 도	한국전자(주)	산업평균
20×1	$\frac{19,055}{(57,809+65,225)/2}\times 100=30.98$	24.27
20×2	$\frac{18,112}{(65,225+72,519)/2}\times 100=26.30$	21.43

한국전자(주)의 총자본투자효율은 〈표 5-22〉와 같다. 한국전자(주)의 경우 20×2년에 총자본투자효율이 감소하였으나, 산업평균에 비해 20×1년, 20×2년 모두 높게 나타나고 있다. 그러므로 이 회사의 자본생산성은 양호하다고 평가할 수 있다.

3.7 시장가치비율

시장가치비율(market value ratios)은 기업의 시장가치를 나타내는 주가와 주당순이익, 장부가치 등의 관계를 분석하는 비율로 시장에서 특정기업의 과거성과 및 미래전망이 어떻게 평가되고 있는지를 보여주는 지표이다. 기업의 유동성, 안정성, 효율성, 수익성, 성장성 등에 대한 과거성과가 양호하다면 시장가치비율도 높아지기 때문에 주가상승과 더불어 기업가치도 높아질 것으로 기대할 수 있다.

주가수익비율

주가수익비율(price-earnings ratio: PER)은 주가를 주당순이익(earnings per share: EPS)으로 나눈 것으로 P/E비율이라고도 한다. PER은 주가가 주당순이익의 몇 배인가를 나타내는 것으로서 기업의 주당순이익 1원에 대한 질적인 가치 또는 시장에서의 평가를 의미한다.[10]

10 주당순이익 $=\frac{\text{순이익}-\text{우선주배당금}}{\text{평균발행주식수(보통주)}}$

$$\text{주가수익비율} = \frac{\text{주가}}{\text{주당순이익}}$$

일반적으로 PER은 성장성이 높거나 위험이 낮을수록 높아진다. 또한 회계처리방법에 의해서도 영향을 받을 수 있다. 회계이익을 가능한 한 적게 계상하려는 보수적인 회계처리를 하는 기업의 PER이 높게 나타날 수 있다.

주가장부가치비율

주가장부가치비율(price-book value ratio: PBR)은 주가를 주당순자산(장부가치)으로 나눈 비율로 주가순자산비율이라고도 한다.[11]

$$\text{주가장부가치비율} = \frac{\text{주가}}{\text{주당순자산}}$$

기업의 미래 수익전망이 밝고 경영이 효율적일수록 주식의 장부가치와 시장가치 사이의 차이가 커져서 주가장부가치비율이 높아진다. 따라서 주식의 장부가치보다 시장가치가 훨씬 높게 평가되고 있는 기업은 시장에서 그 기업의 성장전망이 클 것으로 기대하고 있다는 증거로 해석할 수 있다. 그러나 물가상승으로 장부가치가 낮게 평가되어 있는 경우에도 이 비율이 커질 가능성이 있다.

토빈의 q비율

토빈의 q비율(Tobin's q ratio)은 기업이 보유하고 있는 자산의 시장가치를 그 자산에 대한 대체원가(replacement cost)로 나눈 비율이다.

$$q\text{비율} = \frac{\text{자산의 시장가치}}{\text{자산의 대체원가}}$$

---

11 $\text{주당순자산} = \frac{\text{자본총계} - \text{무형자산}}{\text{기말발행주식수(보통주} + \text{우선주)}}$

토빈의 q비율은 주가장부가치비율과 유사하다. 그러나 q비율의 경우 분자가 주식과 부채 모두를 시장가격으로 평가한 값이며, 분모는 그 기업의 보유자산을 장부상의 취득원가가 아닌 대체원가로 측정한 것이라는 점에서 주가장부가치비율과 다르다. 인플레이션을 고려한다면 대체원가가 취득원가를 초과하게 되며, 이 경우 대체원가를 추정하는 것이 중요하게 된다.

일반적으로 q비율이 1보다 큰 경우에는 자본설비(capital equipment)의 시장가치가 대체원가보다 큰 가치를 가지므로 기업들이 투자하려는 유인(incentive)을 갖게 되며, q비율이 1보다 작으면 투자유인이 없다고 할 수 있다. 이는 q비율을 투자결정기준으로 활용할 수 있음을 시사한다.

한국전자(주)의 시장가치비율

한국전자(주)의 시장가치비율을 예시하면 〈표 5-23〉과 같다. 이 표에서 볼 수 있는 바와 같이 20×1년 중반부터 시작된 국내·외 경제침체위기에도 불구하고 주가가 크게 하락하지 않고 있음을 알 수 있다. 그러나 한국전자(주)의 주가에 비해 순이익 감소폭이 상대적으로 크기 때문에 20×2년도의 PER은 전년도에 비해 증가하고 있다. 이는 큰 폭의 순이익 하락에도 불구하고 한국전자(주)의 미래 성장가능성을 반영한 결과라 볼 수 있다.

표 5-23 한국전자(주)의 시장가치비율[12] (단위: 원, 배)

항 목		20×0년도	20×1년도	20×2년도
주가	최 고	74,000	68,700	76,400
	최 저	54,900	50,700	40,700
주당	순이익	5,282	4,953	3,768
	매출액	38,446	41,985	48,413
	순자산	26,259	29,972	33,774
PER	최 고	14.01	13.87	20.27
	최 저	10.39	10.24	10.81
PBR	최 고	2.82	2.29	2.26
	최 저	2.09	1.69	1.21
EVA(백만원)		4,093	2,849	674

12 경제적 부가가치(EVA)는 영업활동을 통해 얻은 이익에서 자본비용을 차감한 것이다.

3.8 종합적 평가

〈표 5-24〉는 한국전자(주)의 재무비율과 산업평균비율을 비교하여 요약한 표이다. 한국전자(주)는 효율성비율에 다소 문제가 있는 것을 제외하고는 유동성비율, 자본구조비율, 수익성비율, 성장성비율, 생산성비율 등 거의 모든 재

표 5-24 한국전자(주)의 재무비율과 산업평균비율의 비교

재무비율	20×1년도	20×2년도
1. 유동성비율		
유동비율(%)	+	+
당좌비율(%)	+	+
순운전자본구성비율(%)	+	+
2. 자본구조비율		
부채비율(%)*	+	+
자기자본비율(%)	+	+
비유동비율(%)*	+	+
이자보상비율(배)	+	+
3. 효율성비율		
매출채권회전율(회)	+	+
재고자산회전율(회)	+	+
유형자산회전율(회)	−	−
총자산회전율(회)	−	−
4. 수익성비율		
총자산순이익률(%)	+	+
자기자본순이익률(%)	+	+
매출액순이익률(%)	+	+
5. 성장성비율		
총자산증가율(%)	+	+
매출액증가율(%)	+	−
순이익증가율(%)	−	+
6. 생산성비율		
부가가치율(%)	+	|
노동생산성(천원)	+	+
총자본투자효율(%)	+	+

주) 1. +: 양호, −: 불량
2. *: 산업평균에 비해 작을수록 양호함.

무비율이 양호한 것으로 판단된다. 그러나 이 회사는 유형자산을 포함한 총자산에 대한 투자규모가 적정한지를 점검해 볼 필요가 있다.

4 재무비율분석의 한계점

재무비율분석은 재무제표를 이용하여 기업의 이해관계자들이 합리적 의사결정을 내리는 데 유용한 정보를 제공하기 때문에 가장 널리 이용되는 분석방법이다. 이용자의 분석목적에 따라 재무제표상의 두 항목을 선택하여 다양한 종류의 비율구성이 가능하다. 그리고 분석자료로 이용되는 재무제표는 수집이 용이할 뿐만 아니라 계산방법과 이해가 쉽다는 장점이 있는 반면에, 다음과 같은 한계점을 가지고 있다.

첫째, 재무비율분석은 역사적 자료인 재무제표를 근거로 하여 과거 일정기간의 경영성과와 재무상태가 미래에도 계속될 것이라는 가정하에서 분석된다. 경영분석의 실질적인 목적은 정책수행의 결과로 나타나는 미래의 재무상태와 경영성과를 예측하는 데 있다. 그러나 미래의 상황이 불확실할 뿐만 아니라 경영환경이 빠른 속도로 변하기 때문에 과거자료를 이용하여 미래를 예측하는 것은 여러 가지 점에서 한계가 있다.

둘째, 개별기업마다 회계처리방법이 서로 다르기 때문에 재무비율분석을 통하여 상호비교하는 것만으로 충분하지 않다. 비교기업간에 감가상각방법 및 재고자산평가방법이 다르게 적용되는 경우에는 정확한 정보를 얻기가 어렵다.

셋째, 재무비율분석은 재무제표를 근간으로 하여 분석되는데, 이 중 재무상태표는 일정시점을 기준으로 작성되어 회계기간 동안의 계절적 변동에 따른 영향이 큰 산업에 대한 고려뿐만 아니라 인플레이션에 의한 가치변동 등이 반영되지 않기 때문에 이를 기계적으로 적용한다면 재무비율분석이 왜곡될 수 있다.

넷째, 특정한 재무비율이 양호한지 또는 불량한지의 여부를 일반화하기가 어렵다. 예를 들어 한 기업의 유동비율이 높다는 것은 유동성 측면에서는 양호한 상태로 평가될 수 있으나, 과도한 현금의 보유는 수익성 측면에서 오히려 비효율적일 수도 있다. 마찬가지로 자산회전율이 높다는 것은 그 기업이 자산을 효율적으로 사용한다는 것을 의미하지만, 한편으로는 자산에 대한 추가적인 투자가 어려운 기업임을 의미하기도 한다.

다섯째, 특정기업에 있어서 일부 재무비율은 양호하고 다른 재무비율은 불량한 경우 그 결과를 종합적으로 판단하기가 어렵다. 이 경우에 재무비율들의 순효과(net effects)를 분석하기 위해서는 다른 추가적인 분석방법을 이용하여야 한다.

여섯째, 재무비율분석에서 비교기준이 되는 표준비율로 어느 것을 선택하느냐에 따라 평가가 달라질 수 있다. 그러나 선택된 표준비율이 특정기업에 가장 적합한 최선의 비교기준이라고 판단할 근거가 없다. 또한 서로 다른 산업에 속하는 사업부를 운영하는 경우에는 특정산업의 평균비율을 적용할 수 없기 때문에 이에 적합한 산업평균값을 산출하기가 어렵다.

일곱째, 기업의 유동성, 안정성, 효율성, 수익성, 성장성, 생산성 외에도 기업가치평가에 영향을 미치는 요인으로 경영자의 자질, 조직의 효율성, 시장점유율, 기업의 신용, 종업원의 기술정도 등을 들 수 있다. 이러한 질적인 요인들은 재무제표상에 수치화될 수 없으므로 재무비율분석만으로 평가를 한다는 것은 한계가 있다.

알아두기

중소기업의 건강진단서비스

중소기업청은 중소기업 건강관리시스템을 활용하여 중소기업진흥공단, 신용보증기금, 기술보증기금 등과 함께 중소기업 건강관리사업을 시행하고 있다. 중소기업 건강관리시스템은 사람이 건강진단을 통해 병을 예방하고 체질개선을 하듯이 기업이 성장하는 과정상의 경영위기를 예방하고 기업경영 전반에 관한 애로사항을 해결하기 위해 2012년에 처음으로 도입됐다. 특히 올해부터는 경영개선 건강진단을 도입해 정책금융기관(중소기업진흥공단, 신용보증기금, 기술보증기금)의 기존 관리기업을 대상으로 성장정체, 위기관리 역량 저하 등으로 일시적 경영애로를 겪고 있는 중소기업에 대해 사전적·예방적 경영개선을 통한 기업부실 예방에 중점을 두고 있다.

| 중소기업 건강관리시스템(bizdoctor.go.kr) |

주요 용어

재무비율(financial ratio)

경제적 의미와 논리적 관계가 분명한 재무제표의 한 항목을 다른 항목에 대한 상대적 비율로 나타낸 것이다.

표준비율(standard ratio)

재무비율을 이용하여 기업의 재무상태와 경영성과를 평가할 때 비교·평가의 기준이 되는 재무비율이다.

산업평균비율

표준산업분류와 같은 일정한 기준에 따라 산업을 분류하여 그 산업에 속해 있는 모든 기업의 재무비율을 평균한 값이다.

경험적 재무비율

오랜 기간에 걸쳐 체험적으로 터득된 이상적인 재무비율을 의미한다.

유동성비율(liquidity ratios)

단기채무를 상환할 수 있는 능력을 측정하는 재무비율로서 흔히 단기채무지급능력비율(short-term solvency ratios)이라고도 한다.

- $\text{유동비율}(\%) = \dfrac{\text{유동자산}}{\text{유동부채}} \times 100$
- $\text{당좌비율}(\%) = \dfrac{\text{당좌자산}}{\text{유동부채}} \times 100$
- $\text{순운전자본구성비율}(\%) = \dfrac{\text{순운전자본}}{\text{총자산}} \times 100$

자본구조비율(capital structure ratios)

기업의 장기채무지급능력을 나타내는 비율로서 타인자본 의존도에 의해 측정되며 레버리지비율(leverage ratios)이라고도 한다.

- $\text{부채비율}(\%) = \dfrac{\text{부채}}{\text{자기자본}} \times 100$

- 자기자본비율(%) = $\frac{\text{자기자본}}{\text{총자본}} \times 100$

- 비유동비율(%) = $\frac{\text{비유동자산}}{\text{자기자본}} \times 100$

- 이자보상비율(배) = $\frac{\text{영업이익}}{\text{이자비용}}$

효율성비율(efficiency ratios)

자산의 효율적 이용도를 평가하는 데 이용되는 재무비율로서 흔히 활동성비율(activity ratios) 또는 자산관리비율(asset management ratios)이라고도 한다.

- 매출채권회전율(회) = $\frac{\text{매출액}}{\text{매출채권}}$

  ☞ 매출채권회수기간(일) = $\frac{365}{\text{매출채권회전율}} = \frac{\text{매출채권}}{\text{1일 평균매출액}}$

- 재고자산회전율(회) = $\frac{\text{매출액}}{\text{재고자산}}$

  ☞ 재고기간(일) = $\frac{365}{\text{재고자산회전율}} = \frac{\text{재고자산}}{\text{1일 평균매출액}}$

- 유형자산회전율(회) = $\frac{\text{매출액}}{\text{유형자산}}$

- 총자산회전율(회) = $\frac{\text{매출액}}{\text{총자산}}$

수익성비율(profitability ratios)

기업의 이익창출능력을 나타내는 지표로서 기업활동의 결과를 집약한 경영성과를 측정하는 재무비율이다.

- 총자산이익률(%) = $\frac{\text{순이익}}{\text{총자산}} \times 100$

- 자기자본순이익률(%) = $\frac{\text{순이익}}{\text{자기자본}} \times 100$

- 매출액순이익률(%) = $\frac{\text{순이익}}{\text{매출액}} \times 100$

성장성비율(growth ratios)

기업의 경영규모와 영업성과가 얼마나 증대되었는가를 나타내는 재무비율로서 성장률을 측정하는 대표적인 항목으로 총자산, 매출액과 순이익 등이 있다.

- $총자산증가율(\%) = \dfrac{기말총자산 - 기초총자산}{기초총자산} \times 100$

- $매출액증가율(\%) = \dfrac{당기매출액 - 전기매출액}{전기매출액} \times 100$

- $순이익증가율(\%) = \dfrac{당기순이익 - 전기순이익}{전기순이익} \times 100$

생산성비율(productivity ratios)

기업활동의 성과 및 효율을 측정하여 개별 생산요소의 기여도 및 성과배분의 합리성 여부를 평가하는 지표이다.

☞ 부가가치 = 영업잉여 + 인건비 + 이자비용 + 세금과공과 + 감가상각비

- $부가가치율(\%) = \dfrac{부가가치}{매출액} \times 100$

- $노동생산성 = \dfrac{부가가치}{종업원\ 수}$

- $총자본투자효율(\%) = \dfrac{부가가치}{총자본} \times 100$

시장가치비율(market value ratios)

기업의 시장가치를 나타내는 주가와 주당순이익 또는 장부가치 등의 관계를 분석하는 재무비율로서 시장에서 특정기업의 과거성과 및 미래전망이 어떻게 평가되고 있는지를 보여 주는 지표이다.

- $주가수익비율 = \dfrac{주가}{주당순이익}$

- $주가장부가치비율 = \dfrac{주가}{주당순자산}$

- $q\ 비율 = \dfrac{자산의\ 시장가치}{자산의\ 대체원가}$

연습문제

Ⅰ. 완성/선택형 문제

1. (   )은 경제적 의미와 논리적 관계가 분명한 재무제표의 두 항목을 상대적 비율로 나타낸 것이다.

2. 표준비율로는 분석기업의 과거비율, 경험적 재무비율, (   ), 경쟁기업의 재무비율 등이 있다.

3. (   )은 단기채무를 상환할 수 있는 능력을 측정하는 재무비율로 단기채무지급능력비율(short-term solvency ratios)이라고도 한다.

4. (   )은 이자지급에 필요한 수익을 창출할 수 있는 능력을 측정하기 위한 지표로 기업의 이자지급능력을 판단하는 데 유용한 비율이다.

5. (   )는 최종생산자가 중간생산자로부터 구입한 원재료에 자본과 노동 등의 생산요소를 투입하여 새로이 창출한 증식된 가치이다.

6. (   )은 주가가 주당순이익의 몇 배인가를 나타내는 것으로서 기업의 주당순이익 1원에 대한 질적인 가치 또는 시장에서의 평가를 의미한다.

7. 다음 중 경영의 총괄적 효율성을 측정하는 재무비율은?

   ① 유동성비율　　② 레버리지비율　　③ 수익성비율
   ④ 효율성비율　　⑤ 생산성비율

8. 매출부진으로 인해 재고가 많이 발생하는 기업의 단기채무능력을 측정하는 데 적합한 재무비율은?

① 유동비율 ② 순운전자본구성비율 ③ 부채비율
④ 당좌비율 ⑤ 재고자산회전율

9. 다음의 재무비율 중 장기채무지급능력의 측정과 거리가 먼 것은?

① 유동비율 ② 부채비율 ③ 자기자본비율
④ 비유동비율 ⑤ 이자보상비율

10. 표준비율로 사용될 수 있는 비율과 거리가 먼 것은?

① 분석기업의 과거비율 ② 대기업의 재무비율 ③ 일반적인 경험비율
④ 산업평균비율 ⑤ 경쟁기업의 비율

11. 서로 다른 재무제표에 있는 항목을 대응시켜 산출하는 혼합비율에 해당하는 재무비율은? (경영지도사, 2020)

① 유동비율 ② 매출액증가율 ③ 자기자본비율
④ 매출액순이익률 ⑤ 재고자산회전율

12. 유동성비율에 관한 설명으로 옳지 않은 것은? (경영지도사, 2021)

① 단기채무 상환 능력을 평가하는 비율이다.
② 기업에 자금을 대출한 금융기관이나 단기신용 제공자들이 많은 관심을 갖는 비율이다.
③ 현금비율은 가장 보수적으로 유동성을 판단하는 비율이다.
④ 높은 유동비율은 현금이나 단기자산을 효율적으로 운용하고 있다는 것을 의미한다.
⑤ 당좌비율은 유동비율보다 유동성이 높다.

13. (주)청운의 2019년도 재무제표를 이용하여 산출한 결과 매출액순이익률이 6%, 자기자본순이익률이 20%, 자기자본비율이 30%로 측정되었다. (주)청운의 총자산회전율은? (경영지도사, 2020)

① 0.5회 ② 1회 ③ 2회
④ 3회 ⑤ 4회

14. 주가수익비율(PER)에 대한 다음의 설명 중 잘못된 것은?

① PER은 현재의 주가를 주당순이익으로 나누어 구한다.
② PER은 주가가 주당순이익의 몇 배가 되는가를 나타낸 것으로서 주당순이익 1원의 질적인 가치를 의미한다.
③ 보수적인 회계처리방법을 사용하는 경우 상대적으로 PER이 낮아진다.
④ 성장성이 높을수록 기업의 PER이 높게 나타난다.
⑤ 위험도가 낮은 기업의 경우 PER이 높게 나타난다.

15. 다음 중 재무제표를 이용한 비율분석의 한계점과 거리가 먼 것은?

① 재무비율은 과거자료를 이용하여 측정된 것으로서 이를 미래의 재무의사결정에 이용하는 데는 문제가 있다.
② 개별기업간 회계처리방법의 상이성으로 인하여 재무분석만으로 상호비교한다는 것은 불합리하다.
③ 비교기준이 되는 표준비율을 합리적으로 도출하기 어렵다.
④ 수치화할 수 없는 질적인 경영정보를 반영하지 못한다.
⑤ 손익계산서에 의해 기업의 현금흐름상태를 파악할 수 있지만, 이는 계절적 변동 및 인플레이션에 의한 가치변동을 무시하고 있다.

16. 기업부실의 징후로 옳은 것은? (경영지도사, 2024)

① 재고자산회전율의 지속적 증가
② 유동비율의 지속적 증가
③ 매출액순이익률의 지속적 증가
④ 부채비율의 지속적 감소
⑤ 유동부채 대비 영업현금흐름의 지속적 감소

II. 서술/계산형 문제

1. 재무비율분석의 의의를 설명하라.

2. 재무비율분석의 한계점을 설명하라.

3. (재무비율분석)

(주)청운의 재무상태표와 손익계산서는 다음과 같다.

재무상태표

(주)청운 20×1년 12월 31일 현재 (단위: 천원)

자 산	금 액	부채 · 자본	금 액
유동자산	1,028,500	(부 채)	
현금및현금성자산	10,000	유동부채	557,600
단기금융자산	7,000	매입채무	493,000
매출채권	323,000	단기차입금	64,600
재고자산	688,500	비유동부채	30,000
		시채	15,000
비유동자산	192,100	장기차입금	15,000
토지	102,000	부채총계	587,600
건물	55,000		
기계장치	30,000	(자 본)	
기타유형자산	5,100	자본금	200,000
		자본잉여금	106,000
		이익잉여금	327,000
		자본총계	633,000
자산총계	1,220,600	부채 · 자본총계	1,220,600

손익계산서

(주) 청운 20×1년 1월 1일~20×1년 12월 31일 (단위: 천원)

과 목	금 액
매출액	2,380,000
매출원가	1,904,000
매출총이익	476,000
판매비와 관리비	394,000
영업이익	82,000
이자비용	64,000
법인세비용차감전순이익	18,000
법인세비용(50%)	9,000
당기순이익	9,000

다음의 표를 완성하여 (주)청운의 단기채무지급능력, 장기채무지급능력, 효율성, 수익성을 평가하라.

재무비율	실제비율	표준비율
유동비율		126%
당좌비율		68%
부채비율		225%
비유동비율		120%
이자보상비율		2.4배
재고자산회전율		4.2회
매출채권회전율		3.5회
유형자산회전율		4.1회
총자산회전율		1.2회
매출액순이익률		4.74%
총자산순이익률		6.43%
자기자본순이익률		10.24%

4. (재무비율과 재무제표의 관계)

다음의 자료를 이용하여 재무상태표와 손익계산서를 완성하라.

재무비율	실제비율
유동비율	120%
당좌비율	80%
부채비율	150%
매출채권회수기간	40일
총자산회전율	2.92회
매출액순이익률	10%

재무상태표

(단위: 만원)

자 산	금 액	부채 · 자본	금 액
유동자산	(　　　)	(부　채)	
현금및현금성자산	(　　　)	유동부채	(　　　)
매출채권	(　　　)	매입채무	(　　　)
재고자산	(　　　)	단기차입금	20,000
		비유동부채	30,000
비유동자산	(　　　)	사채	15,000
		장기차입금	15,000
		부채총계	(　　　)
		(자　본)	
		자본금	60,000
		자본잉여금	20,000
		이익잉여금	20,000
		자본총계	100,000
자산총계	(　　　)	부채 · 자본총계	(　　　)

손익계산서

(단위: 만원)

과 목	금 액
매출액	(　　　)
매출원가	(　　　)
매출총이익	(　　　)
판매비와 관리비	94,000
영업이익	(　　　)
이자비용	64,000
법인세비용차감전순이익	(　　　)
법인세비용(20%)	(　　　)
당기순이익	(　　　)

제6장

손익분기점분석과 레버리지분석

이익계획(profit planning)은 다음과 같은 두 가지 의미로 이용되고 있다. 넓은 의미의 이익계획은 기업활동에 영향을 미치는 기업의 내·외적 환경요인을 고려하여 목표이익을 설정한 후 이를 실현하기 위한 경영활동을 계획하는 일련의 과정을 의미한다. 한편 좁은 의미의 이익계획은 시설확장이나 신제품생산 등과 같은 투자정책과 자본조달정책의 선택 여부를 결정하기 위한 목적에서 이와 같은 정책결정이 기업의 비용구조에 미치는 영향을 평가하는 일련의 과정을 의미한다. 따라서 좁은 의미의 이익계획에서는 손익분기점분석과 레버리지분석이 핵심적 내용이 된다.

이 장에서는 손익분기점분석과 레버리지분석에 대하여 살펴보기로 한다.

1 손익분기점분석

1.1 손익분기점분석의 의의

손익분기점(break-even point: BEP)은 기업이 생산능력의 범위 내에서 영업비용을 회수하는 데 필요한 최소한의 조업도(판매량 또는 매출액)를 의미한다. 다시 말하여 영업이익이 0원이 되는 판매량이나 매출액을 의미한다. 손익분기점을 분석함으로써 판매량의 변화에 따른 수익(volume), 영업비용(cost)과 영업이익(profit)의 관계를 파악할 수 있기 때문에 손익분기점분석을 흔히 CVP분석(cost-volume-profit relationship analysis)이라고도 부른다.

손익분기점분석에서는 영업활동의 수행과정에서 발생되는 영업비용을 고정영업비용과 변동영업비용으로 구분할 수 있다고 가정한다. 이 경우 생산능력의 범위 내에서 판매량이 증가할 때는 영업비용 중에서 고정영업비용의 비중이 높아질수록 영업이익이 매출액의 증가율보다 더 큰 폭으로 증가하게 된다. 그러나 반대로 판매량이 줄어들 때는 영업이익이 매출액의 감소율보다 큰 폭으로 감소하게 된다. 이처럼 고정영업비용이 지렛대 작용을 하기 때문에 영업비용의 구조가 영업이익의 크기(수익성)와 질(영업위험)에 영향을 미치는 것이다. 따라서 기업의 수익성과 영업위험에 미치는 영향을 고려하여 적정한 수준에서 영업비용의 구조를 결정해야 할 것이다.

1.2 영업비용의 구조

많은 자금을 비유동자산에 투자할수록 감가상각비 등과 같은 고정영업비용의 부담이 증가하기 때문에 영업비용의 구조가 달라지며, 이와 같은 영업비용의 구조적인 변화가 영업이익의 크기와 질에 영향을 미치게 된다. 예를 들어 설비투자가 증가할수록 생산능력이 증가하게 되며, 생산능력이 증가할수록 더 많은 제품을 생산·판매할 수 있기 때문에 영업이익이 증가할 수 있다. 그러나 다른 한편에서는 고정영업비용의 비중이 높아지기 때문에 매출액이 줄어들 때 영업이익이 크게 감소할 가능성이 높아지게 된다. 그러므로 설비 등과 같은 수익성 자산에 대한 투자를 많이 할수록 영업이익이 증가하지만 다른 한편으로 영업이익의 질이 떨어진다는 사실을 알 수 있다. 영업이익의 질이 떨어진다는 것은 영업위험이 증가한다는 것을 의미한다.

이제 영업비용의 구조에 대하여 살펴보기로 하자. 영업비용은 고정영업비용과 변동영업비용으로 구성된다.

영업비용 = 고정영업비용 + 변동영업비용

고정영업비용

고정영업비용(fixed operating cost)은 생산능력의 범위 내에서 조업도(생산량 또는 판매량)의 변화와 관계없이 일정하게 발생하는 영업비용을 말한다. 감가상각비, 재산세, 임차료, 사무직원의 급료 및 광고비 등이 고정영업비용에 속한다. 생산능력을 증대시키기 위하여 기업이 추가로 시설투자를 하는 경우 고정영업비용이 증가하게 된다. 따라서 고정영업비용이 일정하다는 의미는 생산능력의 범위 내에서만 적용된다.

고정영업비용은 판매량의 변화와 관계없이 일정하지만, 단위당 고정영업비용은 판매량이 증가함에 따라 감소하는 특성을 보인다. [그림 6-1]에서 고정영업비용은 판매량의 변화와 관계없이 12억원으로 일정하지만, 단위당 고정영업비용은 판매량이 증가함에 따라 감소하고 있다.

단위당 고정영업비용은 판매량의 증가에 따라 감소하며, 이와 같은 특성이 영업이익의 질에 영향을 미친다. 영업비용 중에서 고정영업비용의 비중이 높을수록 판매량이 증가하는 경우에는 영업이익이 그보다 높은 비율로 증가하지

그림 6-1 **고정영업비용의 특성**

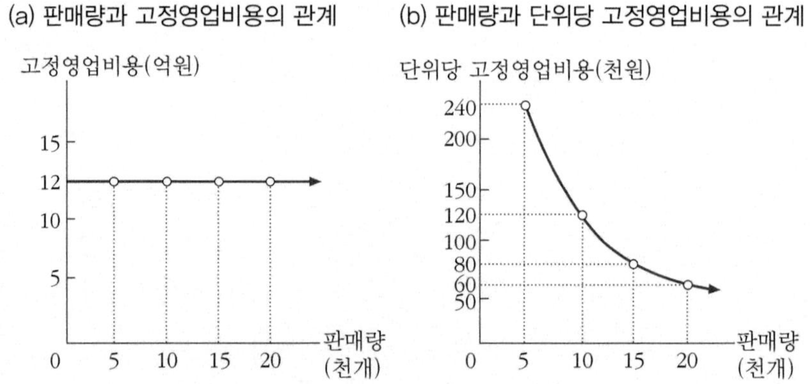

만, 판매량이 감소하는 경우에는 영업이익이 그보다 높은 비율로 줄어들게 된다. 즉 고정영업비용의 비중이 높을수록 영업이익의 변동폭(영업위험)이 커지게 된다.[1]

변동영업비용

변동영업비용(variable operating cost)은 조업도의 변화에 따라 비례적으로 변동하는 영업비용을 말한다. 직접재료비, 직접노무비, 판매수수료, 판매원의 성과급 등이 변동영업비용에 속한다.

단위당 변동영업비용은 판매량의 변화와 관계없이 일정하지만 변동영업비용은 판매량의 변화에 따라 비례적으로 변동하는 특성을 보인다. [그림 6-2]에서 변동영업비용은 판매량의 증가에 따라 비례적으로 증가하지만, 단위당 변동영업비용은 1,000원으로 일정함을 알 수 있다.

1 이와 같은 효과를 영업레버리지효과라 하며, 자세한 내용은 '2. 레버리지분석'에서 설명하기로 한다.

그림 6-2 **변동영업비용의 특성**

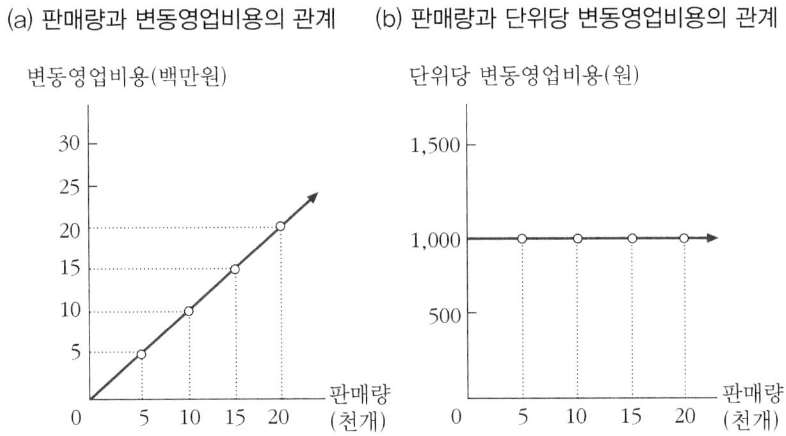

1.3 손익분기점의 도출

손익분기점분석의 가정

영업비용을 고정영업비용과 변동영업비용으로 구분할 수 있다면, 매출액(수익)과 영업비용이 일치하여 영업이익이 0원이 되는 손익분기점 판매량을 추정할 수 있다. 손익분기점 판매량은 이익계획의 수립에서 중요한 정보로 이용된다. 손익분기점분석과 레버리지분석을 병행함으로써 투자정책과 자본조달정책이 기업의 수익력, 영업위험과 재무위험에 미치는 영향을 평가할 수 있기 때문이다.

손익분기점모형에서는 분석의 단순화를 위하여 다음과 같은 가정을 하고 있다.

- 모든 영업비용을 고정영업비용과 변동영업비용으로 구분할 수 있다.
- 생산능력의 범위 내에서 고정영업비용과 단위당 변동영업비용은 일정하다.
- 수익과 영업비용을 판매량에 대한 1차 함수로 나타낼 수 있다.
- 모든 기업은 단일 제품만을 생산한다.

• 생산제품은 즉시 판매된다.

• 판매가격과 원재료의 구입가격이 각각 일정하다.

손익분기점과 손익분기도표

영업비용은 고정영업비용과 변동영업비용으로 구성되어 있다. 그런데 손익분기점 판매량에서는 수익(매출액)과 영업비용이 일치하므로 식 (6-1)의 관계가 성립된다.

$$p \cdot Q^* = FC + v \cdot Q^* \tag{6-1}$$

p: 단위당 판매가격

Q^*: 손익분기점 판매량

FC: 고정영업비용

v: 단위당 변동영업비용

식 (6-1)을 Q^*에 대하여 정리하면 식 (6-2)와 같다.

$$Q^* = \frac{FC}{p-v} \tag{6-2}$$

$(p-v)$: 단위당 공헌이익

식 (6-2)는 조업도를 판매량으로 정의하는 경우의 손익분기점이다. 식 (6-2)에서 Q^*는 손익분기점 판매량을 그리고 $(p-v)$는 단위당 공헌이익(contribution margin per unit)을 의미한다. **단위당 공헌이익**은 제품을 1단위 판매할 때 고정영업비용이 회수되거나 영업이익에 기여하는 금액을 의미한다. 따라서 손익분기점 판매량 내에서는 공헌이익이 고정영업비용을 회수하는 역할을 하며, 그 이상에서는 영업이익에 기여하는 역할을 하게 된다.

한편 손익분기점 매출액($R^* = p \cdot Q^*$)을 구하기 위하여 식 (6-2)의 양변에 단위당 판매가격(p)을 곱하여 정리하면 식 (6-3)과 같다.

$$R^* = \frac{FC}{1 - \frac{v}{p}} \tag{6-3}$$

그림 6-3 **손익분기도표**

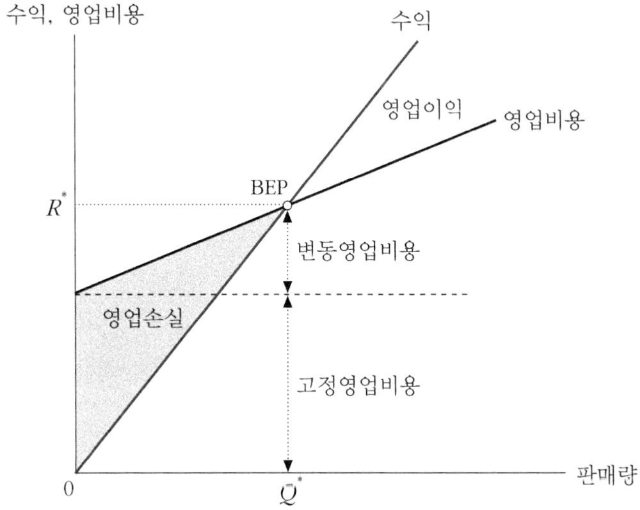

식 (6-3)은 조업도를 매출액으로 정의할 때의 손익분기점이다. 식 (6-3)에서 $(1-\frac{v}{p})$는 공헌이익률(contribution margin ratio)로서 매출액이 1원 증가할 때 고정영업비용이 회수되거나 영업이익에 기여하는 금액, 즉 비율을 의미한다.

일정한 영업비용의 구조하에 수익(매출액)의 변화에 따라 영업이익이 어떻게 변화하는지의 관계를 나타내는 손익분기도표는 [그림 6-3]과 같다. [그림 6-3]에서 볼 수 있는 것처럼, 손익분기점(BEP)에서는 매출액과 영업비용이 일치하기 때문에 영업이익은 0원이 된다. 따라서 손익분기점을 초과하는 매출액에서는 영업이익을 얻을 수 있으나, 손익분기점보다 적은 매출액에서는 영업손실이 발생하게 된다.

예제 6-1 손익분기점과 손익분기도표

인천(주)은 벽시계를 제조하고 있다. 개당 판매가격은 20,000원이고, 고정영업비용과 개당 변동영업비용은 각각 2,000만원과 15,000원이다.

(1) 인천(주)의 손익분기점 판매량과 매출액을 구하라.

(2) 판매량이 5,000개일 경우 영업이익(손실)은 얼마인가?

(3) 판매량이 3,000개일 경우 영업이익(손실)은 얼마인가?

(4) 물음 (1), (2), (3)의 결과를 손익분기도표에 표시하라.

| 해설 |

(1) 인천(주)의 손익분기점(영업이익=0) 판매량과(Q^*)와 매출액(R^*)을 각각 구하면 다음과 같다.

- $Q^* = \frac{PC}{p-v} = \frac{2{,}000\text{만원}}{20{,}000\text{원} - 15{,}000\text{원}} = 4{,}000\text{개}$
- $R^* = p \times Q^* = 20{,}000\text{원} \times 4{,}000\text{개} = 8{,}000\text{만원}$

또는 $R^* = \frac{FC}{1-\frac{v}{p}} = \frac{2{,}000\text{만원}}{1-\frac{15{,}000\text{원}}{20{,}000\text{원}}} = 8{,}000\text{만원}$

(2) 영업이익 = 매출액 − 영업비용

$= 20{,}000\text{원} \times 5{,}000\text{개} - (2{,}000\text{만원} + 15{,}000\text{원} \times 5{,}000\text{개}) = 500\text{만원}$

즉 인천(주)은 500만원의 영업이익을 얻을 수 있다.

(3) 영업이익 = 매출액 − 영업비용

$= 20{,}000\text{원} \times 3{,}000\text{개} - (2{,}000\text{만원} + 15{,}000\text{원} \times 3{,}000\text{개}) = -500\text{만원}$

즉 인천(주)은 500만원의 영업손실을 보게 된다.

(4)

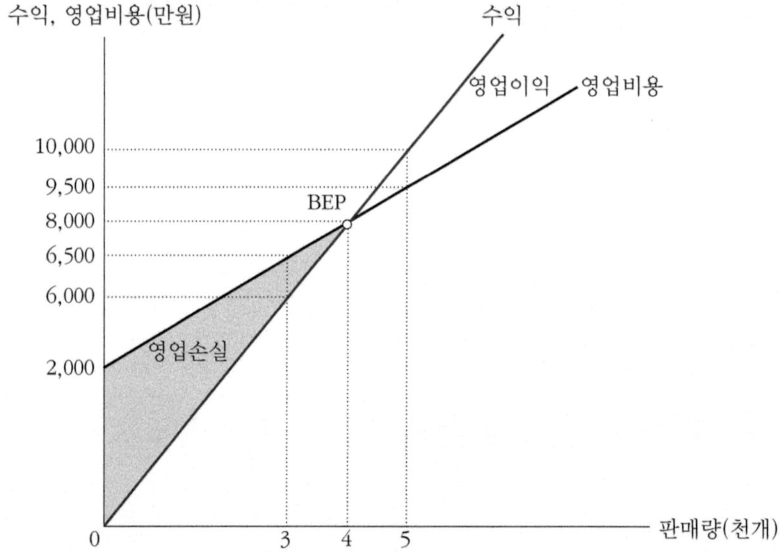

1.4 손익분기점분석의 활용

수익성의 안전도 측정

수익성의 안전도는 영업이익이 실현되는 확실성의 정도를 의미한다. 따라서 예상매출액이 손익분기점 매출액보다 높을수록 수익성의 안전도가 높다고 말할 수 있다. 수익성의 안전도는 안전율(margin of safety ratio)을 계산함으로써 측정할 수 있다.

안전율은 예상매출액과 손익분기점 매출액의 차이를 예상매출액으로 나누어 계산된다. 안전율은 식 (6-4)와 같다.

$$\text{안전율} = \frac{E(R_1) - R^*}{E(R_1)} \qquad (6\text{-}4)$$

$E(R_1)$: 다음 연도의 예상매출액

R^* : 손익분기점 매출액

예제 6-2 안전율

[예제 6-1]에서 인천(주)의 예상매출액이 10,000만원으로 추정된다. 이 회사의 안전율을 계산하라.

| 해설 |

식 (6-4)를 이용하여 인천(주)의 안전율을 계산하면 다음과 같다.

$$\text{안전율} = \frac{10{,}000\text{만원} - 8{,}000\text{만원}}{10{,}000\text{만원}} = 0.2(\text{또는 } 20\%)$$

인천(주)의 경우 매출액이 예상보다 20% 이상 감소하면, 매출액이 손익분기점 아래로 떨어져서 영업손실이 발생될 수 있음을 알 수 있다.

목표 영업이익을 실현하기 위한 판매량

손익분기점분석을 활용함으로써 어느 정도의 판매량을 확보해야만 목표 영업이익을 달성할 수 있는가를 분석할 수 있다. 이 경우 목표 영업이익이 달성되는 판매량에서 실현되는 수익(매출액)은 영업비용과 목표 영업이익을 더한 것과 같게 된다. 따라서 식 (6-5)와 같은 관계식을 얻을 수 있다.

$$p \cdot Q_\pi = FC + v \cdot Q_\pi + \pi \tag{6-5}$$

Q_π: 목표 영업이익을 확보하는 데 필요한 판매량

π: 목표 영업이익

식 (6-5)를 Q_π에 대하여 정리하면 식 (6-6)과 같다.

$$Q_\pi = \frac{FC + \pi}{p - v} \tag{6-6}$$

주어진 영업비용구조하에서 목표 영업이익을 달성하기 위해서는 판매량을 증가시켜야 한다. 그러나 판매량을 증가시키는 것이 어려운 경우에는 투자정책을 조정하여 고정영업비용을 변동영업비용으로 대체하거나 변동영업비용을 고정영업비용으로 대체하는 등 영업비용의 구조조정을 통하여 목표 영업이익을 확보할 수 있다.

예제 6-3 손익분기점분석과 목표 영업이익

인천(주)은 현재의 생산능력을 두 배로 확장시키는 시설투자를 계획하고 있다. 시설투자를 하는 경우 고정영업비용이 현재의 2,000만원에서 4,000만원으로 증가하나, 개당 판매가격과 변동영업비용은 각각 20,000원, 15,000원으로 변하지 않을 것이다. 목표 영업이익 1,000만원을 달성하는 데 필요한 판매량을 구하라.

| 해설 |

식 (6-6)을 이용하여 목표 영업이익 1,000만원을 달성하는 데 필요한 판매량 Q_π를 구하면 다음과 같다.[2]

---

2 목표 영업이익 1,000만원을 달성하는 데 필요한 매출액 R_π는 다음과 같이 구할 수 있다.

$R_\pi = p \times Q_\pi = 20{,}000\text{원} \times 10{,}000\text{개} = 20{,}000\text{만원}$

또는 $R^* = \dfrac{FC+\pi}{1-\dfrac{v}{p}} = \dfrac{4{,}000\text{만원}+1{,}000\text{만원}}{1-\dfrac{15{,}000\text{원}}{20{,}000\text{원}}} = 20{,}000\text{만원}$

$$Q_\pi = \frac{4{,}000\text{만원} + 1{,}000\text{만원}}{20{,}000\text{원} - 15{,}000\text{원}} = 10{,}000\text{개}$$

따라서 인천(주)의 경우 판매량이 10,000개가 되어야 1,000만원의 목표 영업이익을 확보할 수 있다.

$$\pi = p \times Q_\pi - (FC + v \times Q_\pi)$$
$$= 20{,}000\text{원} \times 10{,}000\text{개} - (4{,}000\text{만원} + 15{,}000\text{원} \times 10{,}000\text{개})$$
$$= 1{,}000\text{만원}$$

2 레버리지분석

2.1 레버리지의 의의

레버리지(leverage)는 지레장치 또는 지렛대 작용을 의미하는 개념으로 이용되고 있다. 지레장치는 힘들이지 않고 무거운 물건을 끌어올리는 데 이용되는 도구를 말한다. 지렛대의 원리를 이용하면 무거운 물건을 힘들이지 않고 쉽게 들어 올릴 수 있다. 이와 같은 지렛대의 원리가 기업경영에도 적용된다.

기업이 사용하는 레버리지(고정비용을 발생시키는 비유동자산 또는 부채)에 의해 순이익 등의 변동성, 즉 기업의 위험이 달라진다

기업경영에서 지레장치의 역할을 하는 것이 고정영업비용과 고정재무비용이다. 총비용 중에서 고정영업비용이 차지하는 비중을 높게 조정함으로써 매출액의 변화에 따라 그보다 높은 비율로 영업이익이 변화하는 효과를 얻을 수

있으며, 고정재무비용의 비중을 높게 조정함으로써 영업이익의 변화에 따라 주당순이익이 그보다 높은 비율로 변화하는 효과를 얻을 수 있다. 이와 같이 고정영업비용과 고정재무비용이 지렛대 작용을 하기 때문에 매출액이 작은 비율로 변동하더라도 영업이익이나 주당순이익이 그보다 높은 비율로 변동하는 현상이 일어나는데, 이와 같은 효과를 레버리지효과라고 한다.

레버리지는 다음과 같이 영업레버리지와 재무레버리지로 구분된다.

> 레버리지 = 영업레버리지 + 재무레버리지

영업레버리지(operating leverage)는 총비용 중에서 고정영업비용이 차지하는 비중으로 측정되며, 고정영업비용이 발생되는 비유동자산을 이용하는 것을 의미한다. 그리고 **재무레버리지**(financial leverage)는 총비용 중에서 고정재무비용(이자비용 등)이 차지하는 비중으로 측정되며, 고정재무비용이 발생되는 부채를 이용하는 것을 의미한다. 한편 레버리지는 총비용 중에서 고정영업비용과 고정재무비용이 차지하는 비중으로 측정될 수 있다.

영업레버리지와 재무레버리지의 개념을 살펴보기 위하여 〈표 6-1〉과 같은 손익계산서를 생각해 보자.

표 6-1 손익계산서의 구성요인

손익계산서			
매출액	R		
변동영업비용	VC	DOL	
고정영업비용	FC		
영업이익	$EBIT$		
이자비용	Int		DCL
법인세비용차감전순이익	EBT		
법인세비용(법인세율 = T_C)	T	DFL	
순이익	NI		
÷ 총발행주식수	$\div N$		
주당순이익	EPS		

알아두기

레버리지효과를 추구하는 레버리지투자

레버리지투자는 차입된 돈을 사용하여 대규모 투자수익을 창출하는 투자전략의 일종이다. 투자에서 레버리지의 작용 원리에 대한 이해를 돕기 위해 다음의 예를 살펴보자. 현재 2,000만원의 골동품을 구매하고자 하는 K씨가 있다. K씨는 이 골동품을 구입할 수 있는 충분한 현금을 보유하고 있음에도 불구하고 자신이 보유한 현금 중 200만원과 나머지 1,800만원은 골동품 딜러에게서 빌려 마련한 2,000만원으로 골동품을 구입하였다. 이러한 경우 K씨의 입장에서 골동품에 투자한 순수한 자금은 200만원이며, 이는 골동품 구입 가격의 10%에 불과하다.

며칠이 지난 뒤 K씨가 구입한 골동품의 가격이 올라 2,200만원에 판매할 수 있다고 하자. 이때 K씨는 이자비용을 무시하고 200만원을 투자하여 200만원의 이윤을 얻게 된다. 이러한 경우 K씨의 투자수익률을 수학적으로 계산하면 100%가 된다. 이에 비해 만약 K씨가 딜러로부터 대출을 받지 않고 자신의 돈 2,000만원을 지급하여 골동품을 구입한 뒤 2,200만원에 판매한 경우를 생각해보자. 2,000만원의 초기 투자로 2백만원의 이익을 얻게 되면 K씨의 투자수익률은 10%가 된다. 이와 같은 10%의 수익도 나쁘지 않지만, 앞서 언급한 레버리지를 사용하는 경우 얻게 될 100%의 투자수익률과 비교하면 매우 낮은 수준임을 알 수 있다. 다만 레버리지를 통한 투자가 위험할 수 있음을 기억하는 것이 중요하다. 골동품의 가격이 하락하는 등 예상하지 못한 방향으로 투자 결과가 나타나면 손실률이 훨씬 더 커지기 때문이다.

2.2 영업레버리지분석

영업레버리지는 기업이 고정영업비용을 발생시키는 비유동자산을 보유하는 것을 의미한다. 영업레버리지에 의해서 매출액의 변화율보다 영업이익의 변화율이 더 커지게 되며, 이와 같은 현상을 영업레버리지효과라 한다. 영업레버리지효과의 정도는 다음의 **영업레버리지도**(degree of operating leverage: DOL)에 의해서 측정될 수 있다.

$$DOL = \frac{\text{영업이익의 변화율}}{\text{매출액의 변화율}} = \frac{\frac{\Delta EBIT}{EBIT}}{\frac{\Delta R}{R}} \quad (6\text{-}7)$$

Δ: 증분을 나타내는 기호로서 변동액(증가액 또는 감소액)을 의미함.

그리고 식 (6-7)에 의해서 영업레버리지도(DOL)를 다음과 같이 나타낼 수 있다.[3]

$$DOL = \frac{(p-v)Q}{(p-v)Q-FC} = \frac{R-VC}{R-VC-FC} \quad (6\text{-}8)$$

p: 단위당 판매가격
v: 단위당 변동비
Q: 매출량

식 (6-8)에서 볼 수 있는 바와 같이 고정영업비용(FC)이 클수록, DOL이 크게 나타남을 알 수 있다. 즉 고정영업비용에 의해서 매출액의 변화율보다 영업이익의 변화율(변동 폭)이 커지는 것을 의미한다. 예를 들어 DOL이 1.5라면, 매출액이 10% 증가(또는 감소)하는 경우 영업이익은 15% 증가(또는 감소)한다.

한편 매출액이 증가할수록 영업레버리지도는 감소하게 된다. 이는 매출액이 증가할수록 고정영업비용의 영향이 점차 줄어들어 영업레버리지효과가 감소하기 때문이다.

예제 6-4 영업레버리지도

전구를 생산하는 반짝주식회사에 관한 자료는 다음과 같다.

- 단위당 판매가격 = 200원
- 단위당 변동비 = 100원
- 고정영업비용 = 20,000,000원

---

3 $DOL = \frac{\frac{\Delta EBIT}{EBIT}}{\frac{\Delta R}{R}} = \frac{\frac{(p-v)\Delta Q}{(p-v)Q-FC}}{\frac{p\Delta Q}{pQ}} = \frac{(p-v)Q}{(p-v)Q-FC}$

(1) 250,000개의 전구를 생산하는 경우, 이 회사의 DOL은 얼마인가?

(2) 매출액이 5% 증가할 경우, 이 회사의 영업이익은 몇 % 증가하는가?

| 해설 |

(1) $DOL = \dfrac{(p-v)Q}{(p-v)Q - FC} = \dfrac{(200-100)\times 250{,}000}{(200-100)\times 250{,}000 - 20{,}000{,}000} = 5.0$

(2) DOL의 정의에 의해서, 영업이익의 증가율을 구하면 다음과 같다.

$$\frac{\Delta EBIT}{EBIT} = DOL \times \left(\frac{\Delta R}{R}\right) = 5.0 \times 5\% = 25\%$$

그러므로 매출액이 5% 증가할 경우, 영업이익은 25% 증가하게 된다.

2.3 재무레버리지분석

재무레버리지는 기업이 고정재무비용인 이자비용을 발생시키는 부채를 사용하는 것을 의미한다. 재무레버리지에 의해서 영업이익의 변화율보다 주당순이익(earning per share: EPS)의 변화율이 더 커지게 되며, 이와 같은 현상을 재무레버리지효과라 한다. 재무레버리지효과의 정도는 **재무레버리지도**(degree of financial leverage: DFL)에 의해서 측정될 수 있다.

$$DFL = \frac{\text{주당순이익의 변화율}}{\text{영업이익의 변화율}} = \frac{\dfrac{\Delta EPS}{EPS}}{\dfrac{\Delta EBIT}{EBIT}} \qquad (6\text{-}9)$$

그리고 식 (6-9)에 의해서 재무레버리지도(DFL)를 다음과 같이 나타낼 수 있다.[4]

$$DFL = \frac{EBIT}{EBIT - Int} = \frac{R - VC - FC}{R - VC - FC - Int} \qquad (6\text{-}10)$$

4 $DFL = \dfrac{\dfrac{\Delta EPS}{EPS}}{\dfrac{\Delta EBIT}{EBIT}} = \dfrac{\dfrac{\Delta EBIT(1-T_C)/N}{(EBIT-Int)(1-T_C)/N}}{\dfrac{\Delta EBIT}{EBIT}} = \dfrac{EBIT}{EBIT-Int}$

식 (6-10)에서 기업의 이자비용(Int)이 많을수록 DFL은 증가한다는 것을 알 수 있다. 이는 이자비용이 클 경우, 영업이익의 변화에 따른 주당순이익의 변동 폭이 크게 확대된다는 것을 의미한다.

한편 영업이익이 증가할수록 재무레버리지도는 감소하게 된다. 이는 영업이익이 증가할수록 이자비용의 영향이 점차 줄어들어 재무레버리지효과가 감소하기 때문이다.

예제 6-5 재무레버리지도

백두주식회사는 자사의 다음연도 영업이익이 10% 감소하여, 그 결과 주당순이익이 20% 감소할 것으로 예상하고 있다. 만약 이와 같은 예상이 옳다면, 이 회사의 DFL은 얼마인가?

| 해설 |

$$DFL = \frac{\text{주당순이익의 변화율}}{\text{영업이익의 변화율}} = \frac{-20\%}{-10\%} = 2.0$$

2.4 결합레버리지분석

결합레버리지(combined leverage)는 기업이 고정영업비용을 발생시키는 비유동자산을 보유하고, 동시에 이자비용을 발생시키는 부채를 사용하는 것을 의미한다. 영업레버리지와 재무레버리지가 동시에 존재함으로써 매출액의 변화율보다 주당순이익의 변화율이 더 커지게 되며, 이와 같은 현상을 결합레버리지효과라고 한다. 이와 같은 결합레버리지효과의 정도는 **결합레버리지도**(degree of combined leverage: DCL)에 의해서 측정될 수 있다.

$$DCL = \frac{\text{주당순이익의 변화율}}{\text{매출액의 변화율}} = \frac{\frac{\Delta EPS}{EPS}}{\frac{\Delta R}{R}} \qquad (6\text{-}11)$$

그림 6-4 레버리지효과

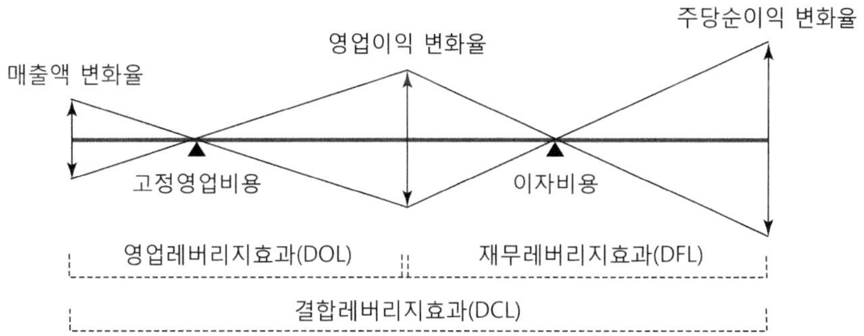

식 (6-11)은 다음과 같이 나타낼 수 있다.[5]

$$DCL = DOL \times DFL = \frac{R - VC}{R - VC - FC - Int} \tag{6-12}$$

식 (6-12)에서 기업의 고정영업비용 또는 이자비용이 증가할수록 DCL이 증가한다는 것을 알 수 있다. 그리고 결합레버리지도(DCL)는 영업레버리지의 효과와 재무레버리지의 효과를 모두 고려하는 것으로서 영업레버리지도(DOL)와 재무레버리지도(DFL)를 곱한 것이라 할 수 있다. 이상에서 설명한 레버리지효과를 그림으로 나타내면 [그림 6-4]와 같다.

예제 6-6 **결합레버리지도를 이용한 고정영업비용의 측정**

전자부품을 생산하는 (주)부산의 경영자는 매출액이 10% 증가할 경우, 주당순이익은 40% 증가한다고 생각하고 있다. 이 회사의 DFL은 2.0이다. 단위당 공헌이익(단위당 판매가격－단위당 변동비)이 500원이고 생산량이 1,000개일 경우, 이 회사의 고정영업비용은 얼마인가?

---

5 $DCL = \dfrac{\frac{\Delta EPS}{EPS}}{\frac{\Delta R}{R}} = \dfrac{\frac{\Delta EBIT}{EBIT}}{\frac{\Delta R}{R}} \times \dfrac{\frac{\Delta EPS}{EPS}}{\frac{\Delta EBIT}{EBIT}} = DOL \times DFL$

| 해설 |

$$DCL = \frac{\text{주당순이익의 변화율}}{\text{매출액의 변화율}} = \frac{40\%}{10\%} = 4.0$$

그러므로 DOL은 다음과 같이 구할 수 있다.

$$DCL = DOL \times DFL \rightarrow 4.0 = DOL \times 2.0,\ DOL = 2.0$$

DOL을 구하는 공식에 의해서 고정영업비용을 구하면 다음과 같다.

$$DOL = \frac{(p-v)Q}{(p-v)Q - FC} = \frac{500 \times 1{,}000}{500 \times 1{,}000 - FC} = 2.0$$

$\therefore$ 고정영업비용$(FC) = 250{,}000$원

2.5 레버리지와 기업위험

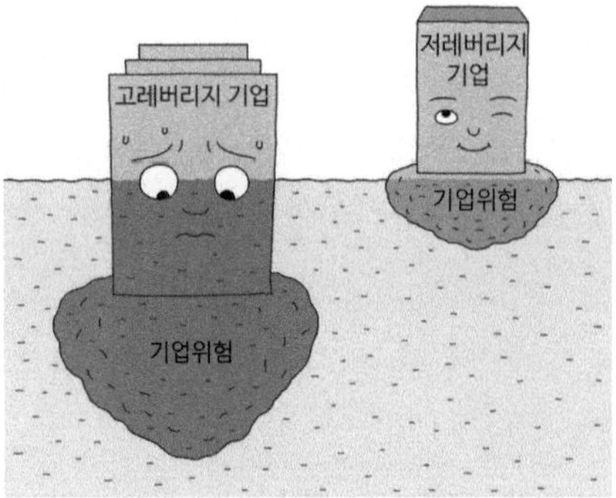

기업이 실물자산에 투자하는 목적은 수익력을 개선시키는 데 있다. 그러나 수익력을 높이고자 할 때는 반드시 그에 상응하는 위험을 감수하여야 한다. 따라서 기업은 자체 역량으로 부담할 수 있는 적절한 위험수준을 미리 설정하여 그 범위 내에서 수익력을 높일 수 있는 정책결정을 해야 한다.

기업이 경영활동을 수행하는 과정에서 직면하는 기업위험은 영업위험과 재무위험으로 구분된다.

> 기업위험 = 영업위험 + 재무위험

영업위험(operating risk)은 경제환경 변화에 따라 예상 밖으로 영업이익이 줄어들 수 있는 가능성을 의미한다. 영업위험을 결정하는 가장 중요한 요인은 영업비용 중에서 고정영업비용이 차지하는 비중, 즉 영업비용의 구조이다. 투자정책이나 영업정책의 결정시 고정영업비용의 비중을 높일수록 매출액의 변화에 따라 영업이익의 변동성이 커지기 때문이다. 예를 들어 자동차, 철강, 석

유화학 등과 같은 자본집약적 산업은 비유동자산의 비중이 높기 때문에 영업위험이 높은 특성을 보이고 있다.

재무위험(financial risk)은 자본조달정책 결정시 이자비용을 발생시키는 부채를 이용할 때 나타나는 위험을 의미한다. 부채의존도가 높을수록 이자비용의 비중이 증가하기 때문에 영업이익이 감소할 때 순이익이 그보다 높은 비율로 줄어드는 재무위험이 발생된다. 따라서 업종에 관계없이 부채를 많이 사용하는 기업일수록 재무위험이 높아진다.

실물자산에 투자하거나 부채로 자금을 조달하는 경우 이와 같은 투자정책과 자본조달정책이 수익의 크기와 질에 미치는 영향을 분석하는 일은 매우 중요한 의미를 갖는다. 수익의 크기와 질을 분석하는 것은 비용구조의 변화에 따른 위험과 수익의 관계(risk-return relationship)를 검토함으로써 가능하다.

알아두기

레버리지와 기업위험

IMF로부터 구제금융을 받기 몇 개월 전인 1997년 3월 20일자 조선일보 기사 중 '빚더미 경영은 망한다'라는 제목하에서 우리나라 기업들의 취약한 재무구조를 비판한 적이 있다. 그 기사에 따르면 그 당시 이미 파산한 한보철강, 삼미그룹뿐만 아니라 그 이후에 파산한 한일그룹, 한라그룹, 뉴코아, 진로그룹 등의 자기자본비율이 10% 미만인 것으로 나타났다. 이와 같이 레버리지가 높은 기업들의 경우 불황이 심화되면, 매출은 감소하는 반면, 고정적으로 지출해야 하는 금융비용은 눈덩이처럼 불어나기 때문에 파산가능성이 높아진다. 이는 어떻게 보면 너무나 당연한 결과라 할 수 있을 것이다. 물론 경기가 호황이면 레버리지효과에 의해 보다 높은 수익성이 기대되기도 하지만, 이와 같은 기업들이 불황의 터널을 뚫고 나오기란 매우 어려울 것이다. 따라서 기업이 불황에 생존하기 위해서는 사전에 과도한 영업레버리지 또는 재무레버리지를 적정수준으로 조정하는 등의 지속적인 구조조정이 필연적이라 하겠다.

주요 용어

손익분기점(break-even point: BEP)

기업이 생산능력의 범위 내에서 영업비용을 회수하는 데 필요한 최소한의 조업도(판매량 또는 매출액), 즉 영업이익이 0원이 되는 판매량(Q^*)이나 매출액(R^*)을 의미한다.

☞ $Q^* = \dfrac{FC}{p-v}$, $R^* = \dfrac{FC}{1-\dfrac{v}{p}}$

고정영업비용(fixed operating cost)

생산능력의 범위 내에서 조업도(생산량 또는 판매량)의 변화와 관계없이 일정하게 발생하는 영업비용을 말한다.

변동영업비용(variable operating cost)

조업도의 변화에 따라 비례적으로 변동하는 영업비용을 말한다.

단위당 공헌이익(contribution margin per unit)

제품을 1단위 판매할 때 고정영업비용이 회수되거나 영업이익에 기여하는 금액을 의미한다.

수익성의 안전도

영업이익이 실현되는 확실성의 정도를 의미한다.

☞ 안전율 $= \dfrac{E(R_1)-R^*}{E(R_1)}$

레버리지(leverage)

총비용 중에서 고정영업비용과 고정재무비용(이자비용)이 차지하는 비중으로 측정되며, 고정비용이 발생되는 비유동자산 또는 부채를 사용하는 것을 의미한다.

영업레버리지(operating leverage)

총비용 중에서 고정영업비용이 차지하는 비중으로 측정되며, 고정영업비용을 발생시키는 비유동자산을 이용하는 것을 의미한다.

재무레버리지(financial leverage)

총비용 중에서 고정재무비용이 차지하는 비중으로 측정되며, 고정재무비용인 이자비용을 발생시키는 부채를 이용하는 것을 의미한다.

영업레버리지도(degree of operating leverage: DOL)

영업레버리지에 의해서 매출액의 변화율보다 영업이익의 변화율이 커지는 효과, 즉 영업레버리지효과의 정도를 의미한다.

☞ $DOL = \frac{\text{영업이익의 변화율}}{\text{매출액의 변화율}} = \frac{R-VC}{R-VC-FC}$

재무레버리지도(degree of financial leverage: DFL)

재무레버리지에 의해서 영업이익의 변화율보다 주당순이익(EPS)의 변화율이 커지는 효과, 즉 재무레버리지효과의 정도를 의미한다.

☞ $DFL = \frac{\text{주당순이익의 변화율}}{\text{영업이익의 변화율}} = \frac{R-VC-FC}{R-VC-FC-Int}$

결합레버리지도(degree of combined leverage: DCL)

영업레버리지와 재무레버리지가 동시에 존재함으로써 매출액의 변화율보다 주당순이익의 변화율이 커지는 효과, 즉 결합레버리지효과의 정도를 의미한다.

☞ $DCL = \frac{\text{주당순이익의 변화율}}{\text{매출액의 변화율}} = DOL \times DFL = \frac{R-VC}{R-VC-FC-Int}$

영업위험(operating risk)

경제환경 변화에 따라 예상 밖으로 영업이익이 줄어들 수 있는 가능성을 의미한다.

재무위험(financial risk)

자본조달정책 결정시 이자비용을 발생시키는 부채를 이용할 때 나타나는 위험을 의미한다.

연습문제

Ⅰ. 완성/선택형 문제

1. (　　　　)은 기업이 생산능력의 범위 내에서 영업비용을 회수하는 데 필요한 최소한의 조업도(판매량 또는 매출액)를 의미한다.

2. (　　　　)은 판매량의 변화와 관계없이 일정하지만, (　　　　)은 판매량이 증가함에 따라 감소하는 특성을 보인다.

3. (　　　　)은 제품을 1단위 판매할 때 고정영업비용이 회수되거나 영업이익에 기여하는 금액을 의미한다.

4. 총비용 중에서 (　　　　)이 차지하는 비중을 높게 조정함으로써 매출액의 변화에 따라 그보다 높은 비율로 영업이익이 변화하는 효과를 얻을 수 있으며, (　　　　)의 비중을 높게 조정함으로써 영업이익의 변화에 따라 주당순이익이 그보다 높은 비율로 변화하는 효과를 얻을 수 있다.

5. (　　　　)는 기업이 고정영업비용을 발생시키는 비유동자산을 보유하고, 동시에 이자비용을 발생시키는 부채를 사용하는 것을 의미한다.

6. 기업이 경영활동을 수행하는 과정에서 직면하는 기업위험은 (　　　　)과 (　　　　)으로 구분된다.

7. 손익분기점(break-even point: BEP)에 대한 다음의 설명 중 잘못된 것은?

   ① 영업이익이 0원이 되는 판매량이나 매출액을 의미한다.

② 영업활동의 수행과정에서 발생되는 영업비용을 고정영업비용과 변동영업비용으로 구분할 수 있다고 가정한다.
③ 실무에서는 손익분기점을 법인세비용차감전순이익이 0이 되는 조업도를 의미하기도 한다.
④ 매출총이익이 0원이 되는 판매량이나 매출액을 의미한다.
⑤ 공헌이익으로 고정영업비용을 모두 회수할 수 있는 매출수준이 손익분기점이다.

8. 영업비용에 관한 다음의 설명 중 잘못된 것은?

① 영업비용의 구조적인 변화가 영업이익의 크기와 질에 영향을 미치게 된다.
② 고정영업비용(fixed operating cost)은 기업의 생산능력 및 조업도(생산량 또는 판매량)의 변화와 관계없이 일정하게 발생하는 영업비용이다.
③ 단위당 고정영업비용은 판매량이 증가함에 따라 감소하는 특성을 보인다.
④ 변동영업비용(variable operating cost)은 판매량의 변화에 따라 비례적으로 변동하는 영업비용을 말한다.
⑤ 단위당 변동영업비용은 판매량의 변화와 관계없이 일정하다.

9. 제품을 1단위 판매할 때 고정영업비용이 회수되거나 영업이익에 기여하는 금액은?

① 단위당 공헌이익 ② 공헌이익 ③ 단위당 판매가격
④ 단위당 변동영업비용 ⑤ 단위당 고정영업비용

10. 부산상사의 고정비는 2,000만원, 목표이익 3,000만원, 단위당변동비 600원, 제품의 판매단가는 1,000원이다. 부산상사의 손익분기점 매출량과 매출액은? (경영지도사, 2021)

① 12,500개, 50,000,000원 ② 50,000개, 50,000,000원
③ 50,000개, 125,000,000원 ④ 125,000개, 125,000,000원
⑤ 125,000개, 500,000,000원

11. 손익분기점(BEP) 분석에 관한 설명으로 옳지 않은 것은? (경영지도사, 2022)

① 모든 원가는 고정원가와 변동원가로 구분되며, 변동원가는 조업도에 따라 정비례한다고 가정한다.

② 공헌이익률은 단위당 공헌이익을 단위당 판매가격으로 나누어 계산하며, 이는 고정원가를 보상하고 기업이익에 기여하는 비율을 의미한다.

③ 이익의 규모가 비슷한 경우, 고정원가가 높은 원가구조를 갖는 기업일수록 레버리지효과(leverage effects)가 커서 불경기에도 큰 타격을 입지 않는다.

④ 이익-조업도 도표(profit-volume chart)에서 이익선의 기울기는 단위당 공헌이익을 의미한다.

⑤ 실제 매출액이 동일할 경우, 손익분기점 매출액이 높은 기업일수록 안전한계는 낮다.

12. 다음 설명 중 가장 어색한 것은?

① 레버리지란 원래 지레장치 또는 지렛대 작용이라는 의미를 지닌다.

② 레버리지란 고정영업비용을 발생시키는 비유동자산과 고정재무비용을 발생시키는 부채를 이용하는 것을 말한다.

③ 고정비에 비해 변동비의 부담이 증가할수록 판매량이나 매출액의 변동에 따라 영업이익과 순이익의 변동성이 확대될 수 있다.

④ 재무레버리지분석을 통하여 비유동부채 사용에 따른 이자비용이 주당순이익의 크기와 질에 미치는 영향을 파악할 수 있다.

⑤ 영업위험은 경제환경의 변화에 따라 예상 밖으로 영업이익이 줄어들 수 있는 가능성을 의미한다.

13. 영업레버리지도(DOL)의 특성으로 옳지 않은 것은? (경영지도사, 2019)

① 영업레버리지도가 높다는 것은 기업의 영업이익이 높거나 경영상태가 양호함을 의미한다.

② 고정영업비용이 없으면 영업레버리지는 발생하지 않는다.

③ 영업레버리지는 고정비가 크고 변동비용이 작을수록 크게 작용한다.

④ 고정영업비용이 일정할 때에 매출액이 늘어나면 영업레버리지도가 낮아진다.

⑤ 경기가 불황일 때 영업레버리지도가 큰 기업일수록 매출액의 감소에 따른 영업이익 하락 폭이 크다.

14. (주)경영은 수제 맥주를 생산 · 판매하고 있다. 수제 맥주의 단위당 판매가격은 5,000원, 단위당 변동원가는 3,500원, 수제 맥주 생산 · 판매와 관련된 고정영업비는 1,500,000원이다. 당해연도 판매량이 3,000병이라고 할 때, 영업레버리지도(DOL)는? (단, 소수점은 셋째자리에서 반올림하여 소수점 둘째자리까지 구한다.)(경영지도사, 2022)

① 0.67 ② 1.5 ③ 2
④ 2.5 ⑤ 3

15. 전자부품을 생산하는 (주)안성전자의 경영자는 매출액이 10% 증가할 경우, 영업이익은 20%, 주당순이익은 40% 증가한다고 생각하고 있다. 이 회사의 DOL과 DFL은?

① DOL=2.0, DFL=2.0 ② DOL=1.5, DFL=2.0
③ DOL=2.0, DFL=4.0 ④ DOL=1.5, DFL=4.0
⑤ DOL=1.0, DFL=1.0

16. (주)경영은 코로나 자가진단키트를 생산 · 판매하는 회사이다. 자가진단키트의 단위당 판매가격은 5,000원, 단위당 변동비는 3,000원, 총고정비는 4,000,000원이다. 법인세율이 20%라고 할 때, 당해연도 세후목표이익 1,800,000원을 달성하기 위한 목표 판매량은? (경영지도사, 2022)

① 1,975개 ② 2,000개 ③ 2,180개
④ 2,500개 ⑤ 3,125개

17. (주)한국의 매출액은 ₩30,000이며 공헌이익률이 25%, 영업레버리지도가 5일 경우, 영업이익은? (경영지도사, 2024)

① ₩1,500 ② ₩2,500 ③ ₩6,000
④ ₩7,500 ⑤ ₩10,000

18. 손익분기점(BEP) 분석에 관한 설명으로 옳은 것은? (경영지도사, 2024)

① 손익분기점에서 공헌이익은 0이다.
② 손익분기점에서 영업레버리지도(DOL)는 1이다.
③ 손익분기점에서 안전율(margin of safety ratio)은 0이다.
④ 변동원가율에 공헌이익률을 더하면 0이 된다.
⑤ 변동비 대비 고정비의 비중이 큰 기업일수록 영업이익의 변동성은 줄어든다.

19. (주)경영은 단일제품을 판매하고 있으며, 20×1년 제품 단위당 판매가격은 ₩500, 제품 단위당 변동비는 ₩300, 고정비는 ₩10,000이다. (주)경영의 20×1년 손익분기점 판매량은? (단, 법인세율은 20%이다.) (경영지도사, 2024)

① 50개 ② 75개 ③ 100개
④ 125개 ⑤ 150개

II. 서술/계산형 문제

1. 고정영업비용과 변동영업비용의 특성에 대하여 설명하라.

2. 손익분기점분석의 가성과 모형에 대하여 설녕하여라.

3. 레버리지효과가 발생하는 이유에 대해서 설명하라.

4. 영업레버리지도와 재무레버리지도를 비교하여 설명하라.

5. (손익분기점분석)

대전(주)의 연간 고정영업비용, 단위당 판매가격, 단위당 변동영업비용이 각각 50억원, 1,700원, 600원이라고 한다. 목표 영업이익은 30억원이다.
(1) 손익분기점 판매량을 구하라.
(2) 목표 영업이익을 실현하기 위한 판매량을 구하라.
(3) 단위당 변동영업비용이 1,000원으로 상승하는 경우 손익분기점 판매량을 구하라.
(4) 단위당 판매가격을 2,000원으로 인상하는 경우 손익분기점 판매량을 구하라.

6. (손익분기점분석과 목표 영업이익)

청운컴퓨터는 현재의 생산능력을 확장시키는 시설투자를 계획하고 있다. 시설투자를 하는 경우 고정영업비용이 현재의 20억원에서 30억원으로 증가하나, 노트북의 대당 판매가격과 변동영업비용은 각각 100만원, 50만원으로 변하지 않을 것이다. 청운컴퓨터가 목표 영업이익 10억원을 달성하는 데 필요한 노트북 판매량은?

7. (DOL, DFL, DCL)

노트를 생산·판매하고 있는 경민문구에 관한 자료는 다음과 같다.

- 단위당 판매가격 = 2,000원
- 단위당 변동비 = 1,500원
- 고정영업비용 = 25,000,000원
- 이자비용 = 5,000,000원
- 생산량 = 100,000개

(1) 영업레버리지도(DOL)는 얼마인가?
(2) 매출액이 1% 증가할 경우, 영업이익은 몇 % 증가하는가?
(3) 재무레버리지도(DFL)는 얼마인가?
(4) 영업이익이 1% 증가할 경우, 주당순이익(EPS)은 몇 % 증가하는가?
(5) 이 회사의 결합레버리지도(DCL)는 얼마인가?

제2편

재무의 이해

제7장
재무관리란 무엇인가?

1. 재무관리자의 역할
2. 재무관리의 목표

재무관리(financial management)는 기업의 자금조달과 운용을 다루는 학문으로서 그 궁극적인 목표는 기업의 가치를 극대화하는 데 있다.

본장에서는 재무관리를 이해하기 위한 첫 단계로서 재무관리자의 역할과 재무관리의 목표를 설명하고자 한다.

1 재무관리자의 역할

기업에서의 자금(돈)은 사람에서의 피와 같다. 이와 같은 자금과 관련된 기업활동을 다루는 학문이 재무관리라 할 수 있다.

기업의 활동은 재화와 서비스를 생산하고 판매하는 일련의 순환과정으로 요약될 수 있다. 재화와 서비스를 생산하기 위해서 기업은 많은 실물자산(real assets)을 필요로 한다. 여기서 실물자산은 기계설비, 공장, 사무실 등의 유형자산(property, plant and equipment)과 전문적 기술, 상표권, 특허권 등의 무형자산(intangible assets)을 의미한다. 그리고 기업이 생산활동에 필요한 실물자산을 구입하려면 많은 자금이 소요되는데, 이와 같은 자금은 주식, 채권 등을 발행하여 조달되고 있다.

재무관리는 자금과 관련된 기업활동을 다루는 학문으로서 주요 연구분야는 자금의 조달과 운용이다. 즉 재무관리는 합리적인 투자활동과 자금조달활동을 연구하는 학문이라 할 수 있다. 재무관리측면에서 기업의 활동과정, 즉 재무활동과정을 그림으로 나타내면 [그림 7-1]과 같다. 이 그림에서 볼 수 있는 바와 같이 기업의 재무관리자(financial manager)는 금융시장을 통하여 필요한 자

그림 7-1 기업의 재무활동과정

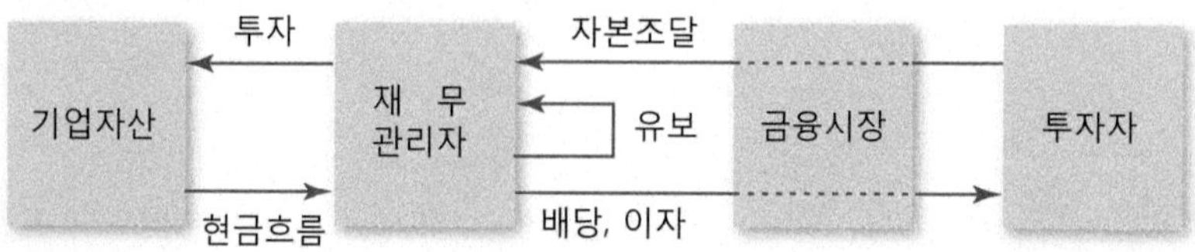

그림 7-2 **재무의사결정과 재무상태표**

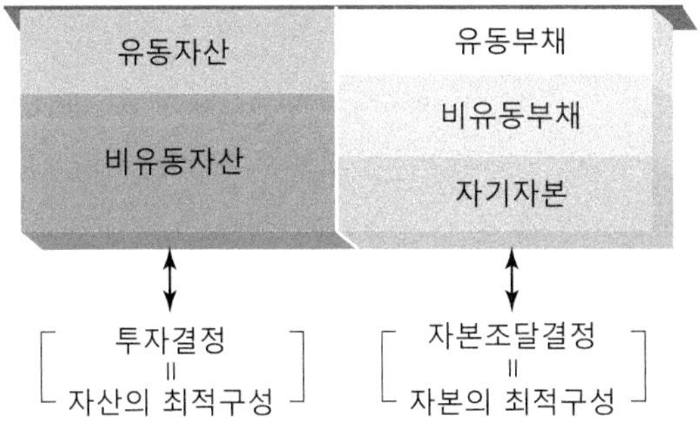

금을 조달한 후, 그 자금을 실물자산에 투자한다. 이와 같은 투자의 결과 생성되는 성과(현금흐름)는 자금제공자인 투자자(주주 또는 채권자)에게 배당 또는 이자의 형태로 지급되거나 재투자를 위하여 사내에 유보된다.[1] 기업은 투자자가 제공하는 자금보다 더 많은 현금흐름을 투자자에게 제공하여야 한다. 다시 말해서 기업은 새로운 부가가치(value added)를 창출할 수 있어야 한다.

기업의 재무관리자가 수행하여야 하는 재무의사결정(financial decision making)은 다음의 두 가지 기본적인 의사결정문제로 요약될 수 있다.

첫째, 얼마만큼의 자금을 어떤 자산에 투자할 것인가를 결정하는 투자결정(investment decision)이다. 투자결정에 의해서 자산의 규모와 구성이 결정되며, 그 결과는 재무상태표(대차대조표)의 왼쪽(차변)에 나타난다.

둘째, 투자에 필요한 자금을 어떻게 조달할 것인가를 결정하는 자본조달결정(financing decision)이다. 자본조달결정에 의해서 부채와 자기자본의 규모와 구성이 결정되며, 그 결과는 재무상태표의 오른쪽(대변)에 나타난다. 그리고 기업의 이익을 배당과 유보이익으로 구분하는 배당결정은 사내 자금조달과 관련된 의사결정으로서 자본조달결정의 한 형태라 할 수 있다.

이상과 같은 기업의 재무의사결정과 재무상태표의 관계를 그림으로 나타내면 [그림 7-2]와 같다.

1 물론 그 성과의 일부는 세금으로 유출될 수 있다.

알아두기

기업의 재무관리부서

비교적 규모가 큰 기업의 경우에는 재무관리자(treasurer)와 회계관리자(controller)를 둔다. 재무관리자는 현금 및 신용관리, 자본적 지출에 대한 결정, 그리고 재무계획수립 등을 담당한다. 한편 회계관리자는 세금, 원가 및 재무회계, 그리고 회계정보시스템관리 등 회계기능을 수행한다.

최근 기업의 재무와 관련된 사항들이 중요해짐에 따라 최고재무관리자(chief financial officer: CFO)를 두어 기업의 재무의사결정을 총괄하는 경우도 있다. 그러나 대부분의 기업에서 중요한 투자결정과 자본조달결정은 이사회나 최고경영자(chief executive officer: CEO)의 고유권한에 속해 재무관리자는 한정된 권한과 책임을 갖는 것이 일반적이다.

루스 포랏(Ruth Porat). 뉴욕 월가에서 가장 영향력 있는 여성 가운데 한 명으로 2015년 구글의 CFO로 영입되어 화제가 됨.

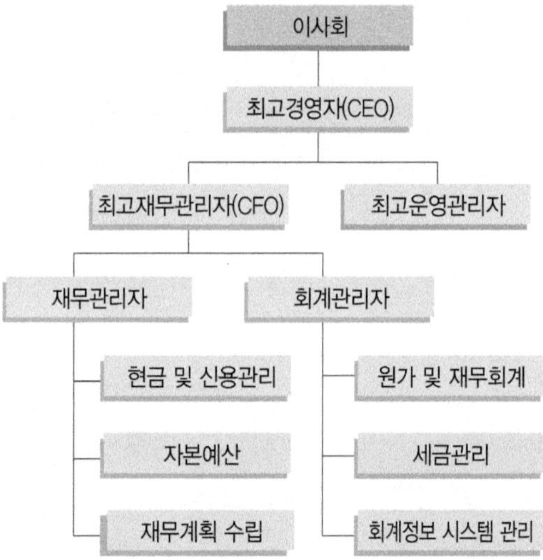

2 재무관리의 목표

앞절에서 재무관리자의 역할, 즉 투자결정과 자본조달결정을 살펴보았다. 그러면 재무관리자가 이와 같은 재무의사결정을 실행할 때 지향하는 목표는 무엇일까? 다시 말하면, 재무관리자가 구체적으로 투자를 결정하고 자본조달 계획을 수립할 때 궁극적으로 추구하는 목표는 무엇일까?

기업의 재무의사결정은 기업 내의 모든 부문활동과 유기적인 관계를 가지고 이루어지기 때문에 재무관리의 목표는 궁극적으로 기업의 경영목표와 일치하게 된다. 재무관리의 목표, 즉 기업의 경영목표를 설명하면 다음과 같다.

알아두기

기업의 형태

일반적인 기업의 형태로는 개인기업, 합명회사, 합자회사, 유한회사와 유한책임회사, 주식회사 등이 있으나 본서에서의 기업은 주식회사를 의미한다.

◆ 개인기업

개인기업(sole proprietorship)은 한 사람이 회사를 100% 소유하는 것을 의미한다. 개인기업는 처음 시작하기에 가장 간단하고 규제가 적은 기업형태이며, 주변에서 흔히 볼 수 있는 슈퍼마켓, 음식점, 카센터 등이 그 예라 할 수 있다. 개인기업은 그 소유자가 모든 이익을 가지며, 영업비밀이 보장된다는 등의 장점이 있다. 그러나 개인기업은 회사의 부채에 대해서 개인재산 전체를 동원해 갚아야 하는 무한책임(unlimited liability)을 져야 하며, 대규모의 자금조달이 어렵고, 소유권의 이전절차가 복잡하다는 등의 단점이 있다.

◆ 합명회사

합명회사(general partnership)는 두 명 이상의 출자자가 이익과 손실을 공유하며, 회사의 모든 부채에 대해서 무한책임을 져야 한다. 여러 사람이 동업하여 회사를 설립하기 때문에 개인기업보다 좀 더 많은 자금을 조달할 수 있으나, 동업자 사이에서 분쟁이 일어날 수 있다.

◆ 합자회사

합자회사(limited partnership)는 회사를 직접 운영하고 무한책임을 지는 한 명 이상의 무한책임사원(general partners)과 회사경영에는 적극적으로 참여하지 않고 출자한 금액 내에서만 책임지는 한 명 이상의 유한책임사원(limited partners)으로 구성된다. 합명회사보다 광범위한 투자자들로부터 자금을 조달할 수 있다는 장점이 있다.

◆ 유한회사와 유한책임회사

유한회사(private limited company)는 1인 이상의 유한책임사원으로 구성된 회사로서 사원이 회사에 대해 출자 금액만큼만 책임을 지고, 회사채권자에 대해서는 어떠한 책임도 지지 않는다. 유한회사는 비교적 설립이 용이하고 설립비용이 소액인 동시에, 주식회사보다 조직이 간단하고 외부감사나 공시 등의 의무가 없는 것이 특징이다. 그러나 주식회사와 달리 주식이나 회사채를 발행해 자본을 모을 수 없기 때문에 대규모 자본을 모집할 필요가 없는 형태의 사업, 혹은 설립자가 충분한 자본을 가지고 투자하는 사업에 적합하다. 유한회사는 외국계 회사(구글 코리아, 애플 코리아 등)에서 많이 보이는 회사 형태이다.

2011년 상법의 개정으로 도입된 유한책임회사(limited liability company)는 유한회사와 마찬가지로 1인 이상의 유한책임사원으로 구성되며, 외부적으로는 회사의 형태이나 내부적으로는 조합의 성격을 가지고 있다. 주식회사나 유한회사와 달리 이사나 감사 등을 선임하지 않아도 되고 정기적으로 주주총회나 이사회를 개최하지 않아도 된다. 이와 같이 유한책임회사는 설립과 운영 면에서 자치권을 폭넓게 인정받을 수 있기 때문에 고도의 기술을 보유한 창업 벤처기업, 사모 투자펀드, 세무회계법인 등에 적합하다.

◆ 주식회사

주식회사(corporation)는 주주의 출자에 의해 설립되는 영리사단법인으로서 차입을 하거나 재산을 소유할 수 있는 등 실제 사람과 거의 같은 권리와 의무를 가진다. 주주는 회사에 대하여 인수한 주식의 가액을 한도로 출자의무를 부담할 뿐이고, 그 밖에 아무런

의무도 부담하지 않는다. 이것을 주주유한책임의 원칙이라고 하며, 특히 회사 채권자에 대하여 주주는 전혀 책임이 없다. 그리고 주식매매 등을 통한 소유권 이전이 용이하고, 불특정 다수로부터 대규모의 자금을 조달할 수 있으며, 소유와 경영을 분리함으로써 경영의 전문화를 기할 수 있는 등의 장점이 있다.

2.1 이익의 극대화

전통적으로 **이익극대화**(profit maximization)가 기업의 목표로 간주되어 왔으며, 현재에도 많은 사람들이 이를 기업의 목표로 인식하고 있다. 그러나 이익극대화가 기업의 목표로서 과연 타당한가에 대해서는 논란의 여지가 있으며, 대부분의 학자들은 이익극대화를 기업의 목표로 보기에는 곤란하다는 데 의견을 같이 하고 있다. 그 이유는 이익극대화가 다음과 같은 문제점을 가지고 있기 때문이다.

첫째, 이익극대화라 할 때 이익은 회계적 측정치로서 기업의 경제적 성과를 정확하게 나타내지 못한다. 이익은 일정한 회계절차에 따라 기록·정리된 장부상의 이익으로서, 기업의 실제 현금흐름(cash flow)을 나타내는 것이 아니다. 즉 이익은 감가상각방법, 재고자산평가방법 등에 대한 회계처리방법의 선택에 따라 그 크기가 달라질 수 있는 자의적인 수치이다.

둘째, 이익극대화 목표는 이익의 발생시기를 무시하고 있다. 그러므로 이익극대화 목표에 의해서는 서로 다른 시점에서 발생하는 이익을 정확하게 평가할 수 없다. 예를 들어 현재 1억원의 수익이 있으나 10년 후에 1억 1천만원의 비용이 발생하는 대안 A와, 현재 2억원의 비용을 지출하여 10년 후에 2억 2천만원의 수익을 얻을 수 있는 대안 B가 있다고 하자. 만약 단순히 이익극대화 목표에 의해서 두 대안을 평가한다면, 대안 B는 2천만원의 순이익을 얻을 수 있는 반면, 대안 A는 1천만원의 손실이 발생하게 되므로 대안 B를 선택해야 한다. 그러나 이와 같은 평가는 현금흐름의 발생시기에 따라서 그 가치가 달라지는 현실을 고려할 때 타당하지 않을 수 있다.

셋째, 이익극대화 목표는 미래이익의 불확실성(위험)의 정도에 따른 이익의 질적 가치를 무시한다. 그러므로 이익극대화 목표에 의해서는 불확실성의 정도가 서로 다른 미래이익을 정확하게 평가할 수 없다. 예를 들어 현재 1억원을 투자하여 1년 후에 1억 2천만원을 얻을 수 있다고 예상되는 두 투자기회가 있다고 하자. 한 투자기회는 위험이 작은 기존 사업에 대한 확장투자이고 다른 하나는 미래결과가 불확실한 첨단제품의 개발일 경우, 위험을 싫어하는 이성적인 투자자라면 당연히 확장투자를 더 선호하게 된다. 그러나 이 두 투자안의 기대이익이 동일하기 때문에 이익극대화 목표에 의해서는 우열을 가릴 수 없을 것이다.

2.2 기업가치의 극대화

전통적인 이익극대화 목표는 앞에서 지적한 문제점들 때문에 기업목표로서 적절하지 못하다. 현대 재무관리에서는 기업가치의 극대화(firm value maximization)를 보다 타당한 기업의 목표로 받아들이고 있다. **기업가치**는 기업이 벌어들일 미래 현금흐름을 그 발생시기와 불확실성에 따라 적절하게 할인한 현재가치의 총합을 의미한다.[2]

기업가치＝미래 기업현금흐름의 총현재가치

기업가치는 기업이 보유하고 있는 총자산가치, 또는 주식의 총시장가치와 부채의 총시장가치를 합한 것으로 볼 수 있다. 여기에서 부채의 시장가치가 거의 일정하기 때문에 기업가치를 극대화한다는 것은 곧 주식의 총시장가치(이를 주주 부라고도 함)를 극대화한다는 것을 의미한다. 즉 기업가치의 극대화는 주주부의 극대화(stockholder wealth maximization)

2 각 시점의 현금흐름을 현재가치 또는 미래가치로 환산하는 방법에 대해서는 제8장에서 자세히 설명된다.

와 동일한 개념이라 할 수 있다.[3] 그러므로 본서에서는 앞으로 기업의 목표를 주주(소유주) 부의 극대화라 가정하고 이론을 전개해 나갈 것이다.

알아두기

대리인문제

기업의 경영목표, 즉 주주 부의 극대화는 항상 달성가능한가? 대규모 기업에서는 주주들이 필요한 모든 의사결정을 직접 할 수는 없다. 대신에 주주들은 그들의 대리인(agent)으로서 기업을 경영할 수 있는 경영자를 고용한다. 그래서 주주가 아닌 경영자가 일상적으로 기업을 통제하게 되며, 이 경우 경영자는 주주의 부가 아닌 자신의 이익에 보다 관심을 가질 수 있다. 다시 말하면 기업의 소유와 경영의 분리로 인하여 주주와 경영자의 목표가 서로 달라질 수 있다. 기업의 주인(principal)인 주주가 대리인인 경영자에게 의사결정권한을 위임함으로써 발생하는 주인과 대리인 간의 갈등을 대리인문제(agency problem)라 한다. 한편 주주와 경영자 이외에도 기업과 이해관계를 가지는 다른 많은 집단, 즉 채권자, 종업원, 정부, 소비자 등이 있으며, 이들의 이해관계는 서로 상충될 수 있다. 다양한 이해관계자집단들의 갈등으로부터 발생하는 모든 문제들을 광의의 대리인문제로 생각할 수 있다.

3 주주 부(발행주식수×주가)의 극대화는 궁극적으로 주가의 극대화를 의미한다.

주요 용어

재무관리(financial management)

기업의 자금조달과 운용을 다루는 학문으로서 그 궁극적인 목표는 기업의 가치를 극대화하는 데 있다.

투자결정(investment decision)

얼마만큼의 자금을 어느 자산에 투자할 것인가에 관한 결정, 즉 실물자산에 대한 투자결정이다. 투자결정에 의해서 자산의 규모와 구성이 결정되며, 그 결과는 재무상태표의 왼쪽(차변)에 나타난다.

자본조달결정(financing decision)

투자에 필요한 자금을 어떻게 조달할 것인가에 관한 결정이다. 자본조달결정에 의해서 부채와 자기자본의 규모와 구성이 결정되며, 그 결과는 재무상태표의 오른쪽(대변)에 나타난다.

이익극대화(profit maximization)의 문제점

첫째, 이익은 회계적 측정치로서 기업의 경제적 성과를 정확하게 나타내지 못한다. 둘째, 이익의 발생시기를 무시하고 있다. 셋째, 미래이익의 불확실성(위험)의 정도에 따른 이익의 질적 가치를 무시한다.

기업가치(firm value)

기업이 벌어들일 미래 현금흐름을 그 발생시기와 불확실성에 따라 적절하게 할인한 현재가치의 총합을 의미한다.

연습문제

Ⅰ. 완성/선택형 문제

1. 실물자산은 기계설비, 공장, 사무실 등의 (   )과 전문적 기술, 상표권, 특허권 등의 (   )으로 구분된다.

2. 재무관리자가 수행하여야 하는 재무의사결정은 (   )과 (   )의 두 가지 기본적인 의사결정문제로 요약될 수 있다.

3. (   )는 기업이 벌어들일 미래 현금흐름을 그 발생시기와 불확실성에 따라 적절하게 할인한 현재가치의 총합을 의미한다.

4. 다음 중 재무관리자의 역할과 가장 거리가 먼 것은?

① 투자결정　　② 자본조달결정
③ 운전자본관리　　④ 회계처리
⑤ 배당결정

5. 다음 중 재무관리의 목표로서 이익의 극대화가 지니는 문제점과 거리가 먼 것은?

① 회계적 이익의 자의성
② 이익의 발생시기 무시
③ 미래이익의 불확실성(위험) 무시
④ 회계적 이익 개념의 모호성
⑤ 회계적 이익 측정의 어려움

6. 다음 중 재무관리의 목표로서 적절하지 못한 것은?

① 기업가치의 극대화 ② 매출의 극대화
③ 주주 부의 극대화 ④ 순현가의 극대화
⑤ 주가의 극대화

7. 다음 기업형태에 관한 설명으로 옳은 것을 모두 고른 것은? (경영지도사, 2024)

ㄱ. 주식회사의 주주는 유한책임이 원칙이며, 무한책임을 지는 경우도 있다.
ㄴ. 합명회사는 2인 이상의 사원이 공동출자로 회사 경영에 직접, 무한 책임을 부담하는 인적회사이다.
ㄷ. 합명회사는 출자금의 한도도 없고, 자금조달도 용이하다는 장점이 있다.
ㄹ. 합자회사의 무한책임사원은 출자와 경영업무를 맡고, 유한책임사원은 출자만을 담당한다.
ㅁ. 유한회사는 합자회사와 주식회사의 장점을 고려한 기업 유형이다.

① ㄱ, ㄴ ② ㄴ, ㄷ ③ ㄴ, ㄹ
④ ㄷ, ㄹ ⑤ ㄷ, ㅁ

II. 서술형 문제

1. 재무관리자의 역할에 대하여 설명하라.

2. 이익극대화보다 기업가치의 극대화가 더 적절한 재무관리의 목표라 할 수 있다. 그 이유를 들어 보라.

Memo

제8장
재무관리의 기초지식

화폐는 동일한 금액이라 하더라도 발생시기에 따라 그 가치가 달라진다. 즉 오늘의 1원과 내일의 1원의 가치는 서로 다르다. 일반적으로 기업의 재무의사결정은 현재시점에서 이루어지나 이로부터 발생되는 현금흐름은 미래시점에서 실현된다. 그러므로 서로 다른 시점에서 발생되는 현금흐름을 비교하기 위해서는 반드시 오늘의 1원과 내일의 1원 사이의 관계, 즉 화폐의 시간적 가치(time value of money) 개념을 알아야 한다. 또한 기업의 재무의사결정 중 투자는 현재의 확실한 현금흐름을 포기함으로써 미래의 현금흐름을 얻는 것으로 볼 수 있다. 투자로부터 얻을 수 있는 미래 현금흐름은 그 당시의 발생 가능한 여러 가지 상황에 따라 달라질 수 있는 불확실한 것이다. 그러므로 투자안을 평가할 때 화폐의 시간적 가치뿐만 이니리 위험도 고려해야 할 것이다.

본장에서는 재무관리에서 기초가 되는 화폐의 시간적 가치, 위험과 수익률 등에 대해서 설명하고자 한다.

1 화폐의 시간적 가치

1.1 화폐의 시간적 가치와 이자율

화폐의 시간적 가치 개념을 이용하여 현재의 일정 금액을 미래 특정시점의 가치, 즉 미래가치로 환산할 수 있다.

일반적으로 사람들은 동일한 금액인 경우 미래의 현금흐름보다는 현재의 현금흐름을 더 선호한다. 즉 오늘의 1원은 내일의 1원보다 더 가치가 있다. 그 이유로는 여러 가지가 있을 수 있으나, 여기서는 다음과 같은 두 가지만 설명하고자 한다.

첫째, 일반적으로 사람들은 미래의 소비보다 현재의 소비를 더 선호하는 **시차선호**(time preference)의 경향을 가지고 있기 때문이다. 시차선호는 사람들의 일반적인 행동적 특성에 기인한 것으로서, 사회 또는 사람에 따라 미래의 소비보다 현재의 소비를 더 선호하는 강도는 달라질 수 있다.

둘째, 사람들은 현재의 현금을 가지고 주어진 생산기회를 이용하여 미래에 그 이상의 가치를 만들어 낼 수 있기 때문이다. 즉 자본화되어 새로운 가치를 창출할 수 있는 현재의 현금흐름을 동일한 금액의 미래 현금흐름보다 더 선호하게 된다. 이는 **자본의 생산성**(productivity of capital)이라는 기술적 특성에 기인한다.

이상의 이유들에 의해서 사람들은 동일한 금액일 경우 현재의 현금흐름을 미래의 현금흐름보다 더 선호하게 된다.[1] 그러므로 사람들이 선호하는 현재의 현금흐름을 포기하게 하기 위해서는 미래의 현금흐름을 보다 많이 제공해야

1 현재의 현금흐름을 더 선호하는 또 하나의 중요한 이유는 미래의 불확실성(uncertainty) 때문이다. 사람들은 위험을 싫어하기 때문에 적절한 보상 없이는 불확실한 미래 현금흐름을 선택하지 않을 것이다. 이와 같은 불확실성 또는 위험에 대한 사항은 '2. 위험과 수익률'에서 자세히 설명된다.

하는데, 이와 같이 추가적으로 지불하는 금액(이자)을 현재의 현금흐름(원금)에 대한 일정한 비율로 나타낸 것이 이자율이다. 요약하면 **이자율**(interest rate)은 화폐의 가격으로서 화폐의 시간적 가치를 반영하는 척도라 할 수 있다.

이주열 전 한국은행 총재가 한국은행에서 열린 기준금리 등을 결정하기 위한 금융통화위원회 회의에 참석, 회의 시작을 알리는 의사봉을 두드리고 있다.

알아두기

조삼모사에 담긴 화폐의 시간적 가치

조삼모사(朝三暮四)는 아침에 세 개, 저녁에 네 개라는 뜻으로 풀이되는 한자성어다. 이 말이 담고 있는 속뜻은 잔꾀로 남을 농락한다는 의미를 담고 있는데, 그 유래는 다음과 같다.

중국 송(宋)나라 시대에 저공(狙公)이라는 사람이 살았는데, 이 사람은 원숭이를 너무 좋아하여 수십 마리를 길렀다. 그런데, 저공의 집안은 가난하여 원숭이 먹이를 조달하는 것조차 쉽지 않았다. 급기야 저공 가족의 식량도 바닥나서 먹을 것이라곤 집안에 도토리밖에 없었다. 그러나 그것마저도 가족과 원숭이들의 끼니를 때우기에 충분하지 않아 원숭이 먹이를 줄여야 할 형편이 되었다.

하지만 저공은 원숭이들에게 무작정 먹이를 줄이겠다고 할 경우 그들의 불평을 살 것을 염려하였다. 저공이 고민을 거듭한 끝에 원숭이들에게 다음과 같이 선언하였다. "앞으로 너희들에게 도토리를 아침에 3개, 저녁에 4개씩 주겠다." 이 말을 들은 원숭이들은 저녁보다 아침에 1개가 적으면 배가 고프다며 불평하였다. 이에 저공이 "그렇다면 아침에 4개, 저녁에 3개씩 주겠다."고 하면서 "아침에 저녁보다 1개를 더 많이 먹는 셈이니 어떠냐?"고 원숭이들에게 물었다. 그러자 원숭이들이 모두 좋다고 기뻐했다.

이와 같이 조삼모사는 하루에 먹는 도토리의 양은 7개로 동일하지만 아침에 한 개를 더 먹을 수 있다는 잔꾀에 농락당한 원숭이의 어리석음을 비웃는 시각을 담고 있다.

한편 조삼모사를 통해 우리는 원숭이들의 지혜도 엿볼 수 있다. 조삼모사에서 원숭이들이 '아침에 3개 저녁에 4개'의 제안(대안 Ⅰ)보다 '아침에 4개 저녁에 3개'를 받는 제안(대안 Ⅱ)을 선호하였다. 소비의 시차선호 경향만을 감안하더라도 원숭이들은 아침에 도토리 1개를 더 받을 경우 저녁에 적어도 1개보다 더 많은 도토리를 포기할 수 있다. 따라서 원숭이들의 입장에선 대안 Ⅰ보다 대안 Ⅱ의 가치가 크다고 판단하였을 것이다. 이러한 점에서 조삼모사는 오늘의 1원이 내일의 1원보다 더 가치가 있다는 화폐의 시간적 가치의 개념을 송나라 때의 원숭이들도 알고 있었다는 얘기가 된다.

1.2 미래가치와 현재가치

미래가치와 복리계산과정

미래가치란 현재의 일정금액을 미래의 일정시점의 화폐가치로 환산한 것을 말하며, 미래가치를 구하는 과정을 **복리계산과정**(compounding process)이라 한다.

예를 들어 어떤 사람이 현재 100원을 연리 10%로 매년 복리계산되는 정기예금에 예금한다면, 그는 1년도 말에 원금 100원과 이자 10원(100원×0.1)을 합한 원리합계 110원을 받을 수 있다. 다시 말하면 현재가치 100원을 1년도 말의 미래가치로 환산하면 110원이 된다는 것이다.

$$FV_1 = PV + PV \times r = PV(1+r)$$
$$= 100\text{원} + 100\text{원} \times 0.1 = 100\text{원}(1+0.1) = 110\text{원}$$

PV: 원금, 즉 현재가치
FV_1: 1년도 말의 원리합계, 즉 미래가치
r: 연리

1년도 말에 110원을 회수하지 않고 1년 더 예금한다면, 2년도 말에 받을 수 있는 원리합계, 즉 미래가치 FV_2는 다음과 같다.

$$FV_2 = FV_1 + FV_1 \times r = FV_1(1+r) = PV(1+r)^2$$
$$= 110\text{원} + 110\text{원} \times 0.1 = 110\text{원}(1+0.1) = 100\text{원}(1+0.1)^2$$
$$= 121\text{원}$$

이상과 같은 방법으로 n년도 말의 미래가치 FV_n은 다음과 같이 나타낼 수 있다.

$$FV_n = PV(1+r)^n = PV \times CVIF_{r,n} \tag{8-1}$$

식 (8-1)에서 $(1+r)^n$은 현재 1원에 대한 n기간 말에서의 미래가치를 나타내며, 이를 복리이자요소(compound value interest factor: CVIF) 또는 미래가치이자요소(future value interest factor: FVIF)라 한다.

알아두기

이자계산방법: 단리와 복리

이자의 계산방법에는 단리(simple interest)와 복리(compound interest)의 두 가지가 있다. 단리에 의해서 이자를 계산하면 원금에 대한 이자만 계산되나, 복리의 경우에는 원금뿐만 아니라 이자에 대한 이자도 계산된다.

예를 들어 어떤 사람이 현재 100원을 연리 10%로 2년간 예금하는 경우 이자를 단리 또는 복리 중 어떤 방법으로 계산하느냐에 따라 2년 후 원리합계는 다음과 같이 달라진다.

높은 금리로 대출을 받으면 복리로 인해 갚아야 할 원리합계가 기하급수적으로 증가하여 빚에 허덕일 수 있음을 유의해야 한다.

- 단리계산방법: 2년 후 원리합계
  $= 100\text{원} + (100\text{원} \times 0.1) \times 2$
  $= 100\text{원}(1 + 0.1 \times 2) = 120\text{원}$

• 복리계산방법: 2년 후 원리합계

$$= 100원(1 + 0.1)^2 = 121원$$

항상 단리보다 복리에 의한 원리합계가 더 크다. 이는 복리의 경우 이자에 대한 이자가 계산되기 때문이다. 일반적으로 금융거래에 있어서 단리에 의한 이자계산방법은 거의 사용되지 않는다. 그러므로 특별한 언급이 없는 한 복리에 의해서 이자가 계산된다고 이해하여야 한다.

알아두기

스마트폰 재무계산기 애플리케이션

최근 스마트폰에서 화폐의 시간적 가치를 손쉽게 계산할 수 있는 애플리케이션이 제공되어 인기를 누리고 있다. 대표적인 애플리케이션으로는 'financial calculators'라는 재무계산기를 들 수 있다. 이 애플리케이션을 스마트폰(구글 플레이스토어(play store) 또는 애플 앱스토어(App store)에서 다운로드 할 수 있음)에 설치한 뒤 구동하면 [그림 1]과 같은 화면이 나타나는데, 여기서 화폐의 시간적 가치 계산에 사용되는 TVM calculator를 선택한다.

[그림 1]

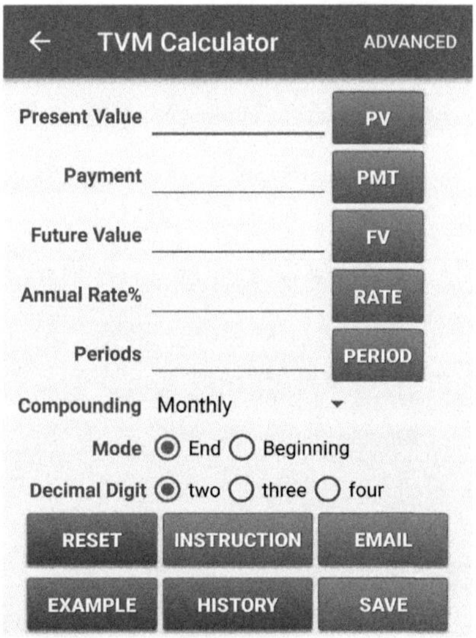

[그림 2]

TVM calculator를 클릭하면 [그림 2]의 화면이 나타난다. 여기서 'PV'는 현재가치, 'PMT'는 정기적립액(연금), 'FV'는 미래가치, 'Rate'는 연간 이자율(% 단위), 'Period'는 기간의 수를 의미한다. 각 공란에 화폐의 시간적 가치를 계산하는 데 필요한 기초자료를 입력한 뒤, 최종 구하고자 하는 값의 아이콘을 클릭하면 공란에 그 결과 값이 조회된다. 한편 PV, FV, PMT 등의 기초자료 입력시 받을 금액은 양수(+), 지출할 금액은 음수(−)로 기입한다.

이 애플리케이션을 이용할 때 화폐의 시간적 가치 계산에 필요한 기초자료의 값을 입력하기 전에 다음과 같은 옵션을 먼저 지정하여야 한다. 'Compounding'은 복리계산 기간의 단위를 선택할 때 사용한다. 예를 들어 연복리이면 Annually를, 월복리이면 Monthly를 선택한다. 'Mode'는 PMT와 관련되는 옵션으로 기말 현금흐름(End)과 기초 현금흐름(Beginning) 중 어느 하나를 선택할 때 사용한다. 매기간 말에 현금흐름이 발생하는 경우의 화폐의 시간적 가치를 계산하는 경우엔 End를 선택하면 된다. 'Decimal Digit'는 계산 결과를 소수점 아래 몇 째 자리까지 나타낼 것인가를 지정하는 옵션이다.

예제 8-1 미래가치계산

현금 100만원을 연리 7%로 매년 복리계산되는 정기예금에 예금하는 경우 3년도 말의 미래가치는 얼마인가?

| 해설 |

식 (8-1)을 이용하여 3년도 말의 미래가치 FV_3을 구하면 다음과 같다.

$$FV_3 = 100(1+0.07)^3 = 122.5\text{만원}$$

또는 스마트폰에서 활용 가능한 애플리케이션인 재무계산기(TVM calculator)를 이용할 경우에도 FV 아이콘 앞에 제시된 값과 같이 122.5만원을 얻을 수 있다.

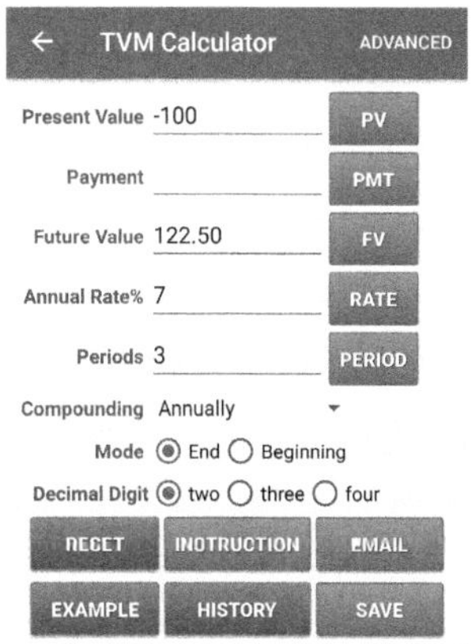

예제 8-2 이자율의 계산

현재 600만원을 가지고 있는 사람이 3년 후에 A 자동차를 구입하려고 한다. 그리고 3년 후의 자동차 구입가격은 777만원으로 예상된다. 이 사람이 현재 가지고 있는 돈을 3년간 정기예금하여 A 자동차를 구입할 수 있으려면, 정기예금의 연리는 얼마가 되어야 하는가?

| 해설 |

3년도 말에 A 자동차를 구입하기 위해서는 현재 600만원을 3년 동안 정기예금하여 얻을 수 있는 3년도 말의 미래가치가 777만원이 되어야 한다.

$$600(1+r)^3 = 777$$

$$(1+r)^3 = 777/600 = 1.2950$$

$$r = (1.2950)^{1/3} - 1 = \sqrt[3]{1.2950} - 1$$

$$= 0.09 \text{ 또는 } 9\%$$

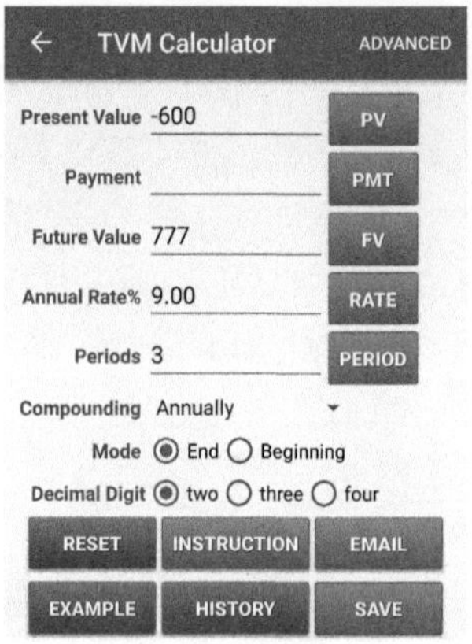

또는 스마트폰에서 활용 가능한 애플리케이션인 재무계산기(TVM calculator)를 이용할 경우에도 RATE 아이콘 앞에 제시된 값과 같이 9%를 얻을 수 있다.

예제 8-3 투자기간의 계산: 72의 규칙

현금 100만원을 연리 10%로 매년 복리계산되는 정기예금에 예금하는 경우 몇 년 후에 원금의 2배인 200만원이 되겠는가?

| 해설 |

원금의 2배가 되는 기간을 다음과 같이 계산할 수 있으며, 이를 72의 규칙(rule of 72)이라 한다.[2]

2 원금의 2배가 되는 기간(n)을 보다 정확하게 구하려면 $100(1+0.1)^n = 200$, 즉 $(1+0.1)^n = 2$를 풀면 된다. 로그함수를 이용하면 $n \times \log 1.1 = \log 2$이므로 $n = \frac{\log 2}{\log 1.1} = 7.27$년이

원금의 2배가 되는 기간

$$= \frac{72}{이자율(\%)} = \frac{72}{10} = 7.2년$$

또는 스마트폰에서 활용 가능한 애플리케이션인 재무계산기(TVM calculator)를 이용할 경우에도 PERIOD 아이콘 앞에 제시된 값과 같이 7.27년을 얻을 수 있다.

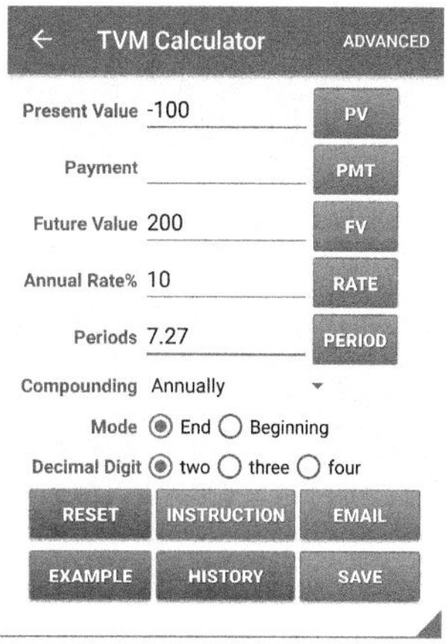

알아두기

복리계산의 효과

원금뿐만 아니라 이자에 대한 이자도 계산되는 복리계산의 효과를 극적으로 보여 줄 수 있는 사례를 살펴보자. 네덜란드 신대륙 식민지의 초대총독이었던 피터 미누이트(Peter Minuit)는 1626년 미국의 뉴욕시에 있는 맨해튼(Manhattan) 섬을 원주민인 인디언들로부터 약 \$24에 해당하는 물건들을 주고 샀다. 인디언들이 맨해튼을 강제로 빼앗긴 것이나 다름없다고 생각할 수 있으나, 복리계산의 효과를 고려하면 오히려 이 거래가 인디언들에게 더 유리한 것일 수도 있다. \$24를 연리 8%로 매년 복리계산하여 393년이 지난 현재시점(2019년)에서의 가치를 계산하면 약 328조 달러[$\$24(1+0.08)^{393}$]가 되어 지금의 맨해튼을 다시 사고도 남을 것이다. 다만 1626년부터 393년 동안 계속해서 연리 8%를 지급하는 곳에 투자하기란 쉽지 않을 것이다.

된다. 즉 7.27년을 예금해야 원금의 2배로 만들 수 있음을 알 수 있다. 이는 72의 규칙에 의해 구한 7.2년과 약간의 차이가 있다.

현재가치와 할인계산과정

현재가치란 미래에 발생할 일정금액을 현재시점의 화폐가치로 환산한 것을 말하며, 현재가치를 구하는 과정을 할인계산과정(discounting process)이라 한다.

연리 10%로 매년 복리계산되는 정기예금에 현재 얼마를 예금하여야 2년도 말에 100원이 되겠는가? 이 물음에 대한 답은 다음의 식에서 찾을 수 있다.

$$PV(1+0.1)^2 = 100\text{원}$$

그러므로

$$PV = \frac{100}{(1+0.1)^2} = 82.64\text{원}$$

즉 오늘 82.64원을 연리 10%로 매년 복리계산되는 정기예금에 예금하면 2년도 말에 100원이 된다. 그러므로 현재의 82.64원과 2년도 말의 100원의 가치는 동일하다고 할 수 있다. 이 경우 2년도 말 100원의 현재가치는 82.64원이다.

n년도 말의 미래가치 FV_n을 현재가치 PV로 환산하는 공식은 앞의 식 (8-1)을 수정하여 다음과 같이 나타낼 수 있다.

$$PV = \frac{FV_n}{(1+r)^n} = FV_n(1+r)^{-n} = FV_n \times PVIF_{r,n} \tag{8-2}$$

식 (8-2)에서 $(1+r)^{-n}$은 n기간 말 1원의 현재가치를 나타내며, 이를 현가이자요소(present value interest factor: PVIF)라고 한다.

이상에서 살펴본 바와 같이 미래가치를 구하는 복리계산과정과 현재가치를 구하는 할인계산과정은 서로 상반되는 개념이며, 현가이자요소는 복리이자요소의 역수라 할 수 있다.

$$PVIF_{r,n} = \frac{1}{CVIF_{r,n}} \tag{8-3}$$

예제 8-4 현재가치의 계산

K씨는 지금으로부터 3년 후에 100만원을 받을 수 있다. 그리고 그는 투자로부터 매년 8%씩 벌 수 있다. 이 경우 K씨가 받을 미래 현금흐름의 현재가치는 얼마인가?

| 해설 |

식 (8-2)를 이용하여 현재가치 PV를 구하면 다음과 같다.

$$PV = \frac{100}{(1+0.08)^3} = 79.38\text{만원}$$

또는 스마트폰에서 활용 가능한 애플리케이션인 재무계산기(TVM calculator)를 이용할 경우에도 PV 아이콘 앞에 제시된 값과 같이 79.38만원을 얻을 수 있다.

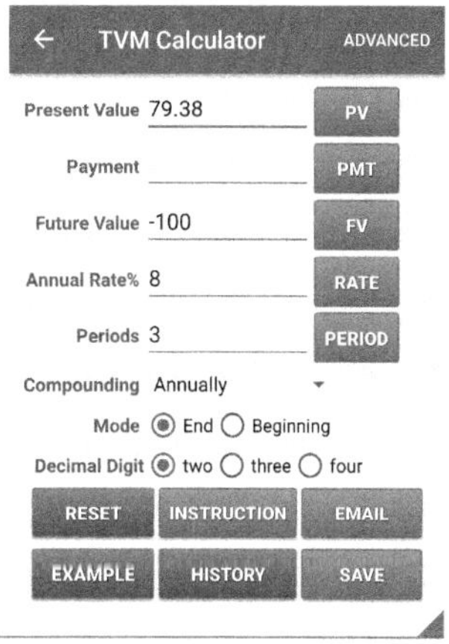

1.3 화폐의 시간적 가치의 응용

영구연금

영구연금(perpetuity)은 매기간 말에 일정금액이 무한히 발생되는 일련의 현금흐름을 의미한다. 이와 같은 영구연금의 대표적인 형태로서 영국정부에 의해서 발행되어 온 영구채권(consols)이 있다. 영구채권을 구입한 투자자는 영국정부로부터 영구적으로 매년 말에 일정금액의 이자를 받을 수 있는 권리를 부여받는다.

매기간 말에 일정금액 C원이 무한히 발생하는 영구연금의 현금흐름유형은 [그림 8-1]과 같다. 이와 같은 경우 영구연금의 현재가치는 다음과 같이 구할 수 있다.[3]

---

3 영구연금의 현재가치는 무한등비수열의 합을 구하는 공식을 이용하여 다음과 같이 구할 수 있다.

$$PV(\text{영구연금}) = \frac{\text{초항}}{1-\text{공비}} = \frac{\frac{C}{1+r}}{1-\left(\frac{1}{1+r}\right)} = \frac{C}{r}$$

그림 8-1 **영구연금의 현금흐름유형**

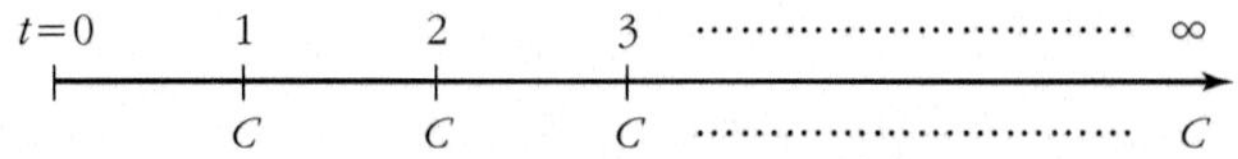

$$PV(\text{영구연금}) = \frac{C}{1+r} + \frac{C}{(1+r)^2} + \frac{C}{(1+r)^3} + \cdots = \frac{C}{r} \qquad (8\text{-}4)$$

식 (8-4)는 항상 1기간 말, 즉 1시점부터 현금흐름이 발생하는 영구연금의 현재가치를 구하는 공식임을 유의하기 바란다.

예제 8-5 영구연금의 현재가치

매년 말에 10만원을 영구적으로 지급하는 영구채권의 현재가치를 구하라. (단, 연간 이자율은 10%이다.)

| 해설 |

$$PV(\text{영구채권}) = \frac{10}{0.1} = 100\text{만원}$$

연 금

연금(annuity)이란 일정기간 동안 일정금액의 현금흐름이 계속적으로 발생되는 일련의 현금흐름을 의미한다.

매기간 말에 일정금액 C원이 n기간 동안 발생하는 연금의 현금흐름유형은 [그림 8-2]와 같다. 이 그림과 같은 연금의 현재가치를 구하는 공식을 도출하

그림 8-2 **연금의 현금흐름유형**

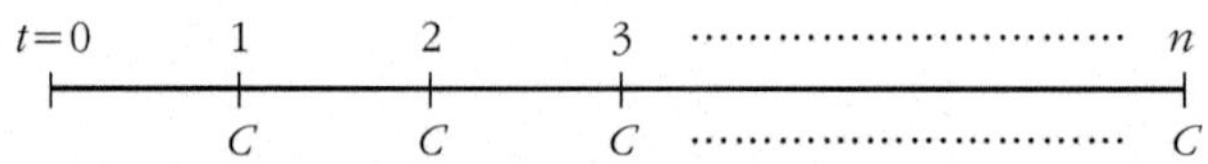

기 위하여 다음과 같은 세 가지 유형의 현금흐름을 생각해 보자.

	$t=0$	1	2	3 ……	n	$n+1$	$n+2$ ……
영구연금 A:		C	C	C ……	C	C	C ……
영구연금 B:						C	C ……
연 금 :		C	C	C ……	C		

여기서 볼 수 있는 바와 같이 연금은 영구연금 A에서 영구연금 B를 차감한 현금흐름이라 할 수 있다. 그러므로 연금의 현재가치는 영구연금 A의 현재가치에서 영구연금 B의 현재가치를 차감하여 다음과 같이 나타낼 수 있다.[4]

$$\begin{aligned} PV(\text{연금}) &= \frac{C}{1+r} + \frac{C}{(1+r)^2} + \cdots + \frac{C}{(1+r)^n} \\ &= PV(\text{영구연금 A}) - PV(\text{영구연금 B}) \\ &= \frac{C}{r} - \left(\frac{C}{r}\right)\frac{1}{(1+r)^n} \\ &= C\left[\frac{1}{r} - \frac{1}{r(1+r)^n}\right] = C \times PVIFA_{r,n} \end{aligned} \tag{8-5}$$

식 (8-5)에서 $\left[\frac{1}{r} - \frac{1}{r(1+r)^n}\right]$은 1기간 말부터 시작하여 n기간 동안 매 기간 말에 1원씩 발생하는 연금의 현재가치를 나타내며, 이를 연금의 현가이자요소(present value interest factor for an annuity: PVIFA)라고 한다.

한편 연금의 미래가치는 식 (8-5)에 복리이자요소인 $(1+r)^n$을 곱하여 구할 수 있다.

4 영구연금 B는 일정금액 C가 $(n+1)$시점부터 시작하여 매기간 무한히 생성되는 현금흐름이다. 먼저 영구연금의 현재가치를 구하는 공식을 이용하여 영구연금 B의 n시점에서의 가치를 구하면 $\left(\frac{C}{r}\right)$가 된다. 따라서 영구연금 B의 현재가치는 n시점에서의 가치를 할인하여 다음과 같이 구할 수 있다.

$$PV(\text{영구연금 B}) = \left(\frac{C}{r}\right)\frac{1}{(1+r)^n}$$

$$FV_n(\text{연금}) = C(1+r)^{n-1} + C(1+r)^{n-2} + \cdots + C \tag{8-6}$$
$$= PV(\text{연금})(1+r)^n$$
$$= C\left[\frac{(1+r)^n}{r} - \frac{1}{r}\right] = C \times CVIFA_{r,n}$$

식 (8-6)에서 $\left[\frac{(1+r)^n}{r} - \frac{1}{r}\right]$은 1기간 말부터 시작하여 n기간 동안 매 기간 말에 1원씩 발생하는 연금의 n시점에서의 미래가치를 나타내며, 이를 연금의 복리이자요소(compound value interest factor for an annuity: CVIFA)라고 한다.[5]

예제 8-6 연금의 현재가치

1년도 말부터 5년 동안 매년 100만원씩을 지급받을 수 있는 연금의 현재가치는 얼마인가? (단, 연간 이자율은 10%이다.)

| 해설 |

연금의 현재가치는 공식을 이용하여 다음과 같이 계산할 수 있다.

$$PV(\text{연금}) = \frac{100}{1+0.1} + \frac{100}{(1+0.1)^2} + \frac{100}{(1+0.1)^3} + \frac{100}{(1+0.1)^4} + \frac{100}{(1+0.1)^5}$$
$$= 100\left[\frac{1}{0.1} - \frac{1}{0.1(1+0.1)^5}\right]$$
$$= 100 \times 3.7908 = 379.08\text{만원}$$

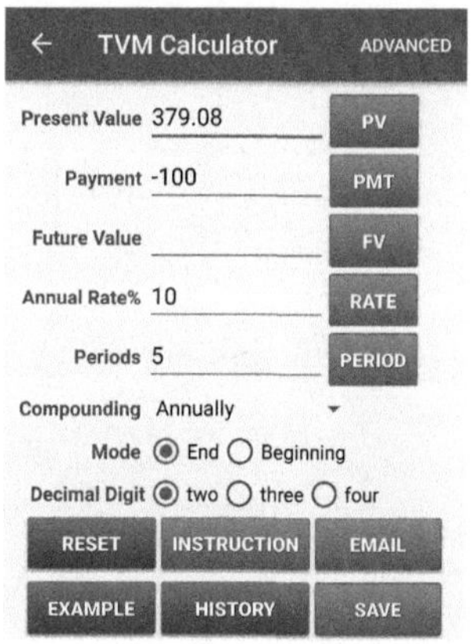

5 일반적으로 연금(일반연금: ordinary annuity)은 기간 말에 지급된다. 이러한 이유로 연금의 현가표와 복리표는 그 현금흐름이 1기간 말, 즉 1시점부터 시작된다고 가정하여 작성되었음을 유의하여야 한다. 만약 기초에 연금(선불연금: annuity due)이 지급되는 경우에는 기말기준으로 계산된 각 값에 $(1+r)$을 곱하여 각각 $PVIFA_{r,n}(1+r)$과 $CVIFA_{r,n}(1+r)$로 수정하여야 한다.

또는 스마트폰에서 활용 가능한 애플리케이션인 재무계산기(TVM calculator)를 이용할 경우에도 PV 아이콘 앞에 제시된 값과 같이 379.08만원을 얻을 수 있다.

예제 8-7 연금의 미래가치

1년도 말부터 5년 동안 매년 100만원씩을 지급받아서 연리 10%로 매년 복리계산되는 정기예금에 예금한다면, 연금이 끝나는 5년도 말에 그 총액은 얼마가 되겠는가?

| 해설 |

연금의 미래가치는 공식을 이용하여 다음과 같이 계산할 수 있다.

$$
\begin{aligned}
FV_5(\text{연금}) &= 100(1+0.1)^4 + 100(1+0.1)^3 \\
&\quad + 100(1+0.1)^2 + 100(1+0.1) + 100 \\
&= 100\left[\frac{(1+0.1)^5}{0.1} - \frac{1}{0.1}\right] \\
&= 100 \times 6.1051 = 610.51\text{만원}
\end{aligned}
$$

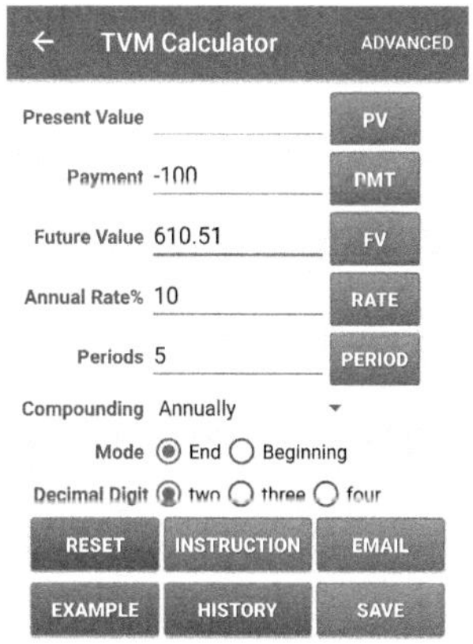

또는 스마트폰에서 활용 가능한 애플리케이션인 재무계산기(TVM calculator)를 이용할 경우에도 FV 아이콘 앞에 제시된 값과 같이 610.51만원을 얻을 수 있다.

예제 8-8 균등상환채무(amortized loan)

1년도 말부터 3년 동안 매년 일정한 금액을 상환할 조건으로 1,000만원을 차입하였다. 시장이자율이 연 6%일 경우 매년도 말 균등상환액은?

| 해설 |

매년도 말 균등상환액(C)은 연금개념을 이용하여 구할 수 있다.

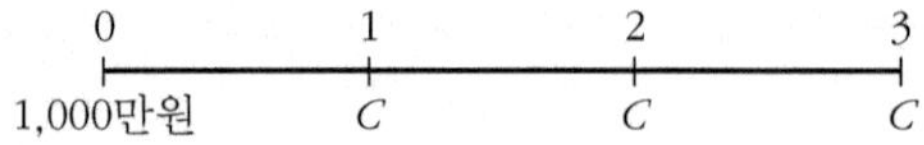

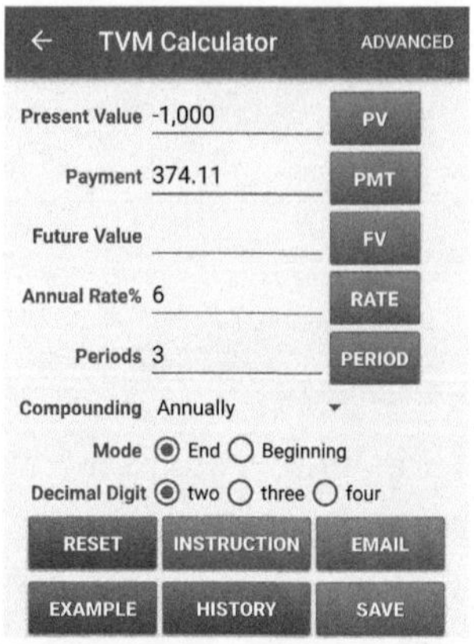

$$1{,}000\text{만원} = C\left[\frac{1}{0.06} - \frac{1}{0.06(1+0.06)^3}\right]$$

$$= C \times 2.6730$$

그러므로

$$C = \frac{1{,}000\text{만원}}{2.6730} = 374.11\text{만원}$$

또는 스마트폰에서 활용 가능한 애플리케이션인 재무계산기(TVM calculator)를 이용할 경우에도 PMT 아이콘 앞에 제시된 값과 같이 374.11만원을 얻을 수 있다.

알아두기

Excel을 이용한 화폐의 시간적 가치 계산

마이크로소프트사의 엑셀(Microsoft Excel™)에서 이용할 수 있는 재무함수 중 미래가치, 이자율, 투자기간, 현재가치, 정기적립액을 구하는 함수식은 다음과 같다.

계산하고자 하는 값	함수식
미래가치	=FV(rate, nper, pmt, pv, type)
이자율(할인율)	=RATE(nper, pmt, pv, fv, type)
투자기간(적립기간)	=NPER(rate, pmt, pv, fv, type)
현재가치	=PV(rate, nper, pmt, fv, type)
정기적립액(연금수령액, 균등상환액)	=PMT(rate, nper, pv, fv, type)

주) 1. pmt, pv, fv는 각각 정기적립액, 현재가치, 미래가치를 나타냄(지출할 금액은 음수(−)로 표시하고, 받을 금액은 양수(+)로 표시함).
2. rate, nper는 각각 기간당 이자율, 투자기간을 나타냄.(이자율은 투자기간 단위와 일치해야 함. 예를 들어 투자기간 단위가 월이라면 이자율은 월간 이자율을 사용해야 함.)
3. type은 정기적립액이 있는 경우 적립시점(기말: 0, 기초: 1)을 나타내며, type을 생략하면 0으로 간주됨.(현금흐름이 기말에 발생되는 것으로 간주됨.)

	A	B	C	D	E	F	G
1	<예제 8-1 > 미래가치				<예제 8-6> 연금의 현재가치		
2		=FV(7%, 3, 0, -100)				=PV(10%, 5, -100)	
3	122.5				379.08		
4							
5	<예제 8-2> 이자율				<예제 8-7> 연금의 미래가치		
6		=RATE(3, 0, -600, 777)				=FV(10%, 5, -100)	
7	9%				610.51		
8							
9	<예제 8-3> 투자기간						
10		=NPER(10%, 0, -100, 200)			<예제 8-8> 균등상환액		
11	7.27					=PMT(6%, 3, -1000)	
12					374.11		
13	<예제 8-4> 현재가치						
14		=PV(8%, 3, 0, -100)					
15	79.38						
16							

※ 〈예세 8-6〉, 〈예제 8-7〉, 〈예제 8-8〉의 함수식에서 네 번째 인수(pv 또는 fv)가 0인 경우 생략할 수 있음(단, 다섯 번째 인수인 type도 0이어야 함).

2 위험과 수익률

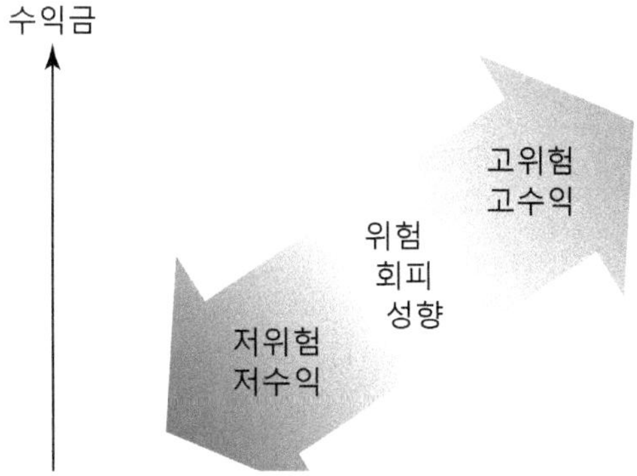

투자는 현재의 확실한 현금흐름을 포기함으로써 미래의 현금흐름을 얻는 것으로 볼 수 있다. 투자로부터 얻을 수 있는 미래 현금흐름은 그 당시의 발생가능한 여러 가지 상황에 따라 달라질 수 있는 불확실한 것이다. 그러므로 투자안을 평가할 때 화폐의 시간적 가치뿐만 아니라 위험도 고려해야 할 것이다.

투자자들은 누구나 낮은 위험으로 높은 수익을 얻는 투자를 원한다. 그러나 현실적으로 높은 수익을 얻기 위해서는 높은 위험을 부담해야 하고, 위험을 낮추려면 낮은 수익에 만족해야 한다.

2.1 개별자산의 기대수익률과 위험

수익률의 개념

투자자가 위험자산(또는 투자안)에 1기간 투자했을 때, **투자수익률**은 그 기간의 투자수익(투자안의 기말가치 − 기초 투자액)을 기초 투자액으로 나눈 것이다.

$$\text{투자수익률} = \frac{\text{투자안의 기말가치} - \text{기초 투자액}}{\text{기초 투자액}} \tag{8-7}$$

현재 투자시점(기초)에서의 투자지출액(기초 투자액)은 확실하게 알 수 있으나, 투자안의 기말가치는 미래의 상황에 따라 변할 수 있는 불확실한 것이다.

예를 들어 현재 1,000만원을 투자할 때 투자안의 기말가치가 경기상황에 따라 호황일 때는 1,300만원, 보통일 때는 1,100만원, 불황일 때는 900만원이며, 경기가 호황일 가능성은 30%, 보통일 가능성은 40%, 불황일 가능성은 30%라고 하자. 이와 같은 경우 각 상황에 따라 투자수익률을 구해서, 표로 나타내면 〈표 8-1〉과 같다. 이 표와 같이 투자수익률(확률변수)이 취할 수 있는 모든 값들과 그것들의 발생가능성(확률)을 나타낸 표를 **확률분포표**(probability distribution table)라 한다.

표 8-1 투자수익률의 확률분포표

상 황	수익률	확 률
호황[1]	0.3	0.3
보통[2]	0.1	0.4
불황[3]	−0.1	0.3

주) 1. $\text{투자수익률} = \frac{1,300-1,000}{1,000} = 0.3$, 2. $\text{투자수익률} = \frac{1,100-1,000}{1,000} = 0.1$

3. $\text{투자수익률} = \frac{900-1,000}{1,000} = -0.1$

알아두기

확률변수와 확률분포표

확률변수(random variables)는 미래의 발생가능한 상황에 일정한 수치를 부여한 값이다. 예를 들어 동전 던지기를 시행하여 앞면이 나오면 1,000원을 받고 뒷면이 나오면 1,000원을 잃게 되는 게임이 있다면, 그것은 앞면과 뒷면이라는 발생가능한 상황들에 각각 1,000원과 −1,000원이라는 수치를 부여하여 게임을 구성한 것이다. 즉 1,000원과 −1,000원은 발생확률이 각각 ½인 확률변수이며, 이를 요약한 다음과 같은 표를 확률분포표라 한다.

동전 던지기 게임의 확률분포표

상 황	성과(확률변수)	확률
앞면	1,000원	0.5
뒷면	−1,000원	0.5

로또 1등에 당첨될 확률은? 약0.000012%

마찬가지로 투자안의 투자성과를 살펴보는 경우 발생가능한 미래의 상황(예를 들어 경제의 호황, 보통, 불황 등)에 일정한 수치(수익률)를 부여하여 확률변수와 확률분포표를 만들 수 있다.

기대수익률과 위험의 측정

기대수익률(expected return)은 미래에 평균적으로 예상되는 수익률로서, 각 상황별로 발생가능한 수익률에 그 상황이 발생할 확률을 곱한 다음 이를 모두 합하여 구한다.

기대수익률＝(수익률×확률)의 총합 (8-8)

식 (8-8)에 의해 측정된 기대수익률은 미래에 예상되는 평균적인 수익률로서 미래의 실제수익률과 다를 수 있다. 이는 미래의 투자수익이 확정되지 못함으로써 나타나는 것으로, 미래에 발생할 실제수익률과 기대수익률의 차이(이를 편차라 함)가 크면 클수록 기대수익률을 달성하지 못할 가능성, 즉 위험

이 커지게 된다.

수익률의 분산(variance of returns)은 기대수익률이 실현되지 않을 가능성, 즉 위험을 나타내는 척도로서, 발생가능한 수익률과 기대수익률의 차이인 편차(deviation)를 제곱한 후 그것의 기대치를 구한 것이다.[6]

$$\text{수익률의 분산} = (\text{편차}^2 \times \text{확률})\text{의 총합} \tag{8-9}$$

편차 = 수익률 − 기대수익률

그리고 분산의 제곱근을 **표준편차**(standard deviation)라 한다.

$$\text{수익률의 표준편차} = \sqrt{\text{분산}} \tag{8-10}$$

이와 같은 수익률의 분산 또는 표준편차가 크면 클수록 미래 수익률이 기대수익률로부터 이탈할 가능성, 즉 투자위험이 높아지게 된다.

〈표 8-1〉에 의해 기대수익률과 분산, 표준편차를 구하면 다음과 같다.

수익률	확률	수익률×확률	편차	(편차)^2	(편차)^2×확률
0.3	0.3	0.09	0.2	0.04	0.012
0.1	0.4	0.04	0	0	0
−0.1	0.3	−0.03	−0.2	0.04	0.012
		0.10			0.024

- 기대수익률 = 0.09 + 0.04 − 0.03 = 0.10
- 분산 = 0.012 + 0 + 0.012 = 0.024
- 표준편차 = $\sqrt{0.024}$ = 0.1549

2.2 포트폴리오의 기대수익률과 위험

지금까지 개별자산에 대한 기대수익률과 위험에 대해서 살펴보았다. 그러나

6 편차의 기대값은 항상 0이 되기 때문에 편차를 제곱하여 분산을 구한다.

대부분 투자자의 경우 하나의 자산에만 투자하지 않고 여러 자산(예를 들어 정기예금, 주식, 채권, 부동산 등)에 투자하는 것이 일반적이다. 이 경우 투자자가 보유하는 두 개 이상의 자산으로 구성된 조합을 **포트폴리오**(portfolio)라 한다.

포트폴리오는 두 개 이상 자산의 결합으로 구성된다.

포트폴리오의 수익률

설명의 단순화를 위해서 두 개의 자산으로 구성된 포트폴리오를 생각해 보자. 이 경우 포트폴리오의 수익률은 다음과 같이 구할 수 있다.[7]

$$r_p = W_A r_A + W_B r_B \tag{8-11}$$

r_p: 포트폴리오의 수익률

r_A: 자산 A의 수익률

r_B: 자산 B의 수익률

W_A: 자산 A의 구성비율(=자산 A에 대한 투자금액/총투자액)

W_B: 자산 B의 구성비율(=자산 B에 대한 투자금액/총투자액)

〈표 8-2〉와 같이 두 자산에 각각 50%($W_A = W_B = 50\%$)씩 투자하여 구성된 포트폴리오 P의 예에 의해서 기대수익률과 위험(분산 또는 표준편차)을 측정하는 방법을 생각해 보자. 먼저 〈표 8-2〉에서 자산 A의 기대수익률과 분산, 표준편차를 구하면 다음과 같다.

표 8-2 자산 A와 B의 수익률 확률분포표

상 황	확 률	수익률	
		자산 A	자산 B
호황	0.4	0.30	0.10
불황	0.6	0.05	0.15

7 구성비율의 합은 항상 1이다. 즉 $W_A + W_B = 1$

- 자산 A의 기대수익률$=0.4\times0.30+0.6\times0.05=0.15$
- 자산 A의 분산$=0.4\times(0.30-0.15)^2+0.6\times(0.05-0.15)^2=0.015$
- 자산 A의 표준편차$=\sqrt{0.015}=0.1225$

그리고 자산 B의 기대수익률과 분산, 표준편차는 다음과 같다.

- 자산 B의 기대수익률$=0.4\times0.10+0.6\times0.15=0.13$
- 자산 B의 분산$=0.4\times(0.10-0.13)^2+0.6\times(0.15-0.13)^2=0.0006$
- 자산 B의 표준편차$=\sqrt{0.0006}=0.0245$

포트폴리오의 기대수익률

식 (8-11)에 의해 포트폴리오 P의 수익률 r_p의 확률분포를 구하면 〈표 8-3〉과 같다. 이와 같은 확률분포표에 의해서 포트폴리오 P의 기대수익률 $E(r_p)$를 구하면 다음과 같다.

$$E(r_p)=0.4\times0.2+0.6\times0.1=0.14$$

또는 포트폴리오 P의 기대수익률 $E(r_p)$는 개별자산의 기대수익률을 가중평균하여 구할 수도 있다.

$$E(r_p)=E(W_A r_A+W_B r_B)=W_A E(r_A)+W_B E(r_B) \tag{8-12}$$
$$=0.5\times0.15+0.5\times0.13=0.14$$

$E(r_A)$: 자산 A의 기대수익률
$E(r_B)$: 자산 B의 기대수익률

표 8-3 포트폴리오 P의 수익률 확률분포표

상 황	확 률	포트폴리오 수익률
호황	0.4	$0.5\times0.30+0.5\times0.10=0.2$
불황	0.6	$0.5\times0.05+0.5\times0.15=0.1$

포트폴리오의 위험

먼저 〈표 8-3〉에 의해 포트폴리오 P의 분산 $Var(r_p)$, 표준편차 σ_p를 구하면 다음과 같다.

- $Var(r_p) = 0.4 \times (0.2 - 0.14)^2 + 0.6 \times (0.1 - 0.14)^2 = 0.0024$
- $\sigma_p = \sqrt{0.0024} = 0.04899$

또는 포트폴리오 P의 분산, 표준편차를 다음과 같이 구할 수 있다.[8]

$$Var(r_p) = Var(W_A r_A + W_B r_B)$$
$$= W_A^2 Var(r_A) + W_B^2 Var(r_B) + 2W_A W_B Cov(r_A, r_B) \quad (8\text{-}13)$$

$Var(r_A)$: 자산 A의 분산

$Var(r_B)$. 자산 B의 분산

식 (8-13)에서 $Cov(r_A, r_B)$는 두 자산수익률 간의 관계를 나타내는 통계치로서 **공분산**(covariance)이라 하며 다음과 같이 정의된다.

$$Cov(r_A, r_B) = E[(r_A - E(r_A))(r_B - E(r_B))] \quad (8\text{-}14)$$

공분산은 두 자산수익률의 편차(수익률－기대수익률)를 서로 곱한 값의 기대치(평균)로서 양(+) 또는 음(−)의 값을 가질 수 있다. 만약 공분산이 양(+)의 값을 가진다면, 이는 평균적으로 두 자산수익률이 서로 같은 방향으로 움직이고 있음을 의미한다. 그러나 만약 공분산이 음(−)의 값을 가진다면, 이는 평균적으로 두 자산수익률이 서로 다른 방향으로 움직이고 있음을 의미한다.

두 자산수익률 간의 관계를 나타내는 공분산은 자산수익률의 크기에 따라 영향을 받기 때문에 공분산에 의해서 두 자산수익률 간의 관계를 정확히 설명할 수 없다. 그러므로 두 자산수익률 간의 관계를 정확히 설명하기 위해서는

---

8 $Var(r_p) = E[r_p - E(r_p)]^2 = E[W_A r_A + W_B r_B - W_A E(r_A) - W_B E(r_B)]^2$
$= E[W_A (r_A - E(r_A)) + W_B (r_B - E(r_B))]^2$
$= E[W_A^2 (r_A - E(r_A))^2 + W_B^2 (r_B - E(r_B))^2 + 2W_A W_B (r_A - E(r_A))(r_B - E(r_B))]$
$= W_A^2 E(r_A - E(r_A))^2 + W_B^2 E(r_B - E(r_B))^2 + 2W_A W_B E[(r_A - E(r_A))(r_B - E(r_B))]$
$= W_A^2 Var(r_A) + W_B^2 Var(r_B) + 2W_A W_B Cov(r_A, r_B)$

자산수익률의 크기에 따라 나타날 수 있는 영향을 제거하여야 한다. 이와 같은 목적을 위하여 공분산을 각 자산수익률의 표준편차에 의해서 표준화시킨 것을 **상관계수**(correlation coefficient) ρ_{AB}라 하며, 이는 다음과 같이 정의된다.

$$\rho_{AB} = \frac{Cov(r_A, r_B)}{\sigma_A \sigma_B} \tag{8-15}$$

σ_A: 자산 A의 표준편차

σ_B: 자산 B의 표준편차

이와 같은 상관계수는 두 자산수익률이 얼마나 밀접한 선형관계를 가지고 있는지를 나타내며, 그것은 항상 -1과 1 사이의 값을 가진다. 두 자산수익률이 정비례하는 직선관계를 가지고 움직일 때는 $\rho_{AB}=1$이 되며, 반비례하는 직선관계를 가지고 움직일 때는 $\rho_{AB}=-1$이 된다. 그리고 두 수익률 간에 선형

그림 8-3 상관계수의 예시

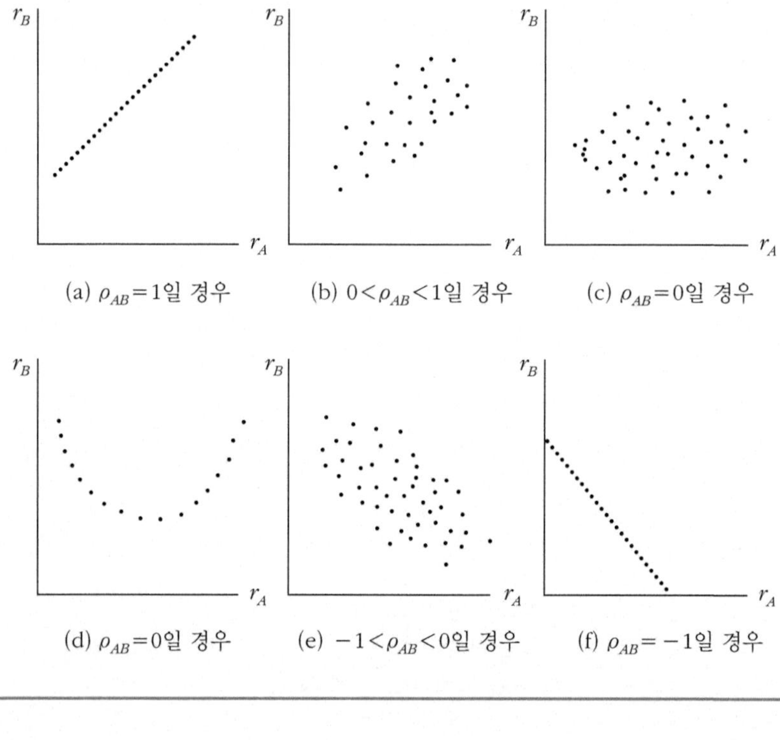

적인 관계가 없는 경우에는 $\rho_{AB}=0$이 된다. 이와 같은 상관관계를 예시하면 [그림 8-3]과 같다.[9]

식 (8-14)와 식 (8-15)에 의해서 예로 제시된 자산 A, B 수익률 간 공분산과 상관계수를 구하면 다음과 같다.

$$\bullet\ Cov(r_A,\ r_B)=0.4\times(0.30-0.15)(0.10-0.13)$$
$$+0.6\times(0.05-0.15)(0.15-0.13)$$
$$=-0.003$$

$$\bullet\ \rho_{AB}=\frac{-0.003}{0.1225\times0.0245}=-1$$

$\rho_{AB}=-1$이므로 두 자산수익률은 반비례하는 직선관계를 가지고 움직임을 알 수 있다.

이제 식 (8-13)에 의해 자산 A와 B에 각각 50%씩 투자하여 구성한 포트폴리오 P의 분산, 표준편차를 구하면, 〈표 8-3〉과 같은 포트폴리오의 확률분포표에 의해서 구해진 결과와 동일함을 알 수 있다.

$$\bullet\ Var(r_p)=(0.5)^2(0.015)+(0.5)^2(0.0006)+2(0.5)(0.5)(-0.003)=0.0024$$

$$\bullet\ \sigma_p=\sqrt{0.0024}=0.04899$$

2.3 포트폴리오의 위험분산효과

상관계수와 위험분산효과

식 (8-13)을 식 (8-15)에 의해 다음과 같이 나타낼 수 있다.

$$Var(r_p)=W_A^2\,Var(r_A)+W_B^2\,Var(r_B)+2W_AW_B\,\sigma_A\sigma_B\,\rho_{AB} \qquad (8\text{-}13)'$$

---

9 $\rho_{AB}=0$이라는 사실은 자산 A와 자산 B의 수익률 간에 선형관계가 존재하지 않는다는 것을 의미하는 것이지, 다른 관계(예를 들어 2차함수관계 등)도 존재하지 않는다는 것을 의미하는 것은 아니다. 즉 상관계수는 선형관계의 정도만을 나타내는 통계값임을 유의해야 한다.

식 (8-13)′에서 상관계수 ρ_{AB}가 작을수록 포트폴리오의 위험이 감소한다. 투자자가 포트폴리오를 구성하려는 이유는 일정한 기대수익률하에서 투자위험을 최소화시킬 수 있는 **포트폴리오의 위험분산효과**(diversification effect)에 의해서 설명될 수 있다. 일반적으로 구성자산들간의 관계를 나타내는 상관계수가 작을수록, 포트폴리오의 위험분산효과가 크게 나타난다.

포트폴리오의 구성자산 수와 위험분산효과

앞에서 설명한 바와 같이 포트폴리오를 구성함으로써 위험을 감소시킬 수 있음을 알 수 있다. 이와 같은 위험분산효과는 [그림 8-4]에서 볼 수 있는 바와 같이 포트폴리오의 구성자산 수를 증가시킴에 따라 포트폴리오의 위험을 현저하게 감소시킬 수 있다.

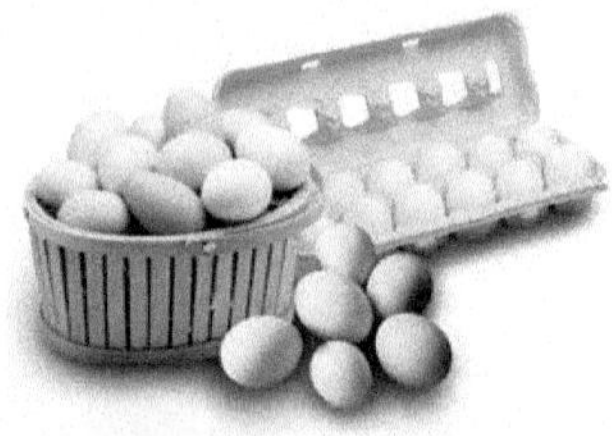

계란을 한 바구니에 담지마라. 이는 분산투자를 하지 않을 경우 위험이 커진다는 것을 의미한다.

[그림 8-4]에서 자산수익률의 분산(총위험)

그림 8-4 **구성자산 수와 포트폴리오의 위험**

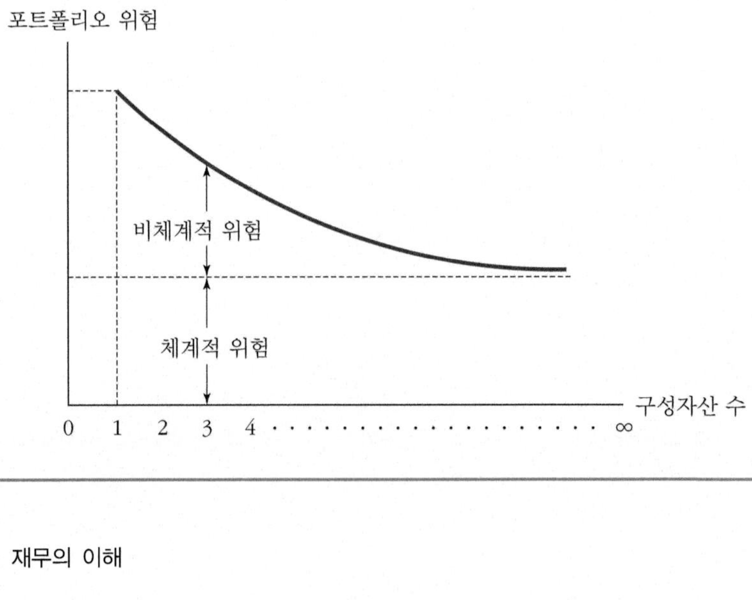

은 포트폴리오의 구성자산 수를 증가시킴에 따라 제거할 수 없는 부분, 즉 **체계적 위험**(systematic risk)과 제거할 수 있는 부분, 즉 **비체계적 위험**(unsystematic risk)으로 구성되어 있다.[10]

자산의 총위험=체계적 위험+비체계적 위험

알아두기

분산투자의 마법

인간은 살면서 다양한 상황에 부딪히며 수많은 선택과 결정을 해야 한다. 대부분의 경우 선택은 한 가지를 얻기 위해 다른 어떤 것을 포기해야 하는 것이다. 그래서 선택이 중요하다. 투자의 세계에서도 선택은 피할 수 없다. 투자자가 리스크를 감수하지 않고는 높은 수익을 기대할 수 없기 때문이다. 문제는 수익을 내기 위해서 리스크(원금 손실 가능성)를 얼마나 감수할 수 있느냐, 수익을 극대화하면서 리스크를 최소화할 수 있는 수단을 갖추고 있느냐에 있다. 정답은 포트폴리오 투자에서 찾을 수 있다.

◆ **포트폴리오 투자에 수익성 달렸다**

포트폴리오라는 단어는 미국의 경제학자이며 1990년 노벨경제학상 수상자인 마코위츠(H. M. Markowitz)의 논문 한 편에서 시작됐다. '계란을 한 바구니에 담지 말라'는 투자 경구로 대표되는 마코위츠의 포트폴리오 선택(portfolio selection) 이론은 현대 포트폴리오 이론의 중심이 되고 있다.

마코위츠(H. M. Markowitz)

투자 성향과 목적을 토대로 기대수익

10 체계적 위험 대신에 분산불가능한 위험(undiversifiable risk) 또는 시장위험(market risk), 비체계적 위험 대신에 분산가능한 위험(diversifiable risk) 또는 고유위험(unique risk)이라는 용어를 사용하기도 한다.

과 리스크의 수준을 결정하는 것이 포트폴리오 투자다. 기대하는 수익과 감수할 수 있는 손실 수준을 사전에 정해 투자기준으로 삼게 된다. 여기서 수익과 손실 수준은 개별자산이 아닌 총자산의 수익과 손실을 뜻한다.

투자자들은 항상 수익을 극대화하면서 손실을 최소화할 수 있는 방법을 선택해야 한다. 이를 위해 자산의 적절한 분산이 필요하다. 여러 가지 자산이 다양한 비율로 분산된 포트폴리오를 구성하고 투자자의 기준에 맞는 가장 효율적인 포트폴리오를 선택하는 것이다. 포트폴리오의 효율성은 같은 수익을 거두는 데 리스크를 얼마나 감내할지에 따라 결정된다. 리스크가 같다면 수익을 최대한 끌어올리는 조합이어야 한다. 마코위츠는 이것을 평균-분산(mean-variance)기준에 따른 지배원리라고 정의했다.

포트폴리오 투자는 의사결정의 기준을 명확하게 제시하고 있지만 투자자가 직접 적용하기에는 어려울 수 있다. 효율적인 포트폴리오 구성과정에는 개별자산의 기대수익, 리스크, 자산간 상관관계, 포트폴리오의 기대수익과 리스크들로 나타나는 효율적 투자선의 계산 등 수학적 계산과정이 필요하기 때문이다. 효율적인 포트폴리오 구성에 전문인력과 전산시스템 지원이 필수적인 이유다.

◆ 투자대상은 물론 시기도 분산해야

포트폴리오 투자대상의 선택은 상관성이 낮은 자산군(asset class)을 구분하는 것으로부터 시작된다. 일반적인 경우 주식·채권·원자재·부동산·통화 등 속성이 다른 기초자산을 기준으로 구분한다. 또 각 자산이 속한 지역·국가에 따라 상관성이 낮은 자산을 뽑을 수 있다. 금융상품으로 구성되면 운용방식이나 구조화 여부에 따라 수익과 위험 특성이 변화하게 된다. 구체적으로 한국의 회사채와 브라질 국채 사례를 보자. 이 둘은 상이한 경기사이클과 신용등급으로 속성이 다른 자산으로 구분할 수도 있고, 펀드 등 금융상품으로 구성되는 경우 또 다른 속성을 기준으로 세분화할 수 있다.

실무적으로는 투자대상이 되는 자산은 기대수익과 위험, 자산간의 상관관계를 기준으로 구분된다. 구분된 자산의 조합으로 포트폴리오를 구성하면 독립된 기대수익과 리스크의 특성을 나타내게 되는데, 효율적으로 조합하기 위해서는 상관성이 낮은 자산군의 존재가 필수적이다. 그러나 이런 자산의 특성치는 고정적인 것이 아니라 시장상황에 따라 변화하는 것이 일반적이어서 전문가들의 의견을 반영해 적절하게 보완해야 한다.

포트폴리오 투자과정에서 부딪히는 시장등락에 따른 타이밍 문제는 적절한 투자시기의 분할을 통해 평균화하는 것이 적절하다. 이것은 적립식 투자로 알려져 있는 달러-코스트 평균(dollar-cost average) 투자법과 유사하다. 실제 포트폴리오의 성과에는 자산의 최적배분뿐만 아니라 구체적으로 어떤 상품을 선택했는지에 달려 있다. 상품선택의 적정성은 금융회사의 능력에 따라 좌우될 수 있는데, 이는 경험에 근거한 전문성과 체계적인 관리능력에 따라 차별화된다.

◆ 금융위기가 포트폴리오 투자효과 증명

코스피지수가 2,000선을 넘었던 2007년 장밋빛 전망에 취했던 투자자들 상당수가 2008년 글로벌 금융위기 이후 몰빵 투자에 따른 원금 손실을 경험했다. 3년여가 지났음에도 원금 손실에서 벗어나지 못한 투자자들이 적지 않다. 포트폴리오 투자의 중요성을 비싼 수업료를 치르면서 배우게 된 것이다. 2007년 중반부터 시작한 집중 투자와 포트폴리오 투자의 성과를 비교해 보면 글로벌 분산투자의 효과를 확인할 수 있다. 모델 포트폴리오의 투자성과를 코스피지수와 비교해 보면 다양한 평가기준에서 적절한 분산투자가 우월하다는 것이 쉽게 증명된다.

포트폴리오 투자는 장기적인 관점에서 시장의 변동성을 이겨내는 지루한 과정이다. 실제 투자과정은 복잡한 계산과 선택을 필요로 하기 때문에 일반투자자들이 접근하기 어렵다. 그러나 투자의 역사와 학문적 업적으로 증명되는 포트폴리오 투자의 결과는 충분히 어려움을 이겨낼 만한 가치가 있다. 전문적인 금융회사의 도움을 받는다면 생각보다 쉬운 과정이 될 수 있다.

현재와 같은 저금리 상황이 지속될수록 안전한 예금만을 고집하는 것은 더욱 힘들어진다. 자산의 실질가치를 보전하기 위해서라도 포트폴리오 관점에서 위험이 제한된 채권 같은 자산부터 투자경험을 쌓아가는 것이 장기적으로 바람직하다.

〈한국경제, 2010. 6. 15〉

알아두기

내 투자성향부터 알고 포트폴리오를 짜자

자신의 투자목적을 달성하기 위해서는 포트폴리오를 잘 구성해야 한다. 투자위험을 낮추면서 기대수익률을 높여야 좋은 포트폴리오다. 또 비용이 저렴해야 하고 자신의 투자성향과 맞아야 한다. 그렇다면 효과적인 포트폴리오를 짜기 위해 점검해야 할 사항은 무엇일까. 우선 포트폴리오를 구성할 때 전체 금융자산 중에서 주식투자 비중을 정하는 것이 매우 중요하다. 주식비중을 정하기 위해서는 자신의 나이, 위험성향, 투자목적 등을 고려해야 한다.

나이를 기준으로 주식투자를 정할 때는 '100－나이'만큼을 주식에 배분하는 방법을 사용하면 좋다. 즉 30세 투자자라면 100－30＝70이므로 전체 투자자금 중 70%를 주식에, 나머지 30%를 채권(이하 현금·예금 등 포함)에 투자하는 방식이다. 이 공식은 미국 근로자들이 퇴직연금에 가입할 때 선택한 결과를 응용한 것이다. 장기간 투자할 수 있는 젊은 투자자일수록 금융자산 중 주식비중을 높게 하고, 나이가 많아질수록 주식비중을 줄이는 방식이다.

주식비중을 결정할 때는 위험에 대한 투자자의 성향도 잘 따져 봐야 한다. 일반적으로 위험성향이 중간수준일 때 주식과 채권을 50 대 50으로 투자하는 게 바람직하다. 보수적인 투자자는 주식과 채권을 30 대 70으로 하고, 적극적인 투자자는 70 대 30으로 나누는 방식으로 결정하면 된다. 위험성향은 수시로 변화하므로 보수적인 투자자라고 해서 무조건 주식비중을 낮게 하는 것이 좋은 투자방법은 아니다. 보수적인 투자자라도 적립식 투자와 같이 스트레스를 적게 받는 장기·분산 투자방법을 통해 위험자산에 대한 투자를 좀 더 늘리는 것이 바람직하다.

투자 목적과 기간도 점검할 요인이다. 10년 이상 투자해야 하는 노후자금의 경우엔 주식 70%, 채권 30%로 나눠 매우 적극적으로 포트폴리오를 구성할 필요가 있다. 반대로 투자기간이 3년 정도인 경우에는 주식과 채권을 50% 대 50%로 배분, 보수적인 자세를 취할 필요가 있다. 3년 이내 투자 땐 주식비중을 30% 이내로 줄이도록 해야 위험이 줄어든다. 시중 증권사의 자산관리컨설팅연구소장은 "투자목적이 모호한 여유자금보다는 노후자금, 주택구입비, 자녀교육비와 같이 좀 더 구체적인 목적을 정해야 투자목적별로 포트폴리오를 효과적으로 구성할 수 있다"고 말했다.

〈한국경제, 2010. 6. 15〉

주요 용어

시차선호(time preference)

미래의 소비보다 현재의 소비를 더 선호하는 것으로서, 이는 사람들의 일반적인 행동적 특성에 기인하며 사회 또는 사람에 따라 그 강도가 달라질 수 있다.

자본의 생산성(productivity of capital)

현재의 현금흐름은 생산활동에 투입되어 새로운 가치를 만들어 낼 수 있다는 것을 의미한다.

이자율(interest rate)

화폐의 가격으로서 화폐의 시간적 가치를 반영하는 척도라 할 수 있다.

미래가치(future value)

현재의 일정금액을 미래의 일정시점의 화폐가치로 환산한 것을 말하며, 미래가치를 구하는 과정을 복리계산과정(compounding process)이라 한다.

☞ $FV_n = PV(1+r)^n = PV \times CVIF_{r,n}$

현재가치(present value)

미래에 발생할 일정금액을 현재시점의 화폐가치로 환산한 것을 말하며, 현재가치를 구하는 과정을 할인계산과정(discounting process)이라 한다.

☞ $PV = \dfrac{FV_n}{(1+r)^n} = FV_n \times PVIF_{r,n}$

영구연금(perpetuity)

매기간 말에 일정금액이 무한히 발생되는 일련의 현금흐름을 의미하며, 대표적인 형태로서 영국정부에 의해서 발행되어 온 영구채권(consols)이 있다.

☞ $PV(\text{영구연금}) = \dfrac{C}{r}$

연금(annuity)

일정기간 동안 일정금액의 현금흐름이 계속적으로 발생되는 일련의 현금흐름을 의미한다.

☞ $PV(\text{연금}) = C\left[\frac{1}{r} - \frac{1}{r(1+r)^n}\right] = C \times PVIFA_{r,n}$

☞ $FV_n(\text{연금}) = C\left[\frac{(1+r)^n}{r} - \frac{1}{r}\right] = C \times CVIFA_{r,n}$

기대수익률(expected return)

미래에 평균적으로 예상되는 수익률로서, 각 상황별로 발생가능한 수익률에 그 상황이 발생할 확률을 곱한 다음 이를 모두 합하여 구한다.

☞ 기대수익률 = (수익률 × 확률)의 총합

수익률의 분산(variance of returns), **표준편차**(standard deviation of returns)

기대수익률이 실현되지 않을 가능성, 즉 위험을 나타내는 척도로서 발생가능한 수익률과 기대수익률의 차이인 편차(deviation)를 제곱한 후, 그것의 기대치를 구한 것이다. 그리고 분산의 제곱근을 표준편차라 한다.

☞ 수익률의 분산 = $(\text{편차}^2 \times \text{확률})$의 총합, 수익률의 표준편차 = $\sqrt{\text{분산}}$

포트폴리오(portfolio)

하나의 자산에만 투자하지 않고 여러 자산(예를 들어 정기예금, 주식, 채권, 부동산 등)에 투자하는 경우 투자자가 보유하는 두 개 이상의 자산에 대한 조합을 의미한다.

포트폴리오의 기대수익률

☞ $E(r_p) = W_A E(r_A) + W_B E(r_B)$

공분산(covariance)

두 자산수익률 간의 관계를 나타내는 통계치로서 두 자산수익률의 편차를 서로 곱한 값의 기대치(평균)로 측정된다.

☞ $Cov(r_A, r_B) = E[(r_A - E(r_A))(r_B - E(r_B))]$

상관계수(correlation coefficient)

공분산을 두 자산수익률의 표준편차를 곱한 값으로 나누어 표준화시킨 것으로서 두 자산수익률이 얼마나 밀접한 선형관계를 가지고 있는지를 나타내며, 항상 −1과 1 사이의 값을 가진다.

☞ $\rho_{AB} = \dfrac{Cov(r_A,\ r_B)}{\sigma_A \sigma_B}$

포트폴리오의 분산

☞ $Var(r_p) = W_A^2 Var(r_A) + W_B^2 Var(r_B) + 2W_A W_B Cov(r_A,\ r_B)$

$$= W_A^2 \sigma_A^2 + W_B^2 \sigma_B^2 + 2W_A W_B \sigma_A \sigma_B \rho_{AB}$$

포트폴리오의 위험분산효과(diversification effect)

구성자산들간의 관계를 나타내는 상관계수가 작을수록, 포트폴리오의 구성자산 수가 증가할수록 포트폴리오의 위험은 감소한다.

체계적 위험(systematic risk)

자산의 총위험 중 포트폴리오의 구성자산 수를 증가시키더라도 제거할 수 없는 위험으로서, 분산불가능한 위험(undiversifiable risk) 또는 시장위험(market risk)이라고도 한다.

비체계적 위험(unsystematic risk)

자산의 총위험 중 포트폴리오의 구성자산 수를 증가시킴에 따라 제거할 수 있는 위험으로서, 분산가능한 위험(diversifiable risk) 또는 고유위험(unique risk)이라고도 한다.

☞ 자산의 총위험 = 체계적 위험 + 비체계적 위험

연습문제

Ⅰ. 완성/선택형 문제

1. 다른 시점에 발생하는 현금흐름을 서로 비교하기 위해서는 반드시 오늘의 1원과 내일의 1원 사이의 관계, 즉 (　　　　)개념을 알아야 한다.

2. 자본화되어 새로운 가치를 창출할 수 있는 현재의 현금흐름을 동일한 금액의 미래의 현금흐름보다 더 선호하게 된다. 이는 (　　　　)이라는 기술적 특성에 기인한다.

3. 미래가치는 현재의 일정금액을 미래의 일정시점의 화폐가치로 환산한 것을 말하며, 미래가치를 구하는 과정을 (　　　　)이라 한다.

4. 투자수익률(확률변수)이 취할 수 있는 모든 값들과 그것들의 발생가능성(확률)을 나타낸 표를 (　　　　)라 한다.

5. 구성자산들 간의 관계를 나타내는 (　　　　)가 작을수록, 포트폴리오의 (　　　　)가 증가할수록 포트폴리오의 위험은 감소한다.

6. 자산수익률의 분산(총위험)은 포트폴리오의 구성자산 수를 증가시킴에 따라 제거할 수 있는 부분, 즉 (　　　　)과 제거할 수 없는 부분, 즉 (　　　　)으로 구성되어 있다.

7. 현금 100만원을 연리 10%로 매년 복리계산되는 정기예금에 예금하는 경우 2년도 말의 미래가치는 얼마인가?

① 121만원　　② 120만원　　③ 100만원
④ 119만원　　⑤ 130만원

8. K씨는 지금으로부터 2년 후에 500만원을 받을 수 있다. 그리고 그는 투자로부터 매년 12%씩 벌 수 있다. 이 경우 K씨가 받을 미래 현금흐름의 현재가치는 얼마인가?

① 368.56만원 ② 372.40만원 ③ 398.60만원
④ 401.11만원 ⑤ 412.34만원

9. 매년 말에 100만원씩 영구적으로 지급하는 영구채권의 현재가치는 얼마인가? (단, 연간 이자율은 12%이다.)

① 833.33만원 ② 821.34만원 ③ 810.23만원
④ 841.21만원 ⑤ 835.32만원

10. 1년도 말부터 3년 동안 매년 100만원씩을 지급받을 수 있는 연금의 현재가치는 얼마인가? (단, 연간 이자율은 10%이다.)

① 230.54만원 ② 232.42만원 ③ 245.62만원
④ 247.11만원 ⑤ 248.69만원

11. 분산투자를 함으로써 제거할 수 있는 위험은? (경영지도사, 2017)

① 베타위험(beta risk) ② 시장위험(market risk)
③ 체계적위험(systematic risk) ④ 비체계적위험(unsystematic risk)
⑤ 분산불가능 위험(non-diversifiable risk)

12. 다음의 증권들 중 수익률이 가장 높을 것으로 기대되는 것은?

① 담보채 ② 무담보채 ③ 국공채
④ 주식 ⑤ 금융채

13. 투자안(또는 자산)의 위험을 나타내는 척도로서 가장 적합한 것은?

① 분산 또는 표준편차 ② 평균편차 ③ 범위
④ 기대값 ⑤ 중앙값

14. 포트폴리오에 대한 다음의 정의들 중 가장 타당한 것은?

① 두 개 이상의 채권으로 구성된다.
② 두 개 이상의 주식으로 구성된다.
③ 두 개 이상의 자산으로 구성된다.

④ 몇 개의 주식과 채권으로 구성된다.
⑤ 몇 개의 주식과 무위험자산으로 구성된다.

15. 다음의 포트폴리오들 중 위험분산효과가 가장 크게 나타나는 것은?

① 자산 간 상관계수가 높고, 많은 자산으로 구성된 포트폴리오
② 자산 간 상관계수가 낮고, 많은 자산으로 구성된 포트폴리오
③ 자산 간 상관계수가 낮고, 적은 자산으로 구성된 포트폴리오
④ 자산 간 상관계수가 높고, 적은 자산으로 구성된 포트폴리오
⑤ 자산 간 상관계수와 관계없이, 많은 자산으로 구성된 포트폴리오

16. 여러 자산에 분산투자하는 목적은? (경영지도사, 2022)

① 자본비용 감소 ② 자본조달 용이
③ 투자비용 감소 ④ 투자위험 감소
⑤ 거래비용 감소

II. 서술/계산형 문제

1. 일반적으로 사람들은 동일한 금액인 경우 미래의 현금흐름보다는 현재의 현금흐름을 더 선호하는데, 그 이유를 설명하라.

2. 포트폴리오의 위험분산효과에 대해서 설명하라.

3. (미래가치와 현재가치)

(1) 현금 1,000만원을 연리 3%로 매년 복리계산되는 정기예금에 예금하는 경우 2년도 말의 미래가치는 얼마인가?
(2) 연리 5%로 매년 복리계산되는 정기예금에 얼마를 예금하여야 3년도 말에 1,000만원을 마련할 수 있는가?

4. (현재가치 비교)

재무관리 교과서를 저술한 K씨는 4개의 출판사로부터 각각 다음과 같은 저작료를 제시받았다.

- 출판사 1: 3년도 말에 1,200만원을 지급한다.
- 출판사 2: 매년 말에 70만원씩 영구히 지급한다.
- 출판사 3: 매년 말에 400만원씩 3년간 지급한다.
- 출판사 4: 1년도 말에 60만원을 지급하고, 그 후 매년 말에 70만원씩 영구지급한다.

연간 할인율이 7%일 경우, K씨는 어느 출판사를 선택하여야 가장 유리하겠는가?

5. (기대수익률, 분산, 표준편차의 측정)

다음과 같은 확률분포를 가지는 두 자산이 있다.

상황	확률	수익률	
		자산 A	자산 B
호황	0.6	0.40	0.15
불황	0.4	−0.05	0.20

(1) 자산 A와 B의 기대수익률, 분산, 표준편차를 각각 구하라.

(2) 두 자산에 각각 50%씩 투자하여 구성한 포트폴리오의 기대수익률, 분산, 표준편차를 구하라.

6. (상관계수와 포트폴리오의 위험)

주식 A와 주식 B의 기대수익률과 분산은 각각 다음과 같다.

주식	기대수익률	분산
A	0.2	0.1
B	0.3	0.2

(1) 두 주식 사이의 상관계수가 0.5일 때, 총투자자금 중 60%를 주식 A에 투자하고 그 나머지 40%를 주식 B에 투자하여 구성한 포트폴리오의 기대수익률과 분산을 계산하라.

(2) 두 주식 사이의 상관계수가 −0.5일 때, 총투자자금 중 60%를 주식 A에 투자하고 그 나머지 40%를 주식 B에 투자하여 구성한 포트폴리오의 기대수익률과 분산을 계산하라.

(3) 상관계수가 포트폴리오의 위험에 미치는 영향을 설명하라.

제9장

자 본 예 산

1. 자본예산의 의의
2. 현금흐름의 추정
3. 투자안의 경제적 가치 평가

자본예산(capital budgeting)이란 1년 이상 장기적으로 그 효과가 지속되는 투자결정을 의미하는 것으로서, 이와 같은 투자결정의 합리성 여부가 기업의 가치에 미치는 영향은 매우 크다. 그러므로 합리적인 투자안의 평가방법을 개발하는 것은 재무관리자의 중요한 임무이다. 기업의 목표인 기업가치의 극대화는 투자활동을 통하여 얻을 수 있는 부가가치를 극대화함으로써 달성될 수 있다.

본장에서는 먼저 자본예산의 의의와 투자안 평가에 필요한 현금흐름을 추정하는 방법에 대해서 살펴본 후, 순현가법과 여러 가지 대체적인 투자안 평가방법들 — 회수기간법, 평균회계이익률법, 내부수익률법, 수익성지수법 등 — 의 의미와 그 타당성 여부를 설명하고자 한다.

1 자본예산의 의의

자본예산(capital budgeting)이란 1년 이상 장기적으로 그 효과가 지속되는 투자결정을 의미한다.

투자결정은 얼마만큼의 자금을 어느 자산에 투자할 것인가에 관한 결정으로서 기업의 기본적 재무의사결정이라 할 수 있다. 자산에 대한 투자결정 중 특히 1년 이상 그 효과가 지속되는 투자, 즉 비유동자산에 대한 투자결정을 자본예산이라 한다. 예를 들어 새로운 설비의 도입, 교체, 확장 등에 대한 투자가 자본예산의 대상이 된다.

일반적으로 자본예산은 다음과 같은 절차를 거쳐 이루어진다.

첫째, 투자의 대상이 되는 투자기회를 탐색한다. 이 경우 투자안은 어느 한 투자안의 선택 여부가 다른 투자안의 선택 여부에 의해서 영향을 받지 않는 **독립적 투자안**(independent investments)과 특정 투자안이 선택되면 다른 투자안들은 자동적으로 기각되는 **상호배타적 투자안**(mutually exclusive investments)으로 구분될 수 있다.

둘째, 투자안의 현금흐름을 추정한다.

셋째, 합리적인 투자안 평가방법에 의해 투자안의 경제성을 평가하여 투자안을 선택한다.

넷째, 경제성 평가에 의해 선택된 투자안을 실행한 후, 그 성과를 재평가한다.

이와 같은 자본예산의 절차를 그림으로 나타내면 [그림 9-1]과 같다. 재무관리자는 자본예산의 네 가지 절차 중에서 현금흐름을 추정하고, 투자안의 경제성을 평가하는 역할을 담당한다. 따라서 본서에서는 현금흐름의 추정과 투자안의 경제성 평가방법에 대해서 차례로 설명할 것이다.

그림 9-1 자본예산의 절차

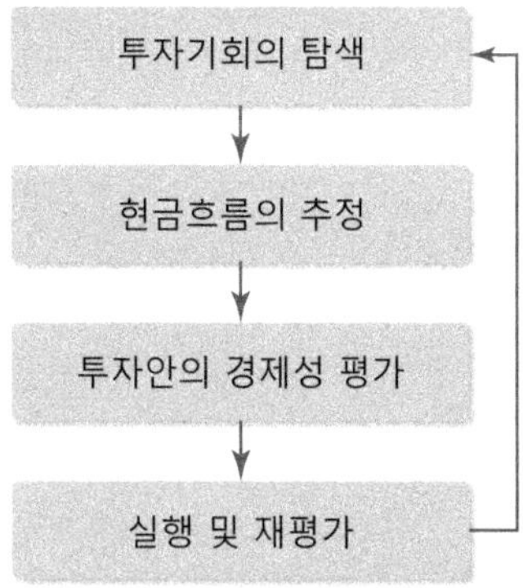

알아두기

자본예산의 중요성

1997년 말 외환위기를 겪은 후 우리나라에서는 기업이 초래한 부실을 바로잡는 작업으로 퇴출, 합병 등을 통한 기업구조조정이 본격적으로 시작되었다. 기업부실의 원인에는 여러 가지가 있겠지만 경제적 타당성 검토에 기초하지 않은 새로운 사업에의 진출, 즉 무리한 외형확장전략에 기인한 바가 크다고 하겠다. 과거에 발생된 삼미, 한보, 해태, 진로, 쌍방울, 기아, 쌍용, 대우, 한라 등의 부실화는 가장 기본적 재무의사결정인 자본예산을 제대로 수행하지 못한 결과, 기업의 생존자체마저도 위태롭게 된 사례라 할 수 있다. 이와 같이 자본예산은 거액의 자본을 투자하여 기업의 장기적인 경영성과에 영향을 미칠 수 있기 때문에, 기업이 치열한 경쟁 속에서 유지·성장하는 데 있어 중요한 재무의사결정의 하나로 간주되고 있다.

2 현금흐름의 추정

현금흐름(cash flow)은 투자의 결과로 발생하는 모든 현금을 의미하며, 현금유입(투자로 인해 들어오는 현금, 즉 투자수익)과 현금유출(투자로 인해 나가는 현금, 즉 투자비용)로 구분된다. 그리고 투자안을 분석할 때 고려되는 현금흐름은 현금유입에서 현금유출을 차감한 순현금흐름이다. 이와 같은 현금흐름은 회계적 이익과 다르다. 왜냐하면 회계적 이익은 현금의 유입과 유출에 관계없이 수익과 비용이 실제로 발생하였다는 구체적인 사실에 의해서 측정되기 때문이다.[1] 즉 회계적 이익은 회계기준에 따라 추정되는 인위적 수치이기 때문에 투자로 인해 발생되는 현금흐름을 정확히 나타내지 못한다. 그러므로 투자안 또는 자산을 평가할 때에는 회계적 이익이 아닌 현금흐름에 의해서 평가하여야 한다.

알아두기

현금흐름과 회계적 이익의 상이성

현금흐름은 회계적 이익과 서로 다르다. 따라서 현금흐름을 추정할 때 다음과 같은 몇 가지 사항을 유의하여야 한다.

◆ 감가상각비 등 비현금지출비용의 제외

감가상각비 등 비현금지출비용(non-cash expense)은 회계적 이익을 계산할 때 비용으로 차감된다. 그러나 감가상각비는 인위적으로 배분된 회계적 비용으로서 기업이 실제

1 현행 회계원칙에서는 수익과 비용을 인식함에 있어서 발생주의를 기본으로 하고 있다.

로 지출하는 것은 아니기 때문에 현금유출에 포함시키지 않아야 한다.

◆ 이자비용과 배당금 등 금융비용의 제외

이자비용과 배당금은 기업의 입장에서 보면 명백한 현금유출이다. 그러나 기업이 투자자금을 사용하는 대가로서 그 자금을 제공한 채권자와 주주에게 지급하는 이자비용과 배당금은 투자안을 평가하기 위하여 미래 현금흐름을 할인하는 과정에서 할인율(자본비용)에 적절하게 반영되어 차감되기 때문에 이들을 또다시 현금유출에 포함시켜서는 안 된다. 즉 미래 현금흐름을 할인한다는 것은 투자자에게 지급해야 하는 이자비용과 배당금을 차감한다는 것을 의미한다. 따라서 이자비용과 배당금을 현금유출에 포함시키고 또다시 할인하는 경우에는 이중계산이 된다.

◆ 운전자본과 자본적 지출의 포함

새로운 투자안에 의해서 재고자산, 매출채권 등이 증가하여 기업의 순운전자본(유동자산－유동부채)이 증가할 수 있으며, 이로 인하여 추가적인 자금이 더 필요하게 된다. 이와 같은 순운전자본의 증가로 인하여 추가적으로 소요되는 자금은 투자안의 내용연수 내에 동일 금액이 회수되므로 회계적 비용은 아니다. 그러나 투자안의 평가시 소모성 비용이 아닌 순운전자본을 현금흐름에 포함시켜야 하는 이유는 화폐의 시간적 가치를 고려해야 하기 때문이다. 그리고 회계기준에 의하면 자본적 지출은 현재의 비용이 아니라 투자자산의 원가에 가산하여 감가상각함으로써 미래의 수익에 대응된다. 그러나 현금흐름기준에 의하면 자본적 지출은 현금지출을 수반하므로 자본적 지출이 발생하는 시점의 현금유출에 포함시켜야 한다.

3 투자안의 경제적 가치 평가

총 29조원의 자금이 투입된 국책사업 중 가장 큰 사업인 새만금사업에서 경제성 평가는 필수적이다. 〈출처: 국토교통부〉

3.1 합리적인 투자안의 평가기준: 순현가법

순현가법은 기업의 목표인 주주 부의 극대화와 일치하는 투자안 평가방법이다. 그러므로 순현가법은 다른 대체적인 투자안 평가방법들의 타당성 여부를 가늠할 수 있는 판단기준(benchmark)으로 이용될 수 있다.

순현가의 의의

순현가(net present value: NPV)는 투자의 결과 발생하는 현금유입의 현가(present value of cash inflow)에서 현금유출의 현가(present value of cash outflow)를 차감한 것을 의미한다.[2]

$$NPV = PV(\text{현금유입}) - PV(\text{현금유출}) \qquad (9\text{-}1)$$

2 현재가치를 계산할 때 사용하는 할인율은 투자안을 채택하기 위하여 그 투자안이 벌어들여야 하는 최소한의 수익률로서 투자자본의 기회비용을 의미한다. 그리고 이것을 요구수익률(required rate of return) 또는 자본비용이라고도 한다.

식 (9-1)에 의해 계산되는 순현가는 투자로 인해 얻게 되는 기업가치의 증가분(투자비용을 모두 회수한 후 새로이 창출된 가치)을 나타내며, 순현가가 높은 투자안을 선택함으로써 기업가치를 보다 증가시킬 수 있다. 따라서 순현가를 극대화시키는 방향으로 자본예산을 실시함으로써 기업의 목표인 기업가치의 극대화를 달성할 수 있다.

투자안의 평가기준

■ 독립적인 투자안

순현가가 0보다 큰 투자안을 채택하고, 순현가가 0보다 작은 투자안을 기각한다.

- $NPV > 0$ → 투자안 채택
- $NPV < 0$ → 투자안 기각

■ 상호배타적인 투자안

$NPV > 0$인 투자안들 중에서 NPV가 가장 높은 투자안을 선택한다.

■ 순현가법의 특성

순현가법은 주주 부의 극대화라는 기업의 목표에 맞는 가장 합리적인 투자안 평가방법으로서 다음과 같은 특성을 가지고 있다.

첫째, NPV는 현금흐름을 사용한다.

둘째, NPV는 투자안의 모든 현금흐름을 사용한다.

셋째, NPV는 현금흐름을 적절한 할인율로 할인한다. 즉 NPV는 화폐의 시간적 가치를 고려한다.

넷째, 각 투자안의 NPV는 모두 동일시점, 즉 현재시점의 가치를 의미하므로 그것들을 합할 수 있다. 즉 NPV는 가치의 가산원칙(value additivity principle)이 성립한다. 예를 들어 A와 B의 두 투자안에 모두 투자할 경우의 순현가는 각 투자안의 순현가를 합한 것과 동일하다.

$$NPV(\mathrm{A}+\mathrm{B}) = NPV(\mathrm{A}) + NPV(\mathrm{B}) \tag{9-2}$$

식 (9-2)와 같은 가치의 가산원칙이 성립하는 경우, 모든 개별 투자안을 독립적으로 평가할 수 있게 된다.

이상과 같은 순현가법의 특성은 다음에 설명할 대체적인 투자안 평가방법들의 합리성 여부를 판단하는 기준으로 사용될 수 있다.

예제 9-1 순현가법에 의한 투자안 평가

바다주식회사는 현재 1,000만원의 투자자금이 소요되는 새로운 투자안을 고려하고 있다. 그리고 새로운 투자로 인해 기대되는 현금흐름은 다음과 같다. (단, 이 투자안의 할인율은 10%이다.)

(단위: 만원)

연도 말	현금흐름
1	300
2	200
3	300
4	400

순현가법에 의해서 이 투자안을 평가하라.

| 해설 |

$$\begin{aligned} NPV &= PV(\text{현금유입}) - PV(\text{현금유출}) \\ &= \frac{300}{1+0.1} + \frac{200}{(1+0.1)^2} + \frac{300}{(1+0.1)^3} + \frac{400}{(1+0.1)^4} - 1{,}000 \\ &= -63.4\text{만원} \end{aligned}$$

$NPV < 0$이므로, 이 투자안을 기각하여야 한다.

3.2 회수기간법과 평균회계이익률법

여기서는 실무에서 주로 사용하고 있는 전통적 투자안 평가방법인 회수기간법과 평균회계이익률법을 설명하고 그 문제점을 지적하고자 한다.

회수기간법

■ 회수기간의 의의

회수기간(payback period)은 투자에 소요된 모든 비용을 회수하는 데 걸리는 기간을 의미한다. 예를 들어 현재 5,000만원의 투자비용이 소요되는 투자안을 고려해 보자. 그리고 이 투자안으로 인하여 앞으로 3년에 걸쳐서 각 연도 말에 순서대로 각각 3,000만원, 2,000만원 그리고 1,000만원의 현금유입이 기대되는 경우, 그 현금흐름을 나타내면 다음과 같다.

현재	1년도 말	2년도 말	3년도 말
−5,000만원	3,000만원	2,000만원	1,000만원

이 투자안의 경우 투자비용 5,000만원을 모두 회수하는 데 걸리는 기간, 즉 회수기간은 2년이 된다.

■ 투자안 평가기준

• 독립적인 투자안

투자안의 회수기간이 기업자체에서 설정한 목표 회수기간보다 짧을 경우 투자안을 채택하고, 투자안의 회수기간이 목표 회수기간보다 길 경우 투자안을 기각한다.

• 투자안의 회수기간 < 목표 회수기간 → 투자안 채택
• 투자안의 회수기간 > 목표 회수기간 → 투자안 기각

앞의 예에서 투자안의 회수기간이 2년이다. 그러므로 기업이 설정한 목표

회수기간이 2년 이상인 경우에 투자안을 채택할 수 있으나, 목표 회수기간이 2년 이내인 경우에는 투자안을 기각하여야 한다.

• 상호배타적인 투자안

> 투자안의 회수기간이 목표 회수기간보다 짧은 투자안들 중에서 회수기간이 가장 짧은 투자안을 선택한다.

■ 회수기간법의 문제점

회수기간법은 최소한 다음과 같은 세 가지 문제점을 가지고 있다.

첫째, 회수기간 내 현금흐름에 대한 화폐의 시간적 가치를 무시한다.[3]

둘째, 회수기간 이후의 현금흐름을 무시한다.

셋째, 적절한 목표 회수기간의 선정이 자의적이다. 어떤 회수기간을 기준으로 하여 투자안을 평가하여야 하는지에 대한 합리적인 근거를 찾기가 어렵다.

그러나 이와 같은 문제점에도 불구하고 실무에서 회수기간법이 기끔 사용되고 있는데, 그 이유는 회수기간법이 다음과 같은 몇 가지 장점을 가지고 있기 때문이다.

첫째, 회수기간의 계산이 간편하므로 쉽게 사용할 수 있다.

둘째, 위험지표(risk indicator)로서의 정보를 제공할 수 있다. 즉 회수기간이 짧은 투자안을 선택함으로써 미래의 불확실성을 어느 정도 감소시킬 수 있다.

셋째, 회수기간이 짧은 투자안을 선택하게 함으로써 기업의 유동성을 향상시켜 준다.

회수기간법을 다른 합리적인 투자안의 평가방법과 병행하여 사용하면 투자안에 대해서 보완적인 정보를 제공할 수 있을 것이다. 그러나 회수기간법은

---

3 화폐의 시간적 가치를 무시한 회수기간법의 문제점을 보완하기 위하여 먼저 미래의 현금흐름들을 자본비용으로 각각 할인하여 현재가치를 계산한 후, 투자에 소요된 모든 비용을 회수하는 데 걸리는 기간을 계산하여 평가하는 할인회수기간법(discounted payback period method)이 있다. 그러나 이 방법 역시 회수기간 이후의 현금흐름을 무시하고 또한 목표 회수기간의 선정이 자의적이라는 약점을 여전히 가지고 있으므로 합리적인 평가방법이라고는 할 수 없다.

순현가법과 달리 앞에서 설명한 여러 가지 문제점들을 가지고 있기 때문에, 전적으로 회수기간법을 이용하여 투자안을 평가하는 경우 잘못된 평가결과가 나올 수 있다.

예제 9-2 회수기간법의 문제점

다음의 상호배타적인 세 투자안을 회수기간법에 의해서 평가하고, 그 결과 나타난 회수기간법의 문제점을 지적하라. (단, 기업의 목표 회수기간은 4년이다.)

(단위: 만원)

연도 말	현금흐름		
	투자안 A	투자안 B	투자안 C
0	−5,000	−5,000	−5,000
1	3,000	1,000	3,000
2	1,000	1,000	1,000
3	1,000	3,000	1,000
4	2,000	2,000	0

| 해설 |

투자안의 회수기간은 모두 목표 회수기간 4년보다 짧은 3년으로 동일하므로 회수기간법에 의하면 세 투자안 중 어느 투자안을 선택하여도 상관이 없다. 그러나 회수기간 내 현금흐름의 시간적 가치를 고려하면, 투자안 A가 투자안 B보다 더 좋은 투자안이다. 또한 투자안 A와 투자안 C는 비록 회수기간 내 현금흐름의 시간적 가치가 동일할지라도 투자안 A는 회수기간 이후, 즉 4년도 말에 2,000만원의 현금흐름이 있으나 투자안 C는 없기 때문에 투자안 A가 투자안 C보다 더 좋은 투자안이다. 결론적으로 회수기간 내 현금흐름의 시간적 가치와 회수기간 이후의 현금흐름을 모두 고려하면, 투자안 A가 가장 좋은 투자안이다.

이상과 같이 회수기간법은 회수기간 내 현금흐름의 시간적 가치와 회수기간 이후의 현금흐름을 무시하는 문제점을 가지고 있기 때문에 회수기간법에 의한 투자안의 평가결과는 잘못된 것이다. 또한 회수기간법은 목표 회수기간의 설정이 자의적이라는 문제점도 가지고 있다.

평균회계이익률법

■ 평균회계이익률의 의의

평균회계이익률(average accounting return: AAR)은 투자안의 내용연수 동안의 세후 평균순이익을 투자의 평균장부가치, 즉 평균투자액으로 나눈 것이다.

$$AAR = \frac{\text{세후 평균순이익}}{\text{평균투자액}} \tag{9-3}$$

■ 투자안 평가기준

• 독립적인 투자안

투자안의 평균회계이익률이 기업의 목표 평균회계이익률보다 클 경우 투자안을 채택하고, 투자안의 평균회계이익률이 목표 평균회계이익률보다 작을 경우 투자안을 기각한다.

> • 투자안의 AAR > 목표 AAR → 투자안 채택
> • 두자안의 AAR < 목표 AAR → 투자안 기각

• 상호배타적인 투자안

> 투자안의 AAR이 목표 AAR보다 높은 투자안들 중에서 AAR이 가장 높은 투자안을 선택한다.

■ 평균회계이익률법의 문제점

평균회계이익률법은 다음과 같은 문제점을 가지고 있다.

첫째, 현금흐름이 아닌 회계적 이익을 이용한다. 회계이익은 단지 장부상의 이익을 나타내는 인위적인 수치로서 현금흐름을 나타내는 것이 아니다. 그러므로 회계이익을 사용하는 평가방법은 합리적인 평가방법이라 할 수 없다.

둘째, 화폐의 시간적 가치를 무시한다. 예를 들어 평균회계이익률법에서는 1년 후의 순이익 1원과 2년 후의 순이익 1원이 동일한 가치를 가지는 것으로

평가된다.

셋째, 적절한 목표 평균회계이익률의 설정이 어렵다. 기업에 따라서는 기존 투자안의 이익률 또는 동업계 타사의 이익률을 목표 평균회계이익률로 선정하는 경우가 있으나 어느 경우도 그 정당성을 입증하기는 쉽지 않다.

평균회계이익률법은 간단하고 이해하기 쉬우며, 예산편성 때 작성될 회계자료를 바로 이용할 수 있다는 점에서 실무에서는 많이 사용되고 있다. 그러나 평균회계이익률법은 순현가법과 달리 앞에서 설명한 여러 가지 문제점들을 가지고 있기 때문에 합리적인 투자안 평가방법이라고는 볼 수 없다.

예제 9-3 평균회계이익률법의 문제점

현재의 투자액이 3억원으로 모두 동일한 상호배타적인 세 투자안의 각 연도별 세후 순이익은 다음과 같다.

(단위: 만원)

연도	세후 순이익		
	투자안 A	투자안 B	투자안 C
1	5,000	3,000	1,000
2	3,000	3,000	3,000
3	1,000	3,000	5,000

위 투자안을 평균회계이익률법에 의해서 평가하고, 그 결과 나타난 평균회계이익률법의 문제점을 지적하라. (단, 투자액은 정액법으로 투자안의 내용연수 3년 동안 전액상각되며, 목표 평균회계이익률은 15%이다.)

| 해설 |

각 투자안의 평균회계이익률은 다음과 같은 세 단계를 거쳐서 계산된다.

(1) 제1단계: 각 투자안의 세후 평균순이익 계산

- 투자안 A$=\dfrac{5{,}000+3{,}000+1{,}000}{3}=3{,}000$만원

- 투자안 B$=\dfrac{3{,}000+3{,}000+3{,}000}{3}=3{,}000$만원

- 투자안 C$=\dfrac{1{,}000+3{,}000+5{,}000}{3}=3{,}000$만원

(2) 제2단계: 연간 평균투자액의 계산

(단위: 만원)

연도 말	0	1	2	3
투자의 총장부가치 감가상각누계액*	30,000 0	30,000 10,000	30,000 20,000	30,000 30,000
투자의 순장부가치	30,000	20,000	10,000	0

* 연간 감가상각비 = 30,000만원/3년 = 10,000만원

그러므로 평균투자액은 다음과 같이 구할 수 있다.[4]

$$\text{평균투자액} = \frac{30{,}000 + 20{,}000 + 10{,}000 + 0}{4} = 15{,}000\text{만원}$$

(3) 제3단계: 평균회계이익률의 계산

- AAR(투자안 A) = 3,000/15,000 = 0.2 또는 20%
- AAR(투자안 B) = 3,000/15,000 = 0.2 또는 20%
- AAR(투자안 C) = 3,000/15,000 = 0.2 또는 20%

위의 계산결과에 의하면 세 투자안의 평균회계이익률은 모두 동일한 20%로 목표 평균회계이익률 15%보다 높기 때문에 평균회계이익률법에 의하면 세 투자안 중 어느 투자안을 선택하더라도 무차별할 것이다. 그러나 투자안 A의 경우 초기의 세후 순이익이 다른 투자안에 비해 더 많기 때문에 화폐의 시간적 가치를 고려하면 투자안 A가 가장 좋은 투자안이라 할 수 있다.

그러므로 화폐의 시간적 가치를 고려하지 않는 평균회계이익률법의 평가결과는 잘못된 것이다. 또한 평균회계이익률법에서는 현금흐름이 아닌 장부상의 인위적인 수치인 회계적 이익을 사용한다는 문제점과 목표 AAR의 설정이 어렵다는 문제점을 동시에 가지고 있다.

4 정액법으로 완전상각하는 경우 평균투자액은 다음과 같이 구할 수 있다.

$$\text{평균투자액} = \frac{\text{투자의 총장부가치}}{2} = \frac{30{,}000}{2} = 15{,}000\text{만원}$$

3.3 내부수익률법과 수익성지수법

내부수익률법

■ 내부수익률의 의의

내부수익률(internal rate of return: IRR)은 투자의 결과 발생하는 현금유입의 현가와 현금유출의 현가를 같아지게 하는 할인율로서 평균투자수익률의 의미를 가진다.

$$NPV = PV(\text{현금유입}) - PV(\text{현금유출}) = 0 \ \rightarrow \ \text{할인율}(r) = IRR \qquad (9\text{-}4)$$

내부수익률은 투자안의 특성을 요약하는 단일의 수치(평균투자수익률)로서 자본비용과 관계없이 계산된다. 내부수익률은 단지 투자안의 내부적 특성, 즉 그 투자안의 현금흐름에 의해서 결정된다. 그러나 비록 내부수익률을 계산하는 데는 자본비용이 필요 없지만, 그것에 의해 투자안을 평가하기 위해서는 자본비용이 필요하게 된다는 사실에 유의해야 한다.

예를 들어 현재 200만원을 투자하면, 다음 3년 동안 매년 말 100만원씩을 얻을 수 있는 투자안의 내부수익률을 계산해 보자. 이 투자안의 현금흐름을 나타내면 다음과 같다.

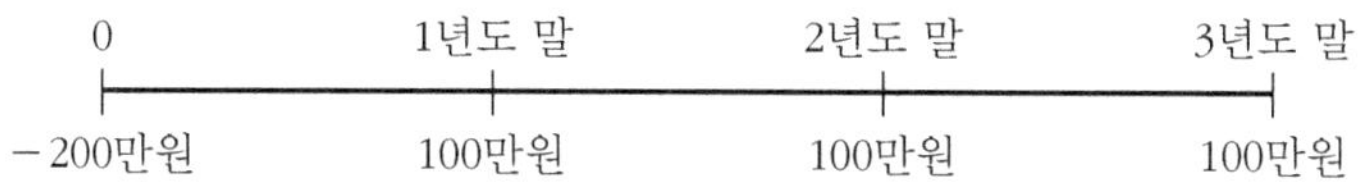

이와 같은 투자안의 순현가는 다음과 같다.

$$NPV = \frac{100}{1+r} + \frac{100}{(1+r)^2} + \frac{100}{(1+r)^2} - 200$$

그러므로 투자안의 내부수익률은 다음의 식에 의해서 구할 수 있다.

$$\frac{100}{1+IRR} + \frac{100}{(1+IRR)^2} + \frac{100}{(1+IRR)^3} - 200 = 0$$

위의 식을 만족할 때까지, 즉 $NPV=0$이 될 때까지 계속해서 임의의 할인율을 대입하여 내부수익률을 구하는 방법인 시행착오법(trial and error method)에 의해서 IRR을 구하는 과정은 다음과 같다.[5]

할인율	NPV
20%	10.65만원
⋮	⋮
23.37%	0원
⋮	⋮
30%	−18.39만원

순현가를 0으로 만드는 할인율인 내부수익률은 23.37%이다. 할인율에 따른 순현가의 변화를 그림으로 나타내면 [그림 9-2]와 같다. [그림 9-2]에서 볼 수 있듯이 투자안의 순현가는 할인율이 증가할수록 감소한다. 이와 같은 경우 할인율(자본비용) r이 내부수익률보다 작은 영역에서는 NPV가 0보다 크며, 할인

그림 9-2 **할인율에 따른 순현가의 변화**

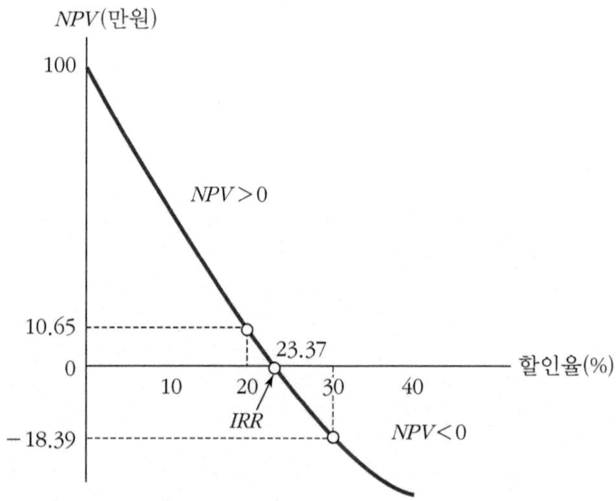

5 엑셀의 함수식을 이용하면 쉽게 내부수익률을 구할 수 있다.

율 r이 내부수익률보다 큰 영역에서는 NPV는 0보다 작아진다.

• $IRR > r \rightarrow NPV > 0$
• $IRR < r \rightarrow NPV < 0$

■ 투자안 평가기준

• 독립적인 투자안

내부수익률이 자본비용 r보다 높을 경우 투자안을 채택하고, 내부수익률이 자본비용 r보다 낮을 경우 투자안을 기각한다.

• $IRR > r$ (∵ $NPV > 0$) → 투자안 채택
• $IRR < r$ (∵ $NPV < 0$) → 투자안 기각

앞의 예에서 자본비용이 20%라고 가정한다면, 투자안의 내부수익률이 23.37%로서 자본비용보다 높기 때문에 이 투자안을 채택하여야 한다. 이와 같은 평가결과는 순현가법($NPV = 10.65$만원: 투자안 채택)과 동일할 것이다.

• 상호배타적인 투자안

$IRR > r$인 투자안들 중에서 IRR이 가장 높은 투자안을 선택한다.

예제 9-4 내부수익률법에 의한 투자안 평가

앞의 〈예제 9-1〉을 내부수익률법에 의해서 평가하라.

| 해설 |

$NPV = 0$이 되게 하는 할인율, 즉 내부수익률은 다음의 식에 의해서 구할 수 있다.

$$NPV = \frac{300}{1+IRR} + \frac{200}{(1+IRR)^2} + \frac{300}{(1+IRR)^3} + \frac{400}{(1+IRR)^4} - 1{,}000 = 0$$

내부수익률 IRR을 시행착오법에 의해 구하면 7.2%로 자본비용 10%보다 작기 때문에 바다주식회사는 이 투자안을 기각하여야 한다. 이 결과는 순현가법의 결과와 일치한다.

수익성지수법

■ 수익성지수의 의의

수익성지수(profitability index: PI)는 투자로 인하여 발생하는 현금유입의 현가를 현금유출의 현가로 나눈 비율이다.[6]

$$PI = \frac{PV(\text{현금유입})}{PV(\text{현금유출})} \tag{9-5}$$

수익성지수는 순현가와 유사한 정보를 제공한다. 그러나 순현가는 투자안의 경제적 공헌을 금액으로 나타내고 있으나, 수익성지수는 투자안의 상대적인 수익성을 비율로서 나타내고 있다는 점을 유의하여야 한다.

■ 투자안 평가기준

• 독립적인 투자안

수익성지수가 1보다 큰 투자안은 채택하고, 수익성지수가 1보다 작은 투자안은 기각한다.

> • $PI > 1$ ($\because$ $NPV > 0$) → 투자안 채택
> • $PI < 1$ ($\because$ $NPV < 0$) → 투자안 기각

• 상호배타적인 투자안

> $PI > 1$인 투자안들 중에서 PI가 가장 높은 투자안을 선택한다.

---

6 실무(특히 사회자본에 대한 투자분석)에서는 비용편익분석(cost-benefit analysis)을 사용하는데 이는 수익성지수법과 동일한 것이다. 비용편익분석에서 비용편익비율(B/C)은 편익(benefit), 즉 PV(현금유입)을 비용(cost), 즉 PV(현금유출)로 나누어 산출한다.

예제 9-5 수익성지수법에 의한 투자안 평가

앞의 〈예제 9-1〉을 수익성지수법에 의해서 평가하라.

| 해설 |

$$PV(\text{현금유출}) = \text{현재시점의 투자지출액} = 1{,}000\text{만원}$$

$$PV(\text{현금유입}) = \frac{300}{1+0.1} + \frac{200}{(1+0.1)^2} + \frac{300}{(1+0.1)^3} + \frac{400}{(1+0.1)^4}$$

$$= 936.6\text{만원}$$

$$\rightarrow PI = \frac{936.6}{1{,}000} = 0.9366$$

$PI < 1$이므로 바다주식회사는 이 투자안을 기각하여야 한다.

알아두기

경인운하(경인아라뱃길)의 경제성 평가 사례분석

| 2009년 5월 6일 열린 경인아라뱃길 착공식

인천시 서구 오류동에서 서울시 강서구 개화동 사이 18km를 저폭 80m의 물길로 연결하는 우리나라 최초의 이 운하사업은 사업이 갖는 상징성과 투입되는 자원의 규모에 걸맞지 않게 시작부터 과학적이지 않은 많은 약점을 안고 출발했다. 87년 7월 인천의 부평과 김포 일대는 대규모의 홍수 피해를 입었다. 이로 인해서 부평 일대를 관통하는 굴포천에 대한 종합적인 치수 대책 수립이 현안으로 부상했다. 홍수 방재를 위한 방수

로 건설로 시작된 논의는 95년 민자유치대상사업으로서 경인운하건설사업으로 전환되고, 98년 나라가 IMF 외환위기 사태로 흔들리던 시점에 현대건설과 한국수자원공사 등을 묶은 민간사업자 컨소시엄과 정부 간에 경인운하 실시협약이 체결됐다. 당시 이 사업은 운하 건설에 목적이 있다기보다는 민자유치대상사업에 자동적으로 부가돼 제공되는 주변지 개발사업권 부여에 초점이 맞춰진 특혜성 사업이라는 일부 시민단체들의 의혹이 강하게 제기됐으나 아무 해명도 없이 묻혀버리고 말았다.

이후 99년 12월에는 98년 실시협약에 기초해 경인운하주식회사가 설립됐고 환경단체들을 비롯한 일부 시민단체들의 경인운하 백지화 투쟁이 격화했다. 이에 영향을 받은 노무현정부의 대통령직 인수위는 2003년 1월 경인운하를 백지화한다고 발표했다가 곧바로 번복하는 해프닝을 연출하기도 했다. 결국 2003년 9월 국정현안 조정회의에서 굴포천 방수로와 제방도로만을 우선 건설하고 경인운하의 경제성은 재검토하도록 결론을 내렸고, 이에 따라 감사원이 감사에 착수한 결과 당초 한국개발연구원(KDI)의 비용편익분석 보고서가 국토해양부(구 건설교통부)의 개입으로 조작됐다는 감사 결과 보고가 제출됐다. 마침내 2004년 (주)경인운하에 대한 사업자 지정이 취소됐고, 그해 12월에는 당시 건설교통부에 의해 이 사업의 중도 포기에 따른 사업자의 손해를 보상하는 해지지급금 1,200억원 지급결정까지 이뤄졌다.

그러나 이런 과정을 거치면서도 끝내 이 사업에 대한 미련을 버리지 못한 건설교통부는 2004년 네덜란드의 DHV와 한국의 한 용역회사가 결합한 용역컨소시엄회사에 경인운하건설사업 재검토 용역을 발주했고 2007년 그 결과물이 제출됐다. 이 사업의 경제성(B/C)은 1.76이므로 사업 실현의 타당성이 있다고 분석한 이 보고서는 운하를 항행하는 선박은 해양과 운하를 동시 항행할 수 있는 소위 R/S(River/Sea) 선박을 사용하는 것이 좋을 것이라는 조언까지 담았다. 하지만 즉각 시민사회단체들의 부실용역 논란에 휩싸이며 또 다시 KDI의 조정을 받게 됐다. 결국 KDI의 재검증 결과 조정된 1.065라는 아슬아슬한 경제성을 기초로 2009년 3월 한국수자원공사는 무려 2조2,500억원이라는 예산을 갖고 본격적인 공사에 들어갔고, 명칭도 경인아라뱃길로 바뀌었다.

이 사업을 둘러싼 사회적인 논점은 몇 가지로 요약할 수 있다. 우선 경인운하 경제성 분석이 제대로 이뤄진 것인지에 대한 원천적인 문제가 있다. 또한 홍수 방재 기능이 제대로 작동할 것인지, 양쪽 끝이 갑문으로 폐쇄돼 있는 일종의 거대한 물탱크에 해수와 담수를 섞어 담아 놓고 수질을 관리할 수 있는지, 서해안 진입 수로관리를 위한 갯벌의 파괴 문제 등을 포함한 환경 생태적인 문제가 있다. 과연 우리나라에서 한 번도 운항해 본 적 없는 R/S 선박이 연안항로 운항과 아라뱃길 주 운수로의 운항에 적합한지와 안전한지, 그리고 18km의 선박 운항 편익을 위해 막대한 시간과 하역비용이 추가로 부담되는 이런 운하를 이용할 물량이 있겠느냐는 물류 유통상의 문제도 있다. 또한 이 운하 건설에 따른 불편을 해소해 달라는 사업지 주변 주민들의 민원과 이 사업에 전혀 참여하지 못한 채 막대한 사후 관리비용만을 떠안게 되는 주변 지방자치단체들의 불만도 있다.

이런 논점을 해소하기 위해 송영길 인천광역시장은 시장직 당선 후 2010년 10월 경인아라뱃길 재검증위원회를 구성했다. 그리고 재검증위원회는 29명의 분야별 전문가들이 두 달에 걸쳐 검증한 결과를 2010년 11월 30일 발표했다. 그 내용을 요약해보면, 정부측의 경제성 분석 결과는 무려 8번에 걸쳐 번복됐으며 그 편차도 2.08부터 0.8166에 이르기까지 지나치게 커 신뢰할 수가 없다는 것. 위원회가 스스로 검증한 바에 따르면, 이 사업의 경제성은 0.274밖에 되지 않는 것으로 나타났다. 위원회는 학계에서 통용하는 비용편익분석의 원칙에 따르더라도 개발대상지역의 지가 상승분은 편익에 산입하지 않는 것이 상식임에도 불구하고 KDI의 최종 재검증보고서는 편익을 증가시키기 위해 무려 5,560억원의 지가 상승 예상액을 순편익으로 산입하는 오류를 저질렀으며, 운하가 치수 기능을 통합하고 있으므로 치수편익과 소요비용을 총 편익비용 계상에 통합하는 것이 당연함에도 방수로 건설 관련 부분을 의도적으로 계산에서 제외함으로써 5,272억원의 순비용을 감소시키는 등 순편익 부풀리기가 있었다고 지적했다.

경인운하 비용편익(B/C) 분석 결과		
연도	평가 주체(용역기관)	B/C
1989년	수자원공사	2.08
1996년	수자원공사(해운산업연구원)	2.2
2002년 1차	건교부(한국개발연구원)	0.8166
2002년 2차	건교부(한국개발연구원)	0.9206
2002년 3차	건교부(한국개발연구원)	0.9233~1.2807
2003년	감사원	0.7607~0.9317
2007년	건교부(네덜란드 DHV)	1.76
2008년	국토해양부(한국개발연구원)	1.065
2010년	경인아라뱃길 재검증위원회	0.274

※비용편익비가 1보다 클 경우 사업타당성을 인정.

2018년 3월 국토교통부 관행혁신위원회 위원들은 '개선 권고안'에서 "해운 물동량이 계획 대비 8% 수준에 불과한 것은 처음부터 사업의 타당성에 문제가 있었음을 보여주는 것"이라고 지적했다.

〈매경이코노미(2011. 3. 9) 및 중앙일보(2019. 6. 24)에서 발췌〉

내부수익률법과 수익성지수법의 문제점

내부수익률법과 수익성지수법의 문제점을 살펴보기 위하여 〈표 9-1〉과 같

표 9-1 **상이한 투자규모: 상호배타적 투자안 A와 B** (단위: 만원)

시점	현금흐름	
	투자안 A	투자안 B
0	−100	−10,000
1	200	15,000
NPV	82	3,636
IRR	100%	50%
PI	1.82	1.36

은 상호배타적인 두 투자안을 생각해 보자.[7] (단, 자본비용=10%)

순현가법에 의하여 투자안을 평가하면 NPV가 높은 투자안 B가 선택되는 반면, 내부수익률법 또는 수익성지수법에 의하여 투자안을 평가하면 투자안 A가 선택된다. 이와 같은 상반된 결과는 투자규모의 차이, 즉 9,900만원(10,000만원−100만원)에 대한 투자수익률의 가정이 서로 다르기 때문이다.

투자규모 차이에 대한 투자수익률 가정

- 순현가법: 자본비용
- 내부수익률법, 수익성지수법: 내부수익률

상대적으로 투자규모가 작은 투자안에 투자하고 남은 여유자금(투자규모의 차이)에 대해 순현가법은 자본비용으로 투자할 수 있다고 가정하는 반면, 내부수익률법과 수익성지수법은 현재 선택된 투자안과 동일한 투자수익률(내부수익률)을 얻을 수 있는 투자안에 투자할 수 있다는 가정을 하고 있다. 이와 같은 내부수익률법과 수익성지수법의 가정은 치열한 경쟁으로 인하여 한계투자수익률이 체감하는 현실에 비추어 볼 때 비현실적인 가정이라 할 수 있다.[8] 즉

---

7 • $NPV_A = \frac{200}{1+0.1} - 100 = 82$만원, $NPV_B = \frac{15{,}000}{1+0.1} - 10{,}000 = 3{,}636$만원

• $\frac{200}{1+IRR_A} - 100 = 0 \rightarrow IRR_A = 100\%$, $\frac{15{,}000}{1+IRR_B} - 10{,}000 = 0 \rightarrow IRR_A = 50\%$

• $PI_A = \frac{200(1+0.1)^{-1}}{100} = 1.82$, $PI_B = \frac{15{,}000(1+0.1)^{-1}}{10{,}000} = 1.36$

8 내부수익률법의 경우에는 투자기간 내 현금흐름에 대해서도 내부수익률로 재투자할 수 있다는 비현실적인 가정을 하고 있으며, 복수의 내부수익률이 나타날 수 있다는 문제

내부수익률법 또는 수익성지수법은 투자안의 투자규모를 합리적으로 고려하지 않는 투자안 평가방법이라 할 수 있다.

결론적으로 말하면 보다 현실적인 투자수익률(자본비용) 가정하에서 가치개념에 근거하고 있는 순현가법이야말로 기업가치의 극대화라는 목표를 달성하는 데 있어 가장 우수한 평가방법이라 할 수 있다.

알아두기

평균투자수익률과 한계투자수익률

평균투자수익률은 투자금액 전체에 대한 투자수익의 비율로서, 투자금액 한 단위에 대한 평균적인 수익률이다. 그러나 한계투자수익률은 최종투자 한 단위에 대한 투자수익률을 의미한다. 예를 들어 각각 1,000만원씩 소요되는 투자안 A의 투자수익률은 30%, 투자안 B의 투자수익률은 20%, 투자안 C의 투자수익률은 10%라고 하자. 이 경우 최초 1,000만원을 투자했을 때는 가장 높은 30%, 추가적으로 1,000만원을 더 투자했을 때는 20%, 마지막 1,000만원을 투자했을 때는 가장 낮은 10%의 투자수익률을 얻을 수 있다. 따라서 3,000만원을 투자했을 때의 평균투자수익률과 한계투자수익률은 다음과 같다.

- 평균투자수익률 = $\frac{30\% + 20\% + 10\%}{3} = 20\%$
- 한계투자수익률(마지막 1,000만원 투자에 대한 투자수익률) = 10%

경쟁적인 사회에서 높은 투자수익률을 얻을 수 있는 기회는 빠른 속도로 사라지기 때문에 투자규모가 증가함에 따라 한계투자수익률은 체감하게 된다.

최근 창업에 대한 관심이 고조되고 있는데, 창업에서 실패하는 원인 중의 하나는 현재 상당한 인기를 끌고 있다는 이유로 그 업종에 진출하는 데 있다. 현재 상당한 인기를 누리고 있는 업종의 경우 평균적인 투자수익률은 어느 정도 높을지 모르지만, 이미 본격적인 경쟁이 시작되어 추가로 진출했을 때의 투자수익률, 즉 한계투자수익률은 거의 자본비용수준에 불과한 경우가 일반적이다. 따라서 창업시 높은 투자수익률을 얻기 위해서는 기존에 투자가 이루어지지 않는 새로운 업종을 개발해야 할 것이다.

점도 있다. 이에 대한 자세한 내용은 김영규 · 감형규, New 재무관리(유원북스, 2013), pp. 113-117 참조.

알아두기

Excel을 이용한 순현가와 내부수익률의 계산

엑셀에서 이용할 수 있는 재무함수 중 투자의 현재가치를 계산하는 함수식은 다음과 같다.

= *NPV* (rate, value1, value2, ⋯)

rate: 할인율(자본비용)

value1, value2, ⋯: 현금흐름을 표시하는 인수(29개까지 사용가능)

(주의사항)

1. NPV함수는 1시점(1기간 말)부터 발생하는 현금흐름의 현재가치를 계산하기 때문에 투자안의 순현가(NPV)를 구하기 위해서는 현재의 현금흐름(일반적으로 현금유출)을 추가적으로 고려해 주어야 함.
2. 제8장에서 설명한 PV함수는 정기적립액(기초 또는 기말)의 현재가치를 계산할 수 있는 함수식인 반면, NPV함수는 매기간 말에 일정하지 않게 발생하는 현금흐름의 현재가치를 계산하는 것임.

그리고 투자안의 내부수익률을 계산하는 함수식은 다음과 같다.

= *IRR* (values, guess)

values: 일련의 현금흐름이 입력되어 있는 셀의 범위(최소한 1번 이상의 현금유입(+)과 1번 이상의 현금유출(-)이 있어야 함).

guess: 시행착오법에 의해 IRR을 계산할 때 초기치(initial value)로 사용되는 수익률(생략하면 기본값인 10%로 간주)

	A	B	C	D	E	F	G
1	연도 말	현금흐름		할인율	10%		
2	0	-1,000					
3	1	300					
4	2	200					
5	3	300					
6	4	400					
7					=NPV(E1, B3:B6)+B2		
8	<예제 9-1> 순현가의 계산			-63.4			
9					=IRR(B2:B6)		
10	<예제 9-4> 내부수익률의 계산			7.2%			
11					=NPV(E1, B3:B6)/-B2		
12	<예제 9-5> 수익성지수의 계산			0.9366			
13							
14							

주요 용어

자본예산(capital budgeting)

1년 이상 장기적으로 그 효과가 지속되는 투자결정을 의미하는 것으로서, 이와 같은 투자결정의 합리성 여부가 기업가치에 미치는 영향은 매우 크다.

독립적 투자안(independent investments)

어느 한 투자안의 선택 여부가 다른 투자안의 선택 여부에 의해서 영향을 받지 않는 투자안을 의미한다.

상호배타적 투자안(mutually exclusive investments)

특정 투자안이 선택되면 다른 투자안들은 자동적으로 기각되는 투자안을 의미한다.

현금흐름(cash flow)

투자의 결과 발생되는 모든 현금을 의미하며, 이것은 현금유입(투자로 인해 들어오는 현금)과 현금유출(투자로 인해 나가는 현금)로 구분된다.

순현가(net present value: NPV)

투자의 결과 발생하는 현금유입의 현가에서 현금유출의 현가를 차감한 것을 의미한다.

☞ $NPV = PV(\text{현금유입}) - PV(\text{현금유출})$

순현가법의 특성

첫째, NPV는 현금흐름을 사용한다.

둘째, NPV는 투자안의 모든 현금흐름을 사용한다.

셋째, NPV는 현금흐름을 적절한 할인율로 할인한다.

넷째, NPV는 가치의 가산원칙(value additivity principle)이 성립한다.

회수기간(payback period)

투자에 소요된 모든 비용을 회수하는 데 걸리는 기간을 의미한다.

평균회계이익률(average accounting return: AAR)

투자안의 내용연수 동안의 세후 평균순이익을 투자의 평균장부가치, 즉 평균투자액으로 나눈 것이다.

☞ $AAR = \frac{\text{세후 평균순이익}}{\text{평균투자액}}$

내부수익률(internal rate of return: IRR)

투자의 결과 발생하는 현금유입의 현가와 현금유출의 현가를 같아지게 하는 할인율로서 평균투자수익률의 의미를 가진다.

☞ $NPV = PV(\text{현금유입}) - PV(\text{현금유출}) = 0 \rightarrow \text{할인율} = IRR$

수익성지수(profitability index: PI)

투자로 인해 발생되는 현금유입의 현가를 현금유출의 현가로 나눈 비율이다.

☞ $PI = \frac{PV(\text{현금유입})}{PV(\text{현금유출})}$

연습문제

Ⅰ. 완성/선택형 문제

1. 자산에 대한 투자결정 중 특히 1년 이상 그 효과가 지속되는 투자, 즉 비유동자산에 대한 투자결정을 (   )이라 한다.

2. 투자안은 어느 한 투자안의 선택 여부가 다른 투자안의 선택 여부에 의해서 영향을 받지 않는 (   )과 특정 투자안이 선택되면 다른 투자안들은 자동적으로 기각되는 (   )으로 구분될 수 있다.

3. (   )은 일정한 회계기준에 의하여 추정되는 인위적 수치이므로 투자에 의해 발생되는 현금흐름을 정확히 나타내지 못한다.

4. 상대적으로 투자규모가 작은 투자안에 투자하고 남은 여유자금에 대해 순현가법은 (   )으로 투자할 수 있다고 가정하는 반면, 내부수익률법과 수익성지수법은 (   )로 투자할 수 있다는 가정을 하고 있다.

5. 순현가법에 대한 다음의 설명 중 잘못된 것은?

   ① NPV는 투자안의 현금유입의 현재가치에서 현금유출의 현재가치를 차감하여 구한다.
   ② 독립적인 투자안의 경우 NPV＞0이면 채택하고, NPV＜0이면 기각한다.
   ③ 상호배타적인 투자안을 평가할 때, NPV＞0인 투자안들 중에서 NPV가 가장 높은 투자안을 선택한다.
   ④ 순현가법의 평가결과는 내부수익률법의 평가결과와 항상 일치한다.
   ⑤ NPV는 투자안을 채택할 경우 얻게 될 기업가치의 증분을 나타낸다.

6. 다음 중 순현가(NPV)의 특성과 거리가 먼 것은?

① NPV는 현금흐름을 사용한다.
② NPV는 투자안의 모든 현금흐름을 사용한다.
③ NPV는 현금흐름을 적절한 할인율로 할인한다.
④ NPV는 가치의 가산원칙(value additivity principle)이 성립한다.
⑤ NPV는 모든 개별 투자안들간의 상호관계를 고려한다.

7. 회수기간법에 대한 다음의 설명 중 잘못된 것은?

① 상호배타적인 투자안을 평가할 때 투자안의 회수기간이 목표 회수기간보다 짧은 투자안들 중에서 회수기간이 가장 짧은 투자안을 선택한다.
② 수요변화나 기술적 진부화의 위험이 작은 투자안에 대해 적절한 평가방법이다.
③ 회수기간 내 현금흐름의 시간적 가치를 무시하고 회수기간 이후의 현금흐름을 무시한다는 문제점을 가지고 있다.
④ 적절한 목표 회수기간의 선정이 자의적이다.
⑤ 위험지표로서의 정보를 제공하고 기업의 유동성을 향상시켜 준다.

8. 평균회계이익률법에 대한 다음의 설명 중 잘못된 것은?

① 평균회계이익률은 투자안의 세후 평균순이익을 평균투자액으로 나누어 구한다.
② 독립적인 투자안 평가시 투자안의 평균회계이익률이 목표 평균회계이익률보다 높을 경우 투자안을 채택한다.
③ 합리적인 근거에 의해 목표 평균회계이익률을 선정할 수 있다.
④ 현금흐름이 아닌 회계적 이익을 사용하며, 화폐의 시간적 가치를 무시한다.
⑤ 평균회계이익률법은 간단하고 이해하기 쉬우며, 예산편성 때 작성될 회계자료를 바로 이용할 수 있다는 점에서 실무에서 주로 이용되고 있다.

9. 내부수익률법(IRR법)에 대한 다음의 설명 중 잘못된 것은?

① 내부수익률(IRR)은 투자의 결과 발생하는 현금유입의 현가와 현금유출의 현가를 같아지게 하는 할인율로서 평균투자수익률의 의미를 가진다.
② 내부수익률은 투자안의 특성을 요약하는 단일의 수치로서 자본비용과 관계없이 계산된다.
③ 투자안의 평가시 내부수익률을 자본비용과 비교하여야 한다.
④ 어떤 투자안의 경우 복수의 내부수익률이 존재하거나 내부수익률이 존재하지 않을 수 있다.

⑤ 상호배타적 투자안의 평가시 NPV법과 IRR법에 의한 평가결과는 항상 일치한다.

10. 다음 설명 중 잘못된 것은?

① 투자기간 내 현금흐름과 투자규모의 차이에 대한 묵시적인 재투자수익률의 가정이 순현가법과 내부수익률법에 있어서 서로 다르다.
② 상호배타적인 투자안의 평가시 내부수익률법과 순현가법의 평가결과가 서로 상이할 때 순현가법으로 평가하는 것이 보다 타당하다.
③ 투자기간 내 현금흐름과 투자규모의 차이에 대해 순현가법은 자본비용, 내부수익률법은 내부수익률로 재투자된다고 가정한다.
④ 내부수익률법의 경우 가치의 가산원칙(value additivity principle)이 성립한다.
⑤ 독립적인 투자안을 평가할 때 순현가법과 수익성지수법에 의한 평가결과는 항상 일치한다.

11. 수익성지수법(PI법)에 관한 다음의 설명 중 적절하지 못한 것은?

① 수익성지수는 투자로 인하여 미래에 기대되는 현금유입의 현가를 현재의 투자지출액으로 나눈 비율을 의미한다.
② $PI > 1$인 경우 항상 $NPV > 0$이다.
③ 상호배타적인 투자안의 평가시 $PI > 1$인 투자안들 중에서 PI가 가장 높은 투자안을 선택한다.
④ 상호배타적인 투자안의 평가시 투자규모 차이에 대해 NPV법은 자본비용, PI법은 투자안과 동일한 투자수익률(IRR)로 투자할 수 있다고 가정한다.
⑤ 상호배타적인 투자안의 평가시 PI법과 NPV법의 평가결과가 서로 상이할 경우 어떤 경우에서도 NPV법이 항상 타당하다.

12. A기업이 현금 1,000만원을 투자하여 1년 후 2,000만원의 현금유입이 발생하였다. 투자안의 순현재가치(NPV)는 약 얼마인가? (단, 요구수익률은 10%이다.)

(경영지도사, 2019)

① 618만원 ② 668만원 ③ 718만원
④ 768만원 ⑤ 818만원

13. 투자안의 경제성 평가방법에 관한 설명으로 옳은 것은? (경영지도사, 2019)

① 회수기간법은 시간적 가치를 고려한다.

② 순현가법은 투자를 하여 얻은 현금흐름의 현재가치와 초기 투자금액을 비교하여 투자의 적정성을 평가한다.
③ 내부수익률은 미래의 현금흐름의 순현가를 1로 만드는 할인율이다.
④ 회계적이익률법에서 회계적이익률은 연평균투자액을 연평균순이익으로 나눈 것이다.
⑤ 수익성지수법에서 수익성지수는 투자비를 현금유출액으로 나눈 것이다.

14. 투자안의 경제성 평가방법에 관한 설명으로 옳지 않은 것은? (경영지도사, 2024)
① 순현재가치(NPV: Net Present Value)법은 투자안으로부터 발생하는 순현금흐름의 현재가치가 1보다 큰가의 여부에 따라 투자안을 평가한다.
② 회수기간(PBP: Pay Back Period)법은 투자원금을 회수하는 기간만을 고려하여 투자안을 평가하는 방법이다.
③ 내부수익률(IRR: Internal Rate of Return)법은 내부수익률이 투자안의 요구수익률보다 높은지의 여부에 따라 투자안을 평가하는 방법이다.
④ 수익성지수(PI: Profitability Index)법은 투자안의 현금흐름을 고려하여 투자안을 평가하는 방법이다.
⑤ 회계적이익률(ARR: Account Rate of Return)법은 회계처리방법의 선택에 따라 투자안의 평가결과가 달라질 수 있다.

II. 서술/계산형 문제

1. 자본예산의 의의, 중요성 및 수립절차를 설명하라.

2. 순현가법의 특성을 설명하고, 그 대체적 평가방법인 회수기간법, 평균회계이익률법, 내부수익률법, 수익성지수법의 문제점을 지적하라.

3. (순현가법에 의한 투자안 평가와 그 특성)

청운주식회사는 현재 1,000만원의 투자자금이 소요되는 새로운 투자안을 고려하고 있다. 그리고 새로운 투자로 인해 기대되는 현금흐름은 다음과 같다. (단, 이 투자안의 할인율은 10%이다.)

(단위: 만원)

연도 말	현금흐름
1	600
2	300
3	300

(1) 순현가법에 의해 투자안을 평가하라.

(2) 순현가법의 특성을 설명하라.

4. (순현가법과 내부수익률법, 수익성지수법의 비교)

상호배타적인 두 투자안의 현금흐름은 다음과 같다. (단, 투자안의 자본비용은 25%라고 가정한다.)

(단위: 만원)

연도 말	현금흐름	
	투자안 1	투자안 2
0	−100	−250
1	400	650

(1) 순현가법에 의해 투자안을 평가하라.

(2) 내부수익률법에 의해 투자안을 평가하라.

(3) 수익성지수법에 의해 투자안을 평가하라.

(4) 물음 (1)과 (2), (3)의 결과가 다르다면 그 이유를 설명하고, 가장 합리적인 평가방법을 제시하라.

제10장

가 치 평 가

1. 가치평가의 의의와 중요성
2. 채권의 가치평가
3. 주식의 가치평가

기업은 금융시장에서 주식이나 채권 등의 증권을 발행하여 투자에 필요한 자금을 조달한다. 주식과 채권은 기업이 보유하고 있는 자산에 대한 청구권을 나타내며, 이들의 가치에 의해서 재무의사결정의 기준이 되는 기업의 가치가 결정된다. 그러므로 주식과 채권 등 자산의 가치평가는 재무관리의 가장 기본적인 문제라 할 수 있다.

이론적으로 모든 자산의 가치는 그 자산의 미래 현금흐름을 적절한 할인율로 할인한 현재가치를 의미한다. 본장에서는 먼저 가치평가의 의의와 중요성에 대해 설명한 후, 채권과 주식의 가치평가에 대해서 살펴보고자 한다.

1 가치평가의 의의와 중요성

1.1 가치평가의 의의

자산가치는 자산보유에 따른 미래 현금흐름의 크기, 발생시기, 위험도(불확실성) 등 3개의 요인에 의해 결정된다. 즉 **자산가치**는 그 자산으로부터 발생되는 미래의 기대현금흐름을 그 발생시기와 위험도에 따라 적절하게 할인하여 구한 현재가치의 총합을 의미한다. 따라서 이론적인 자산가치는 다음과 같이 나타낼 수 있다.

$$\text{자산가치} = \frac{CF_1}{1+r} + \frac{CF_2}{(1+r)^2} + \cdots + \frac{CF_n}{(1+r)^n} \tag{10-1}$$

n: 자산의 수명(내용연수)

CF_t: t시점에서의 현금흐름($t=1, 2, \ldots, n$)

r: 추정된 현금흐름의 위험정도를 반영한 할인율

자산의 형태에 따라 현금흐름의 유형은 달라진다. 예를 들어 주식을 보유하는 경우 얻을 수 있는 현금흐름은 배당금이며, 채권의 경우에는 액면이자 및 만기상환액(원금 또는 액면가), 그리고 실물자산의 경우에는 그 자산으로 인해 발생되는 잉여현금흐름(free cash flow)이 적합한 현금흐름이 된다. 그리고 할인율은 추정된 현금흐름의 위험도에 의해서 결정되며, 위험이 높을수록 할인율이 높아진다.

1.2 가치평가의 중요성

대부분의 경영자들은 순현가법을 이용하여 투자결정을 한다. 그러나 경영전략을 수립하거나 경영성과를 평가할 때는 순현가와 같은 창출된 가치 이외의 다른 지표를 이용하는 경우가 많다.[1] 즉 개별 프로젝트를 평가할 때는 가치에 근거한 순현가법을 사용하나, 기업전체에 대한 의사결정시에는 가치에 근거하지 않는 회계적 성과지표, 즉 주당순이익(earning per share: EPS) 성장률, 자기자본순이익률(return on equity: ROE), 총자산순이익률(return on assets: ROA), 매출액순이익률(return on sales: ROS) 등을 사용하는 경우가 많다. 이와 같이 경영자들이 일관성 없는 의사결정지표를 이용하는 것은 모순된 것이라 할 수 있다.

가치는 완전한 정보(손익계산서와 재무상태표정보)를 필요로 하는 유일한 척도이며, 다양한 이해관계자들의 장기적인 이익이 서로 상충되지 않게 하고, 장기적인 관점에서 미래지향적으로 결정되기 때문에 가장 합리적인 성과지표라 할 수 있다. 이와는 달리 EPS 성장률, ROE, ROA, ROS 등 주로 손익계산서를 이용하여 산출되는 회계적 지표는 재무상태표정보를 충분히 반영하고 있지 않으며, 과거지향적이고 근시안적이라는 문제점을 가지고 있다.

2 채권의 가치평가

채권(bond)은 일정한 기간 동안 정기적으로 약정된 이자를 지급하고 만기일에 원금, 즉 채권의 액면가를 상환할 것을 약속한 증서이다. 채권을 발행할 때는 채권의 액면가(face value), 액면(표면)이자율(coupon rate) 그리고 만기(maturity)의 세 가지가 반드시 표시되어야 한다.

채권은 이자지급방법에 따라서 순수할인채권, 확정이자부채권 등으로 구분될 수 있다.[2] **순수할인채권**(pure discount bond, zero-coupon bond)은 이자를 지급

---

1 J. F. Weston and T. E. Copeland, *Managerial Finance*, 9th ed.(The Dryden Press, 1992), pp. 704-708.

2 넓은 의미로 이자를 지급하는 채권을 이표채(coupon bond)라 하기도 하며, 중간에 이자를 지급하지 않고 만기일에 복리된 이자와 원금을 한꺼번에 상환하는 채권을 복리채(compound interest bond)라 한다. 또한 채권은 그 발행주체에 따라 국채(정부), 지방

그림 10-1 **채권의 현금흐름유형**

	0	1	2	⋯⋯	$n-1$	n
순수할인채권 :						F
확정이자부채권:		C	C	⋯⋯	C	$C+F$

삼성전자에서 발행한 회사채 샘플이며, 아랫부분은 이자지급교부표로서 이를 지정된 기간에 제시하면 이자를 받을 수 있다.

하지 않고 만기일에 원금만을 상환하는 채권이며, **확정이자부채권**(level-coupon bond)은 만기까지 확정된 액면이자(coupon)를 매기간 말에 지급하고 만기일에는 원금이 상환되는 채권이다. n기간 말에 액면가 F만을 상환하는 순수할인채권과 n기간 말까지 매기간 말에 액면이자(액면가×액면이자율) C를 지급하고 만기일인 n기간 말에 원금 F를 상환하는 확정이자부채권의 현금흐름유형을 각각 나타내면 [그림 10-1]과 같다.

채권의 가치는 그 채권을 소유함으로써 얻을 수 있는 미래 현금흐름을 적절한 할인율(시장이자율)로 할인하여 현재가치로 환산한 값이다.[3] 그러므로 만기일인 n기간 말에 액면가 F만을 상환하는 순수할인채권의 현재가치는 다음과 같이 구할 수 있다.

$$PV(\text{순수할인채권}) = \frac{F}{(1+r)^n} \qquad (10\text{-}2)$$

r: 시장이자율

채(지방자치단체), 특수채(특별법에 의해서 설립된 특별법인), 금융채(금융기관), 그리고 회사채 또는 사채(기업)로 구분될 수 있다.

3 현재 시장에서 형성된 이자율, 즉 시장이자율은 채권투자자가 요구하는 최소한의 수익률로서 채권투자에 대한 기회비용이라 할 수 있다.

그리고 n기간 말까지 매기간 말에 액면이자 C를 지급하고 만기일인 n기간 말에 원금 F를 상환하는 확정이자부채권의 현재가치는 다음과 같다.

$$PV(\text{확정이자부채권}) = \frac{C}{1+r} + \frac{C}{(1+r)^2} + \cdots + \frac{C+F}{(1+r)^n} \qquad (10\text{-}3)$$

식 (10-2)와 식 (10-3)에서 볼 수 있는 바와 같이 채권가격은 액면이자(C), 액면가(F), 만기까지의 기간(n), 그리고 시장이자율(r)에 의해 결정된다. 채권의 발행시점에서 채권의 액면이자, 액면가, 만기 등이 결정되기 때문에 채권가격은 주로 시장이자율에 의해 변동됨을 알 수 있다. 시장이자율이 상승하면 채권투자자가 받을 수 있는 미래 현금흐름(액면이자 및 원금)의 현재가치, 즉 채권가격이 떨어진다. 따라서 시장이자율과 채권가격은 역(−)의 관계를 가지고 움직인다는 것을 알 수 있다.

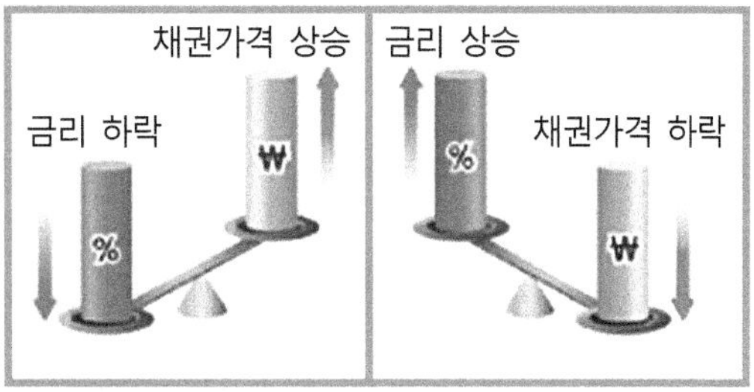

| 채권가격과 시장이자율(금리)의 관계

알아두기

채권의 발행가격

액면이자율이 시장이자율보다 높을 경우 채권은 액면가보다 높은 가격으로 발행되는데, 이와 같은 채권을 할증채(premium bond)라고 한다. 그 반대로 액면이자율이 시장이자율보다 낮을 경우 채권은 액면가보다 낮은 가격으로 발행되는데, 이와 같은 채권을 할인채(discount bond)라고 한다. 한편 액면이자율이 시장이자율과 같을 경우 채권은 액면가로 발행되는데, 이와 같은 채권을 액면채(par bond)라고 한다. 할증채, 할인채 등 모든 채권가격은 시간이 경과함에 따라 액면가에 접근하게 되며, 만기시점에서는 모두 액면가와 같아지게 된다. 시간이 경과함에 따라 할증채의 가격은 하락하여 자본손실(capital loss)이 나타나는 반면, 할인채의 가격은 상승하여 자본이득(capital gain)이 발생하게 된다.

예제 10-1 순수할인채권의 가치평가

만기는 20년 후이며, 액면가는 100만원인 순수할인채권의 현재가치는 얼마인가? (단, 시장이자율은 10%이다.)

| 해설 |

$$PV(\text{순수할인채권}) = \frac{100}{(1+0.1)^{20}} = 14.86\text{만원}$$

예제 10-2 확정이자부채권의 가치평가

희망주식회사는 액면가 100만원, 만기 3년, 액면이자율 8%(단, 이자는 매년 말에 지급됨)인 사채를 발행하였다.

(1) 시장이자율이 6%인 경우 사채의 발행가격은?

(2) 시장이자율이 8%인 경우 사채의 발행가격은?

(3) 시장이자율이 10%인 경우 사채의 발행가격은?

| 해설 |

(1) $PV(\text{사채}) = \frac{8}{1+0.06} + \frac{8}{(1+0.06)^2} + \frac{108}{(1+0.06)^3} = 105.35\text{만원}$

→ 시장이자율 < 액면이자율: 할증발행

(2) $PV(\text{사채}) = \frac{8}{1+0.08} + \frac{8}{(1+0.08)^2} + \frac{108}{(1+0.08)^3} = 100.00\text{만원}$

→ 시장이자율 = 액면이자율: 액면발행

(3) $PV(\text{사채}) = \frac{8}{1+0.1} + \frac{8}{(1+0.1)^2} + \frac{108}{(1+0.1)^3} = 95.03\text{만원}$

→ 시장이자율 > 액면이자율: 할인발행

알아두기

Excel을 이용한 채권의 가치평가

	A	B	C	D	E	F	G	H	I
1	<예제 10-2> 확정이자부 채권의 가치평가								
2	1. =PV(rate, nper, pmt, fv, type) 함수 사용					2. =NPV(rate, value1, value2, ...) 함수 사용			
3	액면가	100				기 간	현금흐름		
4	만기	3				1년도 말	8		
5	액면이자율	8%				2년도 말	8		
6	시장이자율	6%	8%	10%		3년도 말	108		
7									
8	(1) 채권가격	105.35	=PV(B6, B4, -B3*B5, -B3)			(1) 채권가격	105.35	=NPV(B6, G4:G6)	
9									
10	(2) 채권가격	100.00	=PV(C6, B4, -B3*B5, -B3)			(2) 채권가격	100.00	=NPV(C6, G4:G6)	
11									
12	(3) 채권가격	95.03	=PV(D6, B4, -B3*B5, -B3)			(3) 채권가격	95.03	=NPV(D6, G4:G6)	
13									

3 주식의 가치평가

3.1 기본적인 주식평가모형

이미 설명한 바와 같이 자산의 가치는 그 미래 현금흐름의 현재가치에 의해서 결정된다. 주식(stock)을 보유하는 경우 두 가지 종류의 현금흐름, 즉 대부분의 주식들이 정기적으로 지급하는 배당금과 주식을 처분하였을 때의 매도금액을 얻을 수 있다. 그러므로 먼저 주식을 1년 동안만 투자한다고 가정한다면, 주식의 현재가치를 다음과 같이 구할 수 있다.

$$P_0 = \frac{D_1}{1+r} + \frac{P_1}{1+r}$$

P_0: 주식의 현재가치

P_1: 1년도 말의 주식가격

D_1: 1년도 말의 배당금

r: 주식의 할인율

이 경우 1년도 말의 주식가격 P_1은 그 시점에서 주식을 매입하려는 투자자가 기꺼이 지불하려고 하는 가격으로서, 2년도 말의 배당금 D_2와 주식가격 P_2에 의해서 결정된다.

$$P_1 = \frac{D_2}{1+r} + \frac{P_2}{1+r}$$

이상의 두 식에 의해서 다음과 같은 식을 도출할 수 있다.

$$\begin{aligned} P_0 &= \frac{D_1}{1+r} + \frac{1}{1+r}\left(\frac{D_2}{1+r} + \frac{P_2}{1+r}\right) \\ &= \frac{D_1}{1+r} + \frac{D_2}{(1+r)^2} + \frac{P_2}{(1+r)^2} \end{aligned}$$

또한 위 식에서 P_2는 2년도 말의 주식가격으로서 3년도 말의 배당금 D_3과 주식가격 P_3을 얻기 위하여 2년도 말에 투자자가 지불할 수 있는 가격이다. 이와 같은 논리를 계속적으로 적용해 나가면, 다음과 같은 기본적인 주식평가 모형을 얻을 수 있다.

$$P_0 = \frac{D_1}{1+r} + \frac{D_2}{(1+r)^2} + \frac{D_3}{(1+r)^3} + \cdots \tag{10-4}$$

그러므로 보통주의 현재가치는 미래에 기대되는 배당금의 현재가치와 동일하다. 비록 투자자가 영구적으로 주식을 소유하지 않고 일정한 기간이 지난 후에 매도한다 하더라도 그 판매가격은 매도시점 이후 발생하는 배당금에 의해서 결정되므로, 결국 주식의 가치는 보유기간에 관계없이 식 (10-4)에 의해서 결정된다.

3.2 단순화된 배당평가모형

이상에서 설명한 바와 같이 주가는 미래배당금에 의해서 결정된다. 그러면 이와 같은 개념을 실제에 있어서 어떻게 적용할 수 있겠는가? 앞에서 도출한 식 (10-4)는 기대배당금의 수준이 어떻게 변하더라도 적용가능한 가장 기본적인 모형이다. 이와 같은 기본적인 주식평가모형은 기업의 배당금이 일정한 형태를 따른다고 가정한다면 보다 단순화될 수 있을 것이다.

성장 없는 주식의 평가모형

배당금이 매년 일정할 것으로, 즉 성장이 없다고 기대되는 주식(zero growth stock)의 현재가치는 다음과 같이 결정될 수 있다.[4]

$$P_0 = \frac{D_1}{1+r} + \frac{D_1}{(1+r)^2} + \frac{D_1}{(1+r)^3} + \cdots = \frac{D_1}{r} \quad (10\text{-}5)$$

예제 10-3 성장 없는 주식의 가치

투자자들은 미래주식회사가 매년 주당 3,000원씩의 배당금을 영구적으로 지급할 것으로 기대하고 있다. 만약 투자자들이 이 주식에 대하여 15%의 수익률을 요구한다면, 이 주식의 주당가격은 얼마인가?

| 해설 |

$$P_0 = \frac{D_1}{r} = \frac{3,000}{0.15} = 20,000\text{원}$$

일정성장배당평가모형

만약 주식에 대한 배당금이 매년 일정한 비율 g로 증가한다고 가정한다면, 이 주식에 대한 각 연도 말의 배당금은 [그림 10-2]와 같이 나타낼 수 있다.

그러므로 배당금이 매년 일정한 비율로 증가하는 주식, 즉 일정성장주식

4 이는 영구연금의 현재가치를 구하는 공식과 동일하다.

그림 10-2 **일정성장주식의 배당금**

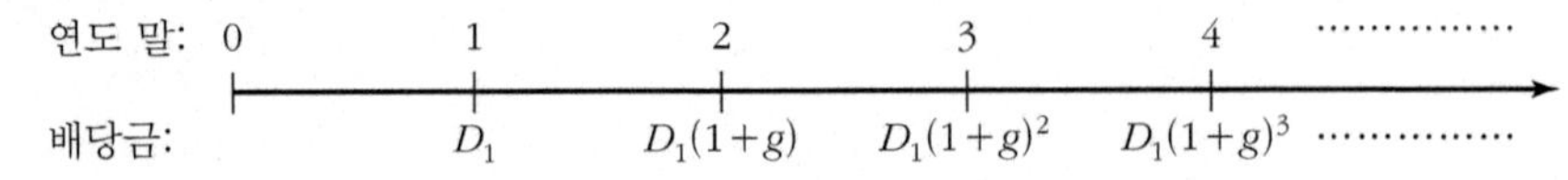

(constant growth stock)의 가치는 다음과 같이 구할 수 있다.[5]

$$P_0 = \frac{D_1}{1+r} + \frac{D_1(1+g)}{(1+r)^2} + \frac{D_1(1+g)^2}{(1+r)^3} + \cdots = \frac{D_1}{r-g} \quad (\text{단, } r > g) \qquad (10\text{-}6)$$

식 (10-6)을 **일정성장배당평가모형**(constant growth dividend valuation model)이라 한다. 일반적으로 배당성장률 g는 다음과 같이 추정될 수 있다.

$$g = \text{유보비율} \times \text{투자수익률} \qquad (10\text{-}7)$$

$$\text{유보비율} = \frac{\text{순이익} - \text{배당액}}{\text{순이익}} = 1 - \text{배당성향}$$

새로운 투자안에 대한 정보는 공개적으로 이용가능한 정보가 아니기 때문에 투자수익률을 정확하게 추정하는 것은 어려운 일이다. 그러므로 현재 실시하려고 하는 투자안이 과거 투자안들과 동일한 수익률을 올릴 수 있다고 가정하여, 일반적으로 자기자본순이익률(ROE)을 그 대용치로 사용한다.

예제 10-4 일정성장주식의 가치

미래주식회사는 금년도에 주당 1,000원씩 배당하였다. 이 회사의 배당금은 매년 10%씩 증가해 오고 있으며 이러한 증가율은 앞으로도 계속될 전망이다. 이 주식에

---

5 일정성장주식의 가치는 공비가 $\left(\frac{1+g}{1+r}\right)$인 무한등비수열의 합이므로 다음과 같이 구할 수 있다.

$$P_0 = \frac{\text{초항}}{1-\text{공비}} = \frac{\frac{D_1}{1+r}}{1-\left(\frac{1+g}{1+r}\right)} = \frac{D_1}{r-g} \quad (\text{단, } r > g)$$

대한 요구수익률이 15%일 경우, 이 주식의 현재가치는 얼마인가?

| 해설 |

$$D_1 = D_0(1+g) = 1{,}000(1+0.1) = 1{,}100\text{원}$$

그러므로

$$P_0 = \frac{D_1}{r-g} = \frac{1{,}100}{0.15-0.1} = 22{,}000\text{원}$$

알아두기

성장기회와 주가

주식투자자들은 모든 방법을 통해서 주가를 예측하려고 한다. 그러나 실제로 주가를 정확하게 예측하는 방법을 개발하는 것은 매우 어려운 일이다. 이와 같은 상황하에서 주식투자에 성공하기 위해서는 주가에 영향을 미칠 수 있는 요인들을 발견하고, 빠른 시간 내에 분석하는 등 부단한 노력을 기울이는 수밖에 없을 것이다. 특히 기업의 성장기회를 포착하는 데 중점을 두어야 한다. 예를 들어 과거 우리나라의 모제약회사가 당뇨병 치료제를 개발하는 데 성공했다는 사실에 의해 그 회사 주가가 상당한 기간 동안 수직 상승한 적이 있다. 이와 같은 주가 상승은 그 회사의 성장가능성을 반영한 것으로 볼 수도 있다.

그리고 외국의 경우에도 애플, 아마존, 구글 등 무한한 성장기회를 가진 주식들의 경우 성장기회를 반영하여 주가가 높게 형성되는 것은 일반적인 현상이다. 이와 같이 높은 성장성을 가진 주식들을 성장주(growth stock, glamour stock)라 한다.

주요 용어

자산가치

자산으로부터 발생되는 미래의 기대현금흐름을 그 발생시기와 위험도에 따라 적절하게 할인하여 구한 현재가치의 총합을 의미한다.

채권(bond)

일정한 기간 동안 정기적으로 약정된 이자를 지급하고 만기일에 원금, 즉 채권의 액면가를 상환할 것을 약속한 증서이다.

순수할인채권(pure discount bond, zero-coupon bond)

이자를 지급하지 않고 만기일에 원금만을 상환하는 채권이다.

☞ $PV(\text{순수할인채권}) = \dfrac{F}{(1+r)^n}$

확정이자부채권(level-coupon bond)

만기까지 확정된 액면이자(coupon)를 매기간 말에 지급하고 만기일에는 원금이 상환되는 채권이다.

☞ $PV(\text{확정이자부채권}) = \dfrac{C}{1+r} + \dfrac{C}{(1+r)^2} + \cdots + \dfrac{C+F}{(1+r)^n}$

성장 없는 주식의 평가모형

☞ $P_0 = \dfrac{D_1}{r}$

일정성장배당평가모형

☞ $P_0 = \dfrac{D_1}{r-g}$ (단, $r > g$)

연습문제

Ⅰ. 완성/선택형 문제

1. 자산가치는 자산보유에 따른 미래 현금흐름의 크기, 발생시기, (   ) 등 3개의 요인에 의해 결정된다.

2. 회계적 지표는 (   )정보를 충분히 반영하고 있지 않으며, 과거지향적이고 근시안적이라는 문제점을 가지고 있다.

3. 채권을 발행할 때는 채권의 (   ), (   ) 그리고 (   )의 세 가지가 반드시 표시되어야 한다.

4. 일반적으로 배당성장률은 유보비율에 (   )을 곱하여 추정될 수 있다.

5. 만기는 5년 후이며, 액면가는 100만원인 순수할인채권의 현재가치는 얼마인가? (단, 시장이자율은 10%이다.)

   ① 61.23만원 ② 62.09만원 ③ 63.34만원
   ④ 65.21만원 ⑤ 68.76만원

6. 소망주식회사는 액면가 10,000원, 만기 2년 그리고 액면이자율 10%인 사채를 발행하였다. 시장이자율이 8%라면, 이 사채의 발행가격은 얼마인가?

   ① 9,519.8원 ② 9,623.6원 ③ 10,356.7원
   ④ 10,423.8원 ⑤ 10,532.5원

7. 채권가격과 이자율의 관계에 대한 다음의 설명 중 잘못된 것은?

① 시장이자율이 변동할 때 확정이자부채권보다 순수할인채권의 가격변동 폭이 더 크다.
② 시장이자율이 액면이자율보다 큰 경우 할인발행된다.
③ 시장이자율이 액면이자율보다 작을 경우 할증발행된다.
④ 시장이자율과 액면이자율이 같을 경우 액면발행된다.
⑤ 만기가 짧을수록 시장이자율에 대한 채권가격의 변동 폭이 커진다.

8. 연간 액면이자율이 10%인 채권이 있다. 그리고 현재의 시장이자율은 12%로 향후 일정하게 유지될 것으로 예상된다. 1년 후에 이 채권의 가격은 어떻게 되리라고 예상할 수 있는가?

① 지금보다 낮아진다.
② 지금보다 높아진다.
③ 지금과 동일하다.
④ 액면이자의 지급시기에 따라 다르다.
⑤ 1년 후의 채권가격의 변동사항을 알 수 없다.

9. 투자자들은 영원주식회사가 매년 주당 2,000원씩의 배당금을 영구적으로 지급할 것으로 기대하고 있다. 만약 투자자들이 이 주식에 대하여 10%의 수익률을 요구한다면, 이 주식의 주당가격은 얼마인가?

① 19,000원 ② 20,000원 ③ 21,000원
④ 22,000원 ⑤ 23,000원

10. 청산주식회사는 금년도에 주당 1,000원씩 배당하였다. 이 회사의 배당금은 매년 5%씩 증가해 오고 있으며 이러한 증가율은 앞으로도 계속될 전망이다. 이 주식에 대한 요구수익률이 10%일 경우, 이 주식의 현재가치는 얼마인가?

① 19,000원 ② 20,000원 ③ 21,000원
④ 22,000원 ⑤ 23,000원

11. 초기 연도의 기말 배당이 5,000원, 자기자본비용이 10%, 미래에 연간 5%씩 지속적으로 성장할 것으로 기대되는 보통주의 가치는? (경영지도사, 2023)

① 50,000원 ② 75,000원 ③ 100,000원
④ 150,000원 ⑤ 250,000원

II. 서술/계산형 문제

1. 시장이자율과 채권가격 간의 관계를 설명하라.

2. 우리나라 주식시장에서 성장기회가 주가에 반영된 사례를 조사하라.

3. (시장이자율과 채권가격)

   한라주식회사는 지금 다음과 같은 사채를 발행하려고 한다.

   - 액면가: 1,000원
   - 만기: 4년
   - 액면이자율: 4%

   (1) 시장이자율이 5%인 경우, 사채의 발행가격은?
   (2) 시장이자율이 4%인 경우, 사채의 발행가격은?
   (3) 시장이자율이 3%인 경우, 사채의 발행가격은?
   (4) 시장이자율과 사채의 발행가격 사이의 관계는?

4. (배당평가모형)

   현재 고속성장을 하고 있는 가나전자주식회사는 1년도 말에 주당 1,150원을 배당한 후, 그 다음 4년 동안에는 매년 15%씩 그리고 그 이후부터는 매년 10%씩 배당금을 계속 증가시키려고 한다. 이 주식의 요구수익률이 15%라면, 이 주식의 현재가치는 얼마인가?

5. (일정성장배당평가모형)

   한샘가구(주)는 올해 초 주당 100원씩 배당을 지급하였다. 그리고 배당금은 앞으로 3년 동안 연 14%씩 증가하며, 그 이후부터는 영구적으로 5%씩 증가한다고 기대된다. 이 주식의 적절한 할인율은 15%이다. 이 주식의 가격은 얼마인가?

제11장

자 본 구 조

1. 자본조달결정과 가치창출
2. MM의 자본구조이론
3. 자본구조의 현실

기업은 자금을 조달하기 위하여 보통주, 우선주, 사채 등 여러 가지 다양한 증권들을 발행할 수 있다. 자본구조와 관련된 문제는 두 가지로 요약될 수 있다. 하나는 기업이 단순히 자본구조, 즉 자기자본과 부채의 구성만을 변경시킴으로써 기업의 가치(궁극적으로는 주주의 부)를 증가시킬 수 있는가에 대한 것이고, 다른 하나는 만약 자본구조에 따라 기업의 가치가 달라진다면 기업의 가치를 극대화시킬 수 있는 최적자본구조(optimal capital structure)는 무엇이냐에 관한 것이다.

본장에서는 먼저 기업의 자본조달결정이 가치창출에 어떤 영향을 미치는지에 대하여 설명한 후, 자본구조이론의 선구자라 할 수 있는 모딜리아니와 밀러(F. Modigliani and M. H. Miller: 이하 MM이라 약칭함)가 1958년과 1963년에 각각 발표하였던 자본구조이론과 파산비용, 대리인비용 등 현실적 요인을 고려한 자본구조이론에 대해서 차례로 설명하고자 한다.

1 자본조달결정과 가치창출

기업은 두 가지 주요한 재무의사결정, 즉 투자결정과 자본조달결정에 의해 새로운 가치를 창출하여야 한다. 제9장에서 설명한 투자결정 문제의 결론은 정(+)의 순현가를 가지는 투자안을 채택함으로써 새로운 가치를 창출할 수 있다는 것이다.[1] 그러면 자본조달결정에 의해서도 기업의 가치를 증가시킬 수 있는가? 먼저 현실적으로 가능한 다음의 세 가지 방법을 생각해 보자.

1.1 어리석은 투자자

전환사채는 만기 이전의 일정기간 내에 정해진 가격으로 발행회사의 보통주로 전환할 수 있는 권리(전환권)가 부여된 채권을 말한다.

기업이 전환사채(convertible bond)와 같은 복합증권(complex security)을 발행하려 한다고 가정해 보자. 일반 투자자들은 전환사채에 부여된 권리와 특성에 대해서 정확히 이해하기 어렵다. 그러므로 투자자들은 전환사채에 부여된 전환권에 대해 과대하게 평가하여 높은 가격으로 전환사채를 매입할 수도 있다. 이와 같은 경우 기업은 어리석은 투자자들로 인하여 전환사채를 발행함으로써 새로운 가치를 창출할 수 있다. 따라서 재무관리자는 투자자들을 현혹시켜서 새로운 가치를 창출할 수 있는 복합적인 증권을 구성하려는 노력을 할 것이다. 그러나 실증적인 연구결과에 의하면 투자자들은 쉽게 현혹되지 않는다. 그러므로 어리석은 투자자들에 의해 새로운 가치를 창출한다는 것

---

1 투자결정에 의한 새로운 가치창출의 구체적 사례
- 특정 제품이나 서비스에 대한 미충족된 수요를 확인함.
- 다른 기업들이 경쟁하기 어렵게 하는 장벽(품질, 가격, 서비스 등)을 만듦.
- 경쟁업체보다 낮은 원가로 제품이나 서비스를 생산함.
- 가장 먼저 신제품을 개발함.

은 현실적으로 어려운 일이다. 특히 효율적 자본시장하에서는 전체적으로 시장이 매우 이성적이기 때문에 모든 증권가격은 공정하게 평가된다. 따라서 효율적 자본시장하에서 기업은 어리석은 투자자들을 이용하여 새로운 가치를 창출할 수 없다.

알아두기

효율적 자본시장

효율적 자본시장(efficient capital market)은 주가에 영향을 미칠 수 있는 모든 정보가 주가에 '신속하게' 그리고 '충분히' 영향을 미치고 있는 시장을 일컫는다. 이는 시장이 정보를 다루고 이를 반영시키는 데 있어 효율적인 경우를 의미한다. 따라서 시장에서의 주가는 그 시점에서의 모든 이용가능한 정보에 대한 정확한 평가에 기초하여 결정될 것이다.

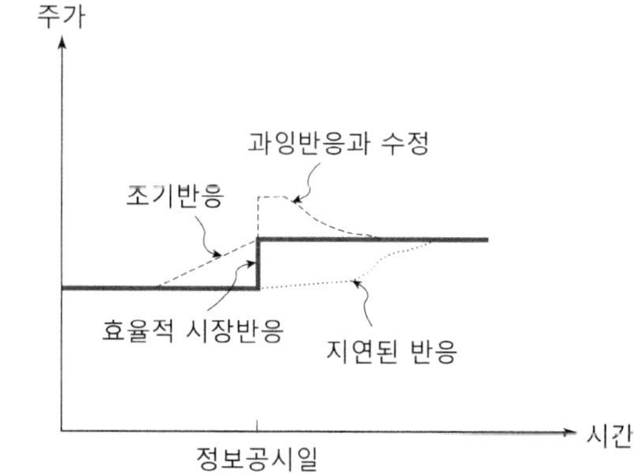

효율적 자본시장은 투자자와 기업에 대해 다음과 같은 의미를 가진다.

첫째로, 정보가 즉각적으로 가격에 반영되기 때문에 투자자들은 정상적인 수익률만을 기대할 수 있다. 정보가 공시된 후 투자자들이 그 정보를 이용하여 비정상적인 초과수익을 얻을 수 없다. 왜냐하면 투자자가 공시된 정보를 이용하여 거래하기 전에 이미 그 정보를 반영하여 증권가격이 수정되기 때문이다.

둘째로, 증권을 발행할 때 기업은 공정한 가격으로 발행하게 된다. 즉 투자자들의 어리석음을 이용하여 정상가격보다 높은 가격으로 증권을 발행할 수 없음을 의미한다.

1.2 비용 감소 또는 보조금 획득

자본조달수단에 따라 세금혜택이 달라진다. 그러므로 기업은 세금을 최소화하는 자본조달수단을 선택함으로써 기업의 가치를 증가시킬 수 있다. 또한 어떠한 자본조달수단도 여러 가지 발행비용을 발생시킨다. 예를 들어 증권을 발행할 때 증권회사, 변호사, 회계사 등에 대한 수수료를 지불해야 한다. 따라서 기업은 이러한 비용을 최소화시키는 증권들로 자본을 조달함으로써 역시 기업의 가치를 증가시킬 수 있다. 마지막으로 보조금을 제공하는 자본조달수단, 즉 특혜금융을 이용함으로써 기업의 가치를 증가시킬 수 있을 것이다.[2]

1.3 새로운 증권 창출

최근 20년간 급속한 금융혁신(financial innovation)이 이루어져 왔다. 이는 한편으로 금융거래의 혁신, 투자기법의 혁신을 의미하기도 하지만 다른 한편으로는 다양한 새로운 종류의 증권이 개발되었다는 것을 의미한다. 다양한 새로운 종류의 증권이 급속히 개발되어 이용되는 현상을 특히 '증권화'(securitization)현상이라 한다.

과거에는 일반 회사채와 보통주만을 발행하던 기업들이 우선주, 할인채권, 옵션부채권, 전환증권 등을 발행하여 일반화시켰다. 그리고 최근 우리나라의 경우 신주인수권부채권, 풋옵션부채권, 금리변동부채권, 주택저당채권 등을 도입하기 시작하였다.

새로운 종류의 증권은 기존의 증권에 만족하지 못하는 투자자에게 보다 비싼 가격으로 그 증권을 팔기 위해서 만들어진다. 그러나 기업이 새로운 종류의 증권을 높은 가격으로 발행하여 얻는 이득은 장기간 지속될 수 없다. 왜냐하면 다른 기업 역시 그와 같은 종류의 증권을 발행하려 할 것이고, 그 결과 공급이 증가하여 가격이 하락할 것이기 때문이다. 그러므로 새로운 증권의 창출에 의한 가치의 증가는 금융혁신에 앞장선 기업만이 얻을 수 있을 것이다.

2 우리나라의 대표적인 특혜금융은 각종의 기금-예를 들어 국민주택기금, 에너지비축기금 등-에 의해서 낮은 금리의 대출금 또는 지원금을 받는 것이다.

알아두기

증권화와 자산유동화증권

데이빗 보위(David Bowie)

클래식 록앤롤(rock'n'roll) 앨범인 'The Rise and Fall of Ziggy Stardust and the Spiders from Mars'가 어떻게 채권시장과 연관되어 있을까? 당신이 생각하는 그 이상일 것이다. 이 앨범의 연주자인 록 스타 데이빗 보위(David Bowie)는 자신의 앨범 판매로 연간 최소 500만 달러를 벌었다. 그러나 1997년 보위는 갑자기 많은 돈이 필요해서 자신을 도울 수 있는 금융전문가를 찾아갔다. 투자은행은 보위가 자신의 앨범을 판매해서 받는 로열티를 모두 저축할 수 있도록 신탁계좌를 개설했다. 그런 후에 그들은 신탁계좌에 들어가는 돈으로 상환할 수 있는 채권을 발행했다. 그리고 투자자들은 5,500만 달러로 그 채권을 구입했다.

보위뿐만 아니라 다른 저명한 가수들도 유사한 계약을 맺었다. 예를 들어 1999년에 '소울의 대부'(Godfather of Soul)인 제임스 브라운(James Brown)과 헤비메탈밴드의 우상인 메이든(Maiden)도 3,000만 달러의 채권계약을 맺었다. 2000년에 유사한 거래가 전설적인 마빈 게이(Marvin Gay)의 재산에 대해서도 이루어졌다.

이렇게 일련의 현금흐름을 구성해서 채권과 같이 현금흐름에 대한 청구권을 판매하는 과정을 '증권화'(securitization)라 하며, 그 청구권은 '자산유동화증권'(asset backed securities)이라 한다. 보위 채권은 연간 1,500억 달러 규모로 성장하고 있는 자산유동화증권시장의 아주 일부일 뿐이다. 최근의 자산유동화증권은 상당히 독창적으로 만들어지고 있다. 보위의 로열티 수수료에 덧붙여 몇 가지 예를 더 들면, 트럭대여, 복권당첨, 헬스클럽 회비, 백과사전 판매대금 등이 시장에서 증권화되고 있다.

〈연강흠 역, 엣센셜 기업재무(석정, 2005), p. 206 참조〉

2 MM의 자본구조이론

2.1 MM의 무관련이론: 법인세가 없는 경우

1985년 노벨경제학상 수상자 모딜리아니(F. Modigliani)

1990년 노벨경제학상 수상자 밀러(M. H. Miller)

모딜리아니와 밀러(MM)는 거래비용, 법인세 등 어떠한 장애적 요인도 존재하지 않는 완전자본시장(perfect capital market)하에서 기업의 가치는 그 자본구조와 무관하다는 **무관련이론**(irrelevant theory)을 주장하였다.[3]

일반적으로 기업의 시장가치는 매년 기업이 벌어들일 기대현금흐름을 그 기업이 속하는 위험집단의 수준에서 적절하다고 생각되는 할인율로 할인하여 계산된다.

부채(타인자본)를 사용하지 않는 기업 U의 가치는 기업의 기대현금흐름, 즉 기대영업이익 $E(NOI)$를 할인하여 다음과 같이 구할 수 있다.[4]

3 F. Modigliani and M. H. Miller, "The Cost of Capital, Corporation Finance and the Theory of Investment," *American Economic Review*, Vol. 48(June 1958), pp. 261-297.

4 MM은 기업의 모든 현금흐름이 영구연금과 동일한 형태라고 가정하였기 때문에 영구연금의 현재가치를 구하는 공식에 의해 기업 등의 가치를 구할 수 있다.

$$V_U = S_U = \frac{E(NOI)}{r_U} \tag{11-1}$$

V_U: 무부채기업의 가치

S_U: 무부채기업의 자기자본가치

r_U: 무부채기업의 자본비용(자기자본비용)

한편 부채를 사용하는 기업 L의 연간 기대현금흐름 CF_L은 주주에게 지급될 수 있는 부분과 채권자에게 지급될 수 있는 부분을 합하여 다음과 같이 구할 수 있다.

$$CF_L = \text{주주에게 지급되는 현금흐름} + \text{채권자에게 지급되는 현금흐름}$$
$$= [E(NOI) - r_B B] + r_B B = E(NOI)$$

r_B: 부채의 자본비용, 즉 이자율

B: 부채가치

알아두기

자본비용

기업이 투자에 필요한 자금을 조달하는 방법에는 크게 주식(보통주 또는 우선주)을 발행하거나 사내유보이익을 통해 자금을 조달하는 방법, 즉 자기자본을 이용하는 방법과 은행 등 금융기관으로부터 차입하거나 채권을 발행하여 자금을 조달하는 방법, 즉 타인자본(부채)을 이용하는 방법이 있다. 자본비용은 기업이 자본을 사용한 대가로 자본제공자(주주 또는 채권자)에게 지급해야 하는 비용이다. 이 경우 자본비용은 자본제공자가 자본시장에서 유사한 위험을 가진 증권에 투자할 때 기대할 수 있는 수익률, 즉 기회비용이라 할 수 있다.

자본제공자인 주주 또는 채권자의 입장에서 자본비용을 기대수익률(expected return), 요구수익률(required rate of return), 최저필수수익률이라고도 하며, 자본비용은 미래 현금흐름을 할인하여 자산 또는 자본의 현재가치를 환산하는 데 이용되기 때문에 자본환원율(capitalization rate), 할인율(discount rate)이라고도 한다.

자본비용은 투자안 평가의 기준이 되며, 자본조달결정의 판단기준(자본조달비용의 최소화)이 되기 때문에 기업의 재무의사결정(투자결정과 자본조달결정 등)에 있어 가장 중요한 요인이라 할 수 있다. 기업은 투자를 위해서 다양한 원천으로부터 자금을 조달하며, 기업의 자본비용은 자본조달방법과 자본제공자가 요구하게 되는 수익률에 따라 달라질 수 있다.

이와 같은 현금흐름을 적절한 할인율, 즉 기업의 가중평균자본비용(weighted average cost of capital: WACC)으로 할인하여 부채를 사용하는 기업 L의 가치를 구할 수 있다.[5]

$$V_L = S_L + B = \frac{E(NOI)}{WACC} \tag{11-2}$$

V_L: 부채를 사용하는 기업의 가치

S_L: 부채를 사용하는 기업의 자기자본가치

MM은 "기업의 가치는 기업이 벌어들일 영업이익에 의해서 결정되는 것이지, 부채사용의 유무와는 관계가 없다"고 주장하였다. 이와 같은 MM의 주장을 요약하면 다음과 같다.

기업의 가치는 자본구조와 무관하다. 즉 $V_U = V_L$

MM은 자본구조만 서로 다르고 경영위험(또는 영업위험)과 영업이익이 동일한 두 기업의 가치는 동일하여야 한다는 것을 의미한다. 이와 같은 두 기업의 가치는 일시적으로 서로 다를 수 있지만, 차익거래이익(arbitrage profit)을 얻기 위한 투자자들의 차익거래과정(arbitrage process)을 통해서 결국 같아지게 된다. **차익거래이익**은 자금을 추가로 투자하지 않고, 위험도 부담하지 않으면서 얻을 수 있는 이익을 의미한다. 그리고 이와 같은 차익거래이익을 얻기 위해서 실시하는 거래를 차익거래라고 한다.

5 가중평균자본비용(WACC)은 조달자본(자기자본, 부채)의 원천별 자본비용을 가중평균하여 구할 수 있다.

알아두기

차익거래과정의 예

차익거래과정을 쉽게 설명하기 위하여 피자 1판은 20,000원이나, 그것을 6등분하여 1조각당 4,000원에 팔 수 있다고 생각해 보자. 피자의 판매에 따른 거래비용이 존재하지 않는 완전시장이라면, 사람들은 어떤 행동을 할 것인가?

이와 같은 경우 사람들은 피자 1판을 20,000원에 구입한 후, 그것을 6등분하여 1조각에 4,000원씩 판매하려고 할 것이다. 이렇게 함으로써 사람들은 4,000원(4,000원×6조각－20,000원)의 이익을 얻을 수 있다. 이와 같은 행동을 통해 얻게 되는 이익을 차익거래이익이라 한다.

4,000원의 차익거래이익을 얻기 위해서 모든 사람들은 이와 같은 차익거래에 참여하게 된다. 그 결과 피자 1판에 대한 수요는 증가하여 그 가격이 상승하게 되는 반면, 피자 1조각에 대한 공급이 증가하여 그 가격은 하락할 것이다. 결국에는 피자 1판의 가격이나 6조각의 가격은 동일하게 되며, 이때 차익거래는 일어나지 않게 된다.

이와 같이 완전시장하에서는 피자의 가격(기업가치)은 피자의 크기(기업의 영업이익)에 달려 있는 것이지, 그것을 어떻게 나누느냐(자기자본 또는 부채)에 달려 있는 것이 아님을 알 수 있다.

2.2 MM의 수정이론: 법인세가 있는 경우

MM의 무관련이론은 법인세가 없다는 가정을 전제로 하고 있다. 그러나 법인세가 있는 경우 자본구조의 변경이 기업의 가치에 영향을 줄 수 있을 것이다. MM은 기업의 법인세가 있는 완전자본시장하에서 앞의 명제가 어떻게 달라지는지를 보였는데 이를 MM의 **수정이론**이라 한다.[6] MM은 법인세가 있는

6 F. Modigliani and M. H. Miller, "Corporate Income Taxes and the Cost of Capital: A Correction," *American Economic Review*, Vol. 53(June 1963), pp. 433-443.

경우 부채로 인한 이자비용의 세금절감효과(tax shield effect)를 얻을 수 있으므로 부채가 증가함에 따라 비례적으로 기업의 가치가 증가한다고 주장하였다.

부채를 사용하지 않는 기업 U의 가치는 세후 기대현금흐름, 즉 세후 기대영업이익 $E(NOI)(1-T_C)$를 할인하여 다음과 같이 구할 수 있다.

$$V_U = S_U = \frac{E(NOI)(1-T_C)}{r_U} \tag{11-3}$$

T_C: 기업의 법인세율

한편 부채를 사용하는 기업 L의 세후 기대현금흐름 CF_L은 주주에게 지급될 수 있는 부분과 채권자에게 지급될 수 있는 부분을 합하여 다음과 같이 구할 수 있다.

$$\begin{aligned} CF_L &= \text{주주에게 지급되는 현금흐름} + \text{채권자에게 지급되는 현금흐름} \\ &= [E(NOI) - r_B B](1-T_C) + r_B B \\ &= E(NOI)(1-T_C) + T_C \cdot r_B B \end{aligned} \tag{11-4}$$

식 (11-4)에서 오른쪽의 첫째 항은 부채를 사용하지 않는 기업의 주주들이 받는 현금흐름과 동일하므로 무부채 기업의 자본비용 r_U에 의해서 할인될 수 있다. 그리고 둘째 항은 부채의 사용에 따른 법인세의 절감액으로서 부채의 자본비용 r_B로 할인되어야 한다. 그러므로 부채를 사용하는 기업 L의 가치는 다음과 같이 구할 수 있다.

$$\begin{aligned} V_L = S_L + B &= \frac{E(NOI)(1-T_C)}{r_U} + \frac{T_C \cdot r_B B}{r_B} \\ &= V_U + T_C B \end{aligned} \tag{11-5}$$

식 (11-5)에서 법인세가 있을 경우 부채를 사용하는 기업의 가치 V_L은 자기자본만 사용하는 기업의 가치 V_U보다 이자비용의 법인세 절감액의 현가 $T_C B$만큼 크다. 따라서 부채가 증가함에 따라 V_L은 비례하여 증가하게 된다. 이를 MM의 수정이론이라 하며 그 내용을 요약하면 다음과 같다.

부채를 사용하는 기업의 가치 V_L은 부채를 사용하지 않는 기업의 가치 V_U와 이자비용의 법인세 절감액의 현가 $T_C B$를 합한 것과 같다. 즉 $V_L = V_U + T_C B$

3 자본구조의 현실

3.1 파산비용

파산비용의 의의

부채가 증가함에 따라 기업이 재무적 의무를 다하지 못할 가능성은 커지게 된다. 만약 이와 같은 상황이 악화되면, 기업은 재무적 곤경에 처하게 될 것이다. 예를 들어 기업은 우선주에 대한 배당을 하지 못하며, 공급자 또는 은행 등은 기업에 대한 신용(credit)을 확대하지 않을 것이다. 이와 같은 제약은 궁극적으로 기업에 영향을 미칠 수 있다. 만약 이러한 상황이 일정기간 동안 지속되면, 기업은 매력적인 투자기회도 어쩔 수 없이 포기하여야 하는 경우가 발생할 수 있기 때문에 기업의 수익성이 나빠질 수 있다. 극단적인 경우 재무적 곤경에 의해서 기업은 파산(bankruptcy)할 수도 있다.

부채의 증가에 따른 재무적 곤경에 의해서 기업이 파산할 수 있다.

파산시 주주들은 기업의 자산을 채권자들에게 넘겨주게 된다. 주주들은 채권자들끼리 남아 있는 자산을 가지고 서로 다투도록 하면서 빠져나오면 된다. 주주들은 기업자산의 가치가 채권자들의 청구권의 가치보다 작을 경우에만 이와 같은 행동을 할 것이다. 그러므로 파산의 가능성에 의해서 채권자들은 항상 그들의 청구권의 가치보다 작은 것을 얻게 될 위험에 직면하게 된다. 더구나 파산시 발생하게 되는 파산비용(bankruptcy costs)에 의해서 채권자들의 몫은 더 작아지게 된다. 그러므로 채권자들은 파산가능성이 클수록 파산시 그들이 입게 되는 손실을 보전하기 위하여 더 높은 수익률을 요구하게 된다. 결국 파산비용은 주주들이 부담하게 되는 비용으로서 기업의 가치를 감소시킨다. 여기서 파산으로 인하여 기업의 가치가 감소하는 것은 파산 그 자체의 위험에 의해서가 아니라 파산과 관련된 비용, 즉 파산비용 때문이라는 사실을 유의하여야 한다. 즉 파산의 가능성이 존재하더라도 파산비용이 발생하지 않는 경우에는 완전자본시장의 가정을 벗어난 것이 아니다.[7]

파산비용은 부채를 과다하게 사용하는 기업이 부채의 원리금을 갚지 못해 파산하는 경우 발생하는 제반비용으로서 직접파산비용과 간접파산비용으로 구분될 수 있다. 직접파산비용은 파산이 선고된 기업의 청산과 재조직에 소요되는 법률비용과 관리비용을 의미한다. 즉 직접파산비용은 기업의 파산과정에서 기업이 제3자에게 지급하는 보수로서 변호사수수료, 회계사수수료, 소송비용 등을 말한다. 그리고 간접파산비용은 주요 직원의 기업이탈, 정상가격 이하로 기업자산 매각, 매출액 감소 등에 의해서 간접적으로 기업이 입게 되는 기회비용을 의미한다.[8]

파산비용과 최적자본구조

부채로 인하여 파산비용이 나타나게 되며, 이와 같은 파산비용은 부채를 사용하는 기업의 가치를 감소시킨다. 부채가 증가할수록 실제로 파산한다는 것이 아니라 파산가능성이 커지는 것이므로 엄밀하게 말하면 파산비용은 기대파산비용을 의미하는 것이다. 대개의 경우 파산은 부채사용 후 수년 뒤에 나타날 것이기 때문에 이 파산비용의 현가만큼 기업의 가치가 감소할 것이다. 따라서 법인세와 파산비용을 동시에 고려할 경우 부채를 사용하고 있는 기업의

7 이와 같은 경우 MM(1958년, 1963년)의 자본구조이론이 성립할 수 있다.

8 간접파산비용에 주주와 채권자의 이해상충으로 인하여 발생하게 되는 부채의 대리인비용도 포함시킬 수 있다.

그림 11-1 파산비용과 부채사용의 효과

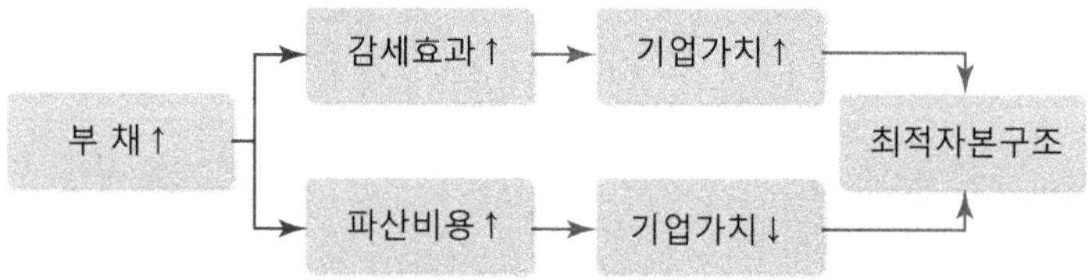

가치는 다음과 같이 나타낼 수 있다.

$$V_L = V_U + T_C B - PV(BC) \tag{11-9}$$

$PV(BC)$: 파산비용의 현가

식 (11-9)에서 볼 수 있는 바와 같이 부채의 사용을 증가시킴에 따라 이자비용의 세금절감효과에 의해 기업의 가치가 증가하는 반면, 파산비용의 증가로 인하여 기업의 가치가 감소하게 된다. 이와 같이 부채의 사용은 기업의 가치에 상반된 영향을 미칠 수 있다. 이와 같은 관계를 그림으로 나타내면 [그림 11-1]과 같다. 이 그림에서 볼 수 있는 바와 같이 부채의 사용에 의해서 나타나는 상반관계(trade-off relationship)에 의해서 최적자본구조가 존재할 수 있음을 알 수 있다.

최적자본구조는 이론적으로 부채사용으로 인한 한계이익(감세효과)과 한계비용(파산비용)이 같아지는 점에서 이루어진다. 파산비용과 기업가치의 관계를 구체적으로 나타내면 [그림 11-2]와 같다. 이 그림에서 볼 수 있는 바와 같이 파산비용을 고려할 경우 기업가치는 부채를 이용함에 따라 부채발행액이 B^*일 때까지 증가하다가 그 이후부터는 오히려 감소함을 알 수 있다. 즉 B^* 이전에는 법인세 감세효과에 의한 기업가치의 증가액이 파산비용에 의한 기업가치의 감소액보다 크게 되어 기업가치가 증가하다가, B^*보다 많은 부채를 사용하는 경우 법인세 감세효과에 의한 기업가치의 증가액이 파산비용에 의한 기업가치의 감소액보다 작아져서 기업가치가 감소함을 의미한다. 따라서 기업이 부채를 B^*만큼 사용할 경우 그 기업은 최적자본구조에 도달하게 된다. 그

그림 11-2 **파산비용과 기업가치**

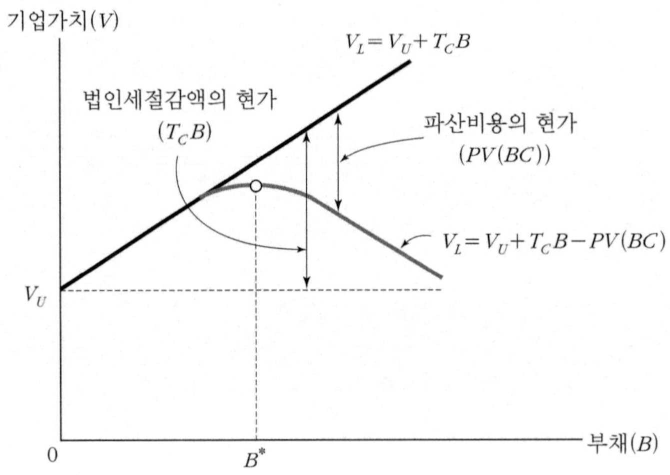

러나 파산비용의 정확한 측정은 아주 어려운 일이기 때문에 최적부채수준을 결정하는 정확한 공식을 도출할 수는 없다.

3.2 대리인비용

대리인비용의 의의

대리인관계는 기업에 자금을 제공한 주인(외부주주 또는 채권자)이 기업의 운영권을 대리인(소유경영자 또는 내부주주)에게 위임하는 계약관계를 말한다. 이와 같은 계약이 대리인에 의해서 행해질지 모를 모든 발생가능한 상황을 충분히 고려하여 체결된다면 대리인문제는 발생하지 않을 것이다. 그러나 계약사항이 불완전하여 대리인의 활동에 자의성이 개입될 여지가 있다면 주인과 대리인 사이에는 갈등이 생기기 쉽다. 이러한 갈등은 주인과 대리인들이 모두 자신들의 효용을 극대화시키는 방향으로 행동하려고 하기 때문에 생기는 것이다. 따라서 주인은 계약에 여러 가지 조항을 규정하여 대리인이 주인의 목표에 벗어나지 않도록 제약을 가하고 또한 대리인들의 활동을 감독하려고 할 것이다.

젠센과 맥클링(M. Jensen and W. Meckling)은 이와 같은 대리인문제로부터 발생하는 금전적 또는 비금전적 비용을 **대리인비용**(agency costs)이라 하고 이를 다음과 같은 3가지로 분류하고 있다.[9]

첫 번째 비용은 감시비용(monitoring costs)으로서 이는 대리인의 행위가 주인의 이익으로부터 이탈하는 것을 제한하기 위하여 주인이 부담하는 비용이다.

두 번째 비용은 확증비용(bonding costs)으로서 이는 대리인이 주인에게 해가 되는 행위를 하지 않고 있음을 확증하기 위하여 대리인이 부담하는 비용이다.

세 번째 비용은 잔여손실(residual losses)로서 이는 위의 감시와 확증에도 불구하고 제거되지 않는 비용이다.

이와 같은 대리인비용들은 기업의 외부자금조달시에 발생하게 되는데 젠센과 맥클링은 주식의 발행에 따른 대리인비용을 지분의 대리인비용(agency costs of equity)이라 하고, 사채의 발행에 따른 대리인비용을 부채의 대리인비용(agency costs of debt)이라 하였다.

대리인비용과 최적자본구조

기업의 부채가 증가할수록 부채의 대리인비용은 증가하고, 반대로 부채 대신에 외부주식의 비율이 증가하면 지분의 대리인비용이 증가한다. 그러므로 이와 같은 두 가지 대리인비용의 합, 즉 총대리인비용이 최소가 되는 외부주식과 부채의 최적배합이 존재할 수 있으며, 이는 세금이 없거나 파산비용이 아주 작은 사회에서도 대리인비용에 의해서 최적자본구조가 존재할 수 있음을 의미한다.

부채의 사용을 증가시킴에 따라 이자비용의 법인세 절감효과에 의해 기업의 가치가 증가하는 반면, 파산비용의 증가로 인하여 기업의 가치가 감소하고 동시에 대리인비용의 순효과(부채의 대리인비용의 증가로 인한 기업가치의 감소액에서 지분의 대리인비용의 감소로 인한 기업가치의 증가액을 차감한 것)만큼 기업의 가치는 감소할 수 있다. 이와 같이 부채의 사용은 기업의 가치에 상반된 영향을 미칠 수 있다. 그 관계를 구체적으로 나타내면 [그림 11-3]과 같다.

---

9 M. Jensen and W. Meckling, "Theory of the Firm: Managerial Behavior, Agency Costs and Ownership Structure," *Journal of Financial Economics*, Vol. 3(October 1976), pp. 305-360.

그림 11-3 **대리인비용과 부채사용의 효과**

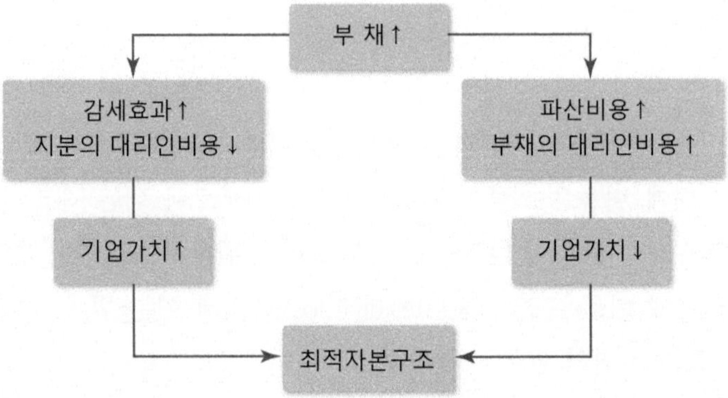

[그림 11-3]에서 볼 수 있는 바와 같이 부채의 증가에 따라 나타나는 상반효과에 의해서 최적자본구조가 존재할 수 있다. 최적자본구조는 이론적으로 부채사용으로 인한 한계이익(감세효과와 지분의 대리인비용의 감소로 인한 기업가치의 증가)과 한계비용(파산비용과 부채의 대리인비용의 증가로 인한 기업가치의 감소)이 같아지는 점에서 이루어진다. 그러나 파산비용 또는 대리인비용의 정확한 측정이 어려운 현실에 비추어 정확한 최적자본구조를 도출한다는 것은 어려운 일이다.

알아두기

1,000대 기업 부채비율 20년 새 절반 이상 감소…"재무 건전성 개선"

국내 1,000대 상장 기업의 부채비율이 20여년 만에 절반 이상 줄어든 것으로 나타났다. 기업분석전문 한국CXO연구소는 20일 '2000년~2021년 국내 1000대 기업 부채비율 변동 분석' 결과를 발표하고 최근 20년 새 국내 대기업의 재무건전성이 크게 개선됐다고 밝혔다.

한국CXO연구소 분석 결과에 따르면 국내 1,000대 기업 부채비율은 2000년 323%에서 2021년 160%로 감소했다. 부채비율은 기업의 재무건전성을 나타내는 주요 지표로 200%를 넘기면 경영 불안 요소가 높아진 상황, 400%를 초과하면 기업 존립이 위태롭

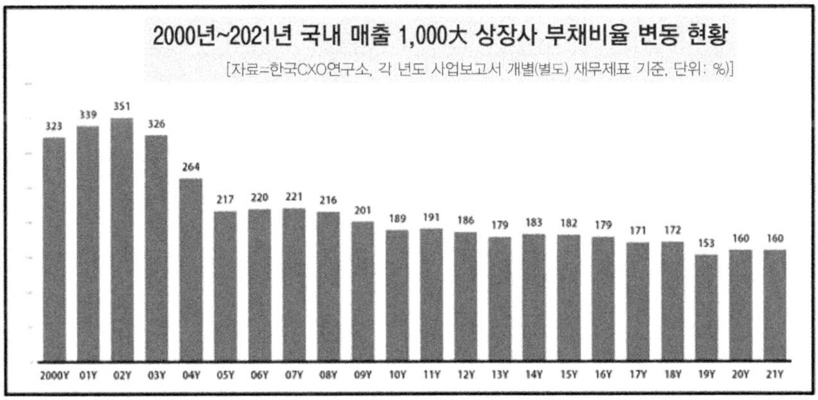

다는 의미로 해석된다.

지난 1997년 IMF 외환위기 당시 국내 기업들의 부채비율은 589%까지 치솟았다. 이후 2004년으로 넘어오면서 300% 미만인 264%를 기록했고 2005년 217%, 2006년 220%, 2007년 221%, 2008년 216% 등 비슷한 수준을 유지해왔다.

200% 밑으로 떨어진 것은 2010년부터였다. 그해 국내 기업들의 부채비율은 189%로 집계됐으며 2009년에는 조사 기간 중 가장 낮은 153%를 기록했다. 최근 2년에 해당하는 2020년과 2021년도 160%대에 머물렀다.

부채비율이 400%를 넘는 고위험 기업 수도 줄어드는 추세를 보였다. 지난 2000년 기준 부채비율 400%를 넘긴 기업은 1,000곳 중 157곳이었지만 2001년 139곳, 2002년 110곳을 거쳐 2006년에는 59곳까지 떨어졌다. 2016년부터 지난해까지는 70곳 미만 수준을 이어오고 있다.

다만 지난해 기준 업종별로는 희비가 엇갈린 모습이다. 해운·항공·육상물류 등 운송업의 평균 부채비율은 162.7%로 타 업종에 비해 상대적으로 높았다. 특히 아시아나 항공의 작년 말 부채비율은 2,200%를 넘어섰고 티웨이항공 1,495%, 에어부산 674%, 제주항공 578%로 다수의 항공사가 500%를 넘겼다.

다른 업종의 부채비율은 전기·가스업 142.1%, 건설 132.2%, 조선·항공우주업 122% 등이 높은 수준으로 나타났다. 이밖에 평균 부채비율이 100% 미만으로 집계된 업종에는 제약업 51.4%, 철강·금속 51.8%, 석유화학 58.1%, 자동차 60.9%, 정보·통신 72%, 식품 78.5%, 유통 87.2%, 기계 90.1% 등이 포함됐으며 가장 낮은 업종은 47.3%를 기록한 전자업으로 조사됐다.

〈투데이신문 2022. 7. 20〉

주요 용어

MM의 무관련이론(법인세가 없는 경우)

기업의 가치는 자본구조와 무관하다.

☞ $V_U = V_L$

차익거래이익(arbitrage profit)

자금을 추가로 투자하지 않고, 위험도 부담하지 않으면서 얻을 수 있는 이익을 의미한다.

MM의 수정이론(법인세가 있는 경우)

부채를 사용하는 기업의 가치 V_L은 부채를 전혀 사용하고 있지 않은 기업의 가치 V_U와 이자비용의 법인세 절감액의 현가 $T_C B$를 합한 것과 같다.

☞ $V_L = V_U + T_C B$

파산비용(bankruptcy costs)

부채를 과다하게 사용하는 기업이 부채의 원리금을 갚지 못해 파산하는 경우 발생하는 제반비용으로서 직접파산비용(파산이 선고된 기업의 청산과 재조직에 소요되는 법률비용과 관리비용 등)과 간접파산비용(주요 직원의 기업이탈, 정상가격 이하로 기업자산 매각, 매출액 감소 등에 의해서 간접적으로 기업이 입게 되는 기회비용)으로 구분된다.

파산비용과 기업가치

☞ $V_L = V_U + T_C B - PV(BC)$

파산비용과 최적자본구조

이론적으로 부채사용으로 인한 한계이익(감세효과)과 한계비용(파산비용)이 같아지는 점에서 이루어진다.

대리인비용(agency costs)

주인과 대리인의 갈등, 즉 대리인문제로부터 발생하는 금전적 또는 비금전적 비용으로서 감시비용, 확증비용, 잔여손실로 분류된다.

지분의 대리인비용(agency cost of equity)

주인인 외부주주와 대리인인 소유경영자(내부주주) 사이의 갈등에 따라 발생하는 대리인비용을 의미한다.

부채의 대리인비용(agency cost of debt)

주인인 채권자와 대리인인 소유경영자(내부주주) 사이의 갈등에 따라 발생하는 대리인비용을 말한다.

대리인비용과 최적자본구조

부채의 대리인비용과 지분의 대리인비용의 합, 즉 총대리인비용이 최소가 되는 외부주식과 부채의 최적배합을 의미한다.

연습문제

Ⅰ. 완성/선택형 문제

1. 다양한 새로운 종류의 증권이 급속히 개발되어 이용되는 현상을 (　　　　)현상이라 한다.

2. 법인세가 없는 완전자본시장에서 두 기업의 가치는 일시적으로 서로 다를 수 있지만, (　　　　)을 얻기 위한 투자자들의 (　　　　)을 통해서 결국 같아지게 된다.

3. 법인세가 존재하는 경우 부채로 인한 (　　　　)를 얻을 수 있으므로 부채가 증가함에 따라 비례적으로 기업의 가치가 증가한다

4. 부채의 사용을 증가시킴에 따라 부채의 법인세 절감효과에 의해 기업의 가치가 (　　　　)하는 반면, 파산비용의 증가로 인하여 기업의 가치가 (　　　　)하고 동시에 대리인비용의 순효과(부채의 대리인비용의 증가로 인한 기업가치의 감소액에서 지분의 대리인비용의 감소로 인한 기업가치의 증가액을 차감한 것)만큼 기업의 가치는 (　　　　)할 수 있다.

5. 자본조달과 기업가치에 대한 다음의 설명 중 잘못된 것은?
   ① 효율적 자본시장하에서도 기업이 전환사채와 같은 복합증권(complex security)을 발행하여 새로운 가치를 창출할 수 있다.
   ② 자본조달수단에 따라 세금혜택이 달라지게 된다. 그러므로 기업은 세금을 최소화하는 자본조달수단을 선택함으로써 기업의 가치를 증가시킬 수 있다.
   ③ 발행비용 등을 최소화시키는 증권들로 자본을 조달함으로써 기업의 가치를 증가시킬 수 있다.

④ 새로운 증권의 창출에 의한 가치의 증가는 금융혁신에 앞장선 기업만이 얻을 수 있다.
⑤ 보조금을 제공하는 자본조달수단, 즉 특혜금융을 이용함으로써 기업의 가치를 증가시킬 수 있을 것이다.

6. (주)서울은 현재 부채를 사용하지 않고 있으며, 자기자본의 가치는 20억원이다. (주)서울이 10억원의 부채를 발행하여 자사주를 재매입하는 경우 이 회사의 가치는? (단, 법인세율은 40%이다.)

① 22억원 ② 24억원 ③ 26억원
④ 28억원 ⑤ 30억원

7. 파산비용과 대리인비용에 대한 다음의 설명 중 거리가 먼 것은?

① 파산위험으로 인하여 기업의 가치가 감소한다.
② 파산비용의 정확한 측정은 아주 어려운 일이기 때문에 최적부채수준을 결정하는 정확한 공식을 도출할 수는 없다.
③ 기업의 부채가 증가할수록 부채의 대리인비용은 증가하고, 반대로 부채 대신에 외부주식의 비율이 증가하면 지분의 대리인비용이 증가한다.
④ 세금이 존재하지 않거나 파산비용이 아주 작은 사회에서도 대리인비용에 의해서 최적자본구조가 존재할 수 있다.
⑤ 최적자본구조는 이론적으로 부채사용으로 인한 한계이익과 한계비용이 같아지는 점에서 이루어진다.

8. A사는 타인자본 500억원, 자기자본 500억원을 조달하였다. A사의 자본비용은 타인자본이 10%, 자기자본이 20%일 때, 가중평균자본비용(WACC)은? (단, 법인세는 고려하지 않음) (경영지도사, 2023)

① 5% ② 10% ③ 15%
④ 20% ⑤ 25%

II. 서술/계산형 문제

1. 기업이 자금조달결정에 의해 새로운 가치를 창출할 수 있는 방법에 대해 설명하라.

2. MM이론을 법인세가 없는 경우와 있는 경우로 구분하여 설명하라.

3. 기업가치와 파산비용, 대리인비용의 관계에 대해서 설명하라.

4. (MM의 수정이론(1963): 법인세가 있는 경우)

   (주)청운은 현재 부채를 사용하지 않고 있으며, 현재가치는 50억원이다. 이 회사는 부채비율(부채/자기자본)을 1.0으로 변경하려고 하며, 법인세율은 40%이다. 이 회사가 부채로 조달해야 하는 자금은?

5. (법인세 절감효과, 파산비용 등)

   (주)청산은 현재 부채를 사용하지 않고 있으며, 기업가치는 100억원이다. 이 회사는 사채를 발행하여 자사주를 매입하는 경우 기업가치는 105억원이며, 파산비용의 현재가치는 2억원으로 추정된다. (주)청산이 부채를 발행하여 자사주를 매입할 경우, 부채사용으로 인한 법인세 절감액의 현재가치는?

Memo

제12장

배 당 정 책

1. 현금배당과 배당의 지급절차
2. 배당과 기업가치
3. 배당정책의 실제
4. 배당의 특수형태

기업이 주주에게 배당을 얼마나 지급하여야 하는가에 관한 문제는 경영자의 주요한 관심사 중 하나이다. 주주들은 직접 또는 간접적으로 기업이 창출한 이익의 분배를 기대하면서 기업에게 자본을 제공한다. 기업이 이익 중 일부를 배당의 형태로서 지급할 때 주주들은 직접적인 이득을 취할 수 있다. 그러나 기업이 새로운 성장기회를 얻기 위하여 배당을 지급하는 대신 이익을 유보시킨다면, 주주들은 주가상승을 통하여 간접적인 이득을 기대할 수 있을 것이다. 즉 주주의 부는 배당 또는 자본이득을 통하여 증가될 수 있다. 이 경우 주주들이 어느 방법을 통한 이득을 더 선호하느냐, 즉 배당 또는 자본이득 중 어느 것을 더 선호하느냐가 배당정책의 핵심이라 할 수 있다.

배당정책(dividend policy)이란 기업이 벌어들인 순이익을 기업의 소유주인 주주들에게 지급하는 배당과 미래의 투자기회에 대처하기 위하여 사내에 적립하는 이익잉여금 또는 유보이익(retained earnings)으로 구분하는 의사결정을 의미한다. 배당정책도 다른 재무의사결정과 마찬가지로 기업가치 또는 주주의 부를 극대화시킬 수 있는 차원에서 이루어져야 한다. 이를 위하여 본장에서는 배당정책이 기업가치에 어떠한 영향을 미치는지에 관하여 자세히 살펴보고자 한다.

1 현금배당과 배당의 지급절차

일반적으로 배당이란 주식회사가 주주에게 기업의 순이익을 배분하기 위하여 지급하는 현금을 의미한다.[1]

1.1 현금배당의 유형

현금배당(cash dividend)은 지급방법에 따라 정규현금배당, 추가현금배당, 특별현금배당 등으로 분류된다.

알아두기

배당의 척도

기업이 얼마나 배당하고 있는가를 나타내는 척도로는 다음과 같은 여러 가지가 사용되고 있다.

- 주당배당금(dividend per share): 주식 1주에 대한 현금배당액

$$\text{주당배당금} = \frac{\text{총배당액}}{\text{총발행주식수}}$$

- 배당수익률(dividend yield): 주식의 시장가치에 대한 배당액의 비율

$$\text{배당수익률} = \frac{\text{주당배당금}}{\text{주가}}$$

- 배당률(dividend ratio): 주식의 액면가치에 대한 배당액의 비율

$$\text{배당률} = \frac{\text{주당배당금}}{\text{액면가}}$$

1 배당은 대부분 현금을 지급하는 형태로 이루어지나 기업의 사정에 따라 주식배당, 자사주 매입, 주식분할 등 특수한 형태를 취하는 경우가 있다. 이에 대해서는 본장의 '4. 배당의 특수형태'에서 자세히 설명할 것이다.

• 배당성향(dividend payout): 기업의 순이익 중 주주에게 배당으로 지급된 금액 비율

$$배당성향 = \frac{주당배당금}{주당순이익} = 1 - 유보비율$$

정규현금배당

정규현금배당(regular cash dividend)은 매년 정기주주총회의 결의를 거쳐 정기적으로 지급되는 배당을 말한다. 일반적으로 정규현금배당은 기업의 일시적인 경영성과와 관계없이 일정하게 지급되는 경향이 있다. 대부분의 기업에서는 순이익이 일시적으로 증가하거나 감소하더라도 안정적인 배당을 위하여 매년 일정한 배당을 지급하고 있다. 특히 경영자들은 장기적으로 기업전망이 호전되어 적어도 배당압박에 대한 우려가 없다는 확신이 있을 때만 정규현금배당을 증가시킬 것이다.

추가현금배당

추가현금배당(extra cash dividend)은 경영자가 장기적으로 기업전망이 개선될 것이라고 확신할 수는 없지만 일시적으로 많은 이익을 얻을 경우 정규현금배당 이외에 추가적으로 지급되는 현금배당을 의미한다. 따라서 추가현금배당은 순이익의 증가가 지속적으로 실현될 경우에는 계속 지급될 수 있으나, 순이익의 증가가 일시적일 때는 그 지급이 중단될 수 있다.

특별현금배당

특별현금배당(special cash dividend)은 1회용 보너스의 형태로 지급되는 현금배당으로서 정상적인 배당지급시기 이외의 시기에 임시주주총회의 결의를 거쳐 지급되는 배당이다. 따라서 특별현금배당은 반복적으로 지급되지 않는 경향이 있다.

1.2 현금배당의 지급절차

(주)녹십자 정기주주총회에서 허은철 대표이사가 주총 인사말을 낭독하고 있다.
〈출처: Korea IT Times〉

우리나라의 상법에서는 배당지급에 관한 사항을 매회계연도 종료일로부터 3개월 내에 열리는 주주총회에서 결의하도록 규정하고 있다. 배당지급에 관한 사항은 주당배당금, 배당기준일, 배당지급일 등을 포함한다. 미국의 경우 우리나라와 달리 이사회의 결정에 의해 배당이 지급된다.

우리나라와 미국의 배당지급절차는 다소 상이하며, 양국의 지급절차를 단계별로 비교하여 정리하면 [그림 12-1]과 같다. 이 그림에서 **배당기준일**(record date)은 배당을 지급받을 주주를 확정시키기 위하여 주주명부를 폐쇄시키는 날을 말한다. 따라서 배당기준일은 주식의 명의개서가 가능한 마지막 날이다. 12월 말 결산법인의 경우에는 당해사업연도의 마지막 날인 12월 31일이 배당기준일이다. 그리고 **배당락일**(ex-dividend date)은 배당금에 대한 권리가 상실되는 날을 의미하며, 배당락일 이후에 주식을 매입하는 경우 배당을 받을 수 없다. 일반적으로 배당락일은 배당기준일 이전에 발생되는데, 그 이유는 투자자가 주식을 매입한 후 그 결제가 완료되거나 그 주식의 소유권이전을 회사에 통고하기까지는 일정한 시간이 소요되기 때문이다. 우리나라의 경우에는 거래체결일을 포함하여 거래체결일로부터 3일째 되는 날에 결제가 이루어지므로 배당락일이 배당기준일 1일 전인 경우가 많다. 예를 들어 6월 30일 결산법인의 경우 배당락일은 6월 29일이다. 그러나 12월 말 결산법인의 경우는 증권시장이 연말에 거래일기준으로 1일간 휴장되어 결제가 허용되지 않기 때문에 배당

그림 12-1 한국과 미국의 배당지급절차 비교

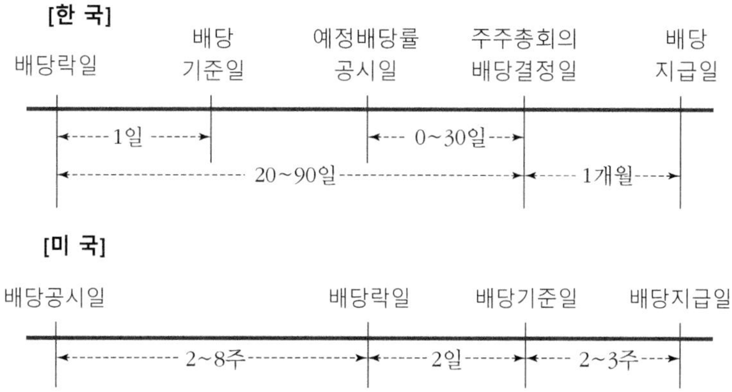

락일은 12월 마지막 거래일의 하루 전날이 된다. 이와 같은 배당락조치는 배당을 받을 수 있는 주주를 확정시키기 위하여 한국거래소(Korea Exchange: KRX)에서 이루어지는 시장조치로서 배당락일에 형성되는 주가를 배당락주가라고 한다. 우리나라에서는 결산기가 지난 후에 지급되는 배당 외에 영업연도 중 1회에 한하여 이사회의 결의에 의해 정관에 정해진 날(배당기준일로 통상 반기 결산일)에 현금으로 중간배당을 할 수 있도록 허용하고 있다. 또한 배당 활성화를 유도하기 위하여 2004년 4월부터 분기배당제도가 도입됨으로써 상장법인은 연말배당을 포함하여 1년에 최고 네 차례의 배당을 실시할 수 있게 되었다.

우리나라의 배당지급제도는 다음과 같은 몇 가지 문제점을 가지고 있다.

첫째, 미국에서는 배당금이 기업의 재무정책의 일환으로서 수시로(통상적으로 매분기마다, 즉 1년에 4번) 지급되고, 결산서류의 확정 및 이익배당결정권이 주주총회가 아닌 이사회에 부여되고 있다. 이는 회사경영 전반에 정통한 이사들이 이익배당을 정하는 것이 합리적이라는 데 근거를 두고 있다. 우리나라에서는 주주의 이익을 보호한다는 취지에서 배당결정권을 주주총회에 부여하고 있으나, 이 경우 배당정책이 기업의 계속적인 성장을 위한 장기계획에 의거하여 실시되기보다는 주주들의 현금요구를 만족시키는 수준에서 근시안적으로 결정되기 쉽다는 문제점이 있다.

둘째, 우리나라의 경우 결산기 이후에 개최되는 주주총회에서 배당결의가 이루어지기 때문에 배당금이 확정되기 전에 배당락이 일어난다는 모순이 발생한다. 미국에서는 이사회의 결의로 배당금의 수준과 배당기준일이 정해지고 이에 의거하여 배당락가격이 형성되는 데 반하여, 우리나라에서는 배당금이 확정되지 않은 상태에서 배당락가격이 형성된다. 이 경우 배당락은 투자자들의 배당금에 대한 기대를 근거로 이루어지기 때문에 공정하고 정확한 배당락 주가의 형성이 어렵고, 따라서 구주주와 신주주 사이에 이해상충의 가능성이 존재할 수 있다. 예를 들어 당초의 기대보다 더 높은 배당금이 지급된다면, 배당금에 대한 권리를 보유하고 있는 기존주주들은 배당락 이후에 주식을 매입한 신주주들의 희생하에 부당이득을 취할 수 있게 된다.

2 배당과 기업가치

주주가 배당으로 나온 돈을 받고 기뻐하고 있다. 그러나 기업이 단순히 배당을 늘린다고 해서 주주 부(주식가치)가 증가될 수 있을까?

배당과 기업가치의 정확한 관계를 살펴보기 위해서는 먼저 기업의 투자결정이 이루어진 후에 배당정책이 결정되며, 배당으로 인한 추가적인 부채의 발행이 없다고 가정하여야 한다. 기업의 투자와 자본구조가 일정하다고 가정함으로써 배당이 기업가치에 미치는 순효과를 살펴볼 수 있을 것이다. 이와 같은 가정하에서는 기업이 배당을 증가시키려고 계획하고 있으나 자금이 부족한 경우 신주에 의해서만 그 자금을 조달할 수 있다. 따라서 기업의 선택가능한 배당정책은 이익을 유보하는 정책과 배당을 지급하고 신주를 발행하는 정책으로 구분될 수 있다. 이와 같은 점을 유의하면서 배당과 기업가치의 관계에 관한 여러 가지 이론들을 살펴보기로 하자.

2.1 완전자본시장과 배당무관련이론

밀러와 모딜리아니(M. H. Miller and F. Modigliani: 이하 MM이라 약칭함)는 1961년에 발표된 논문에서 완전자본시장하에서는 배당정책과 기업가치가 무관련하다는 **배당무관련이론**을 주장하였다.[2]

배당의 무관련성은 주주들이 자신의 취향에 맞는 배당수준을 스스로 조정할 수 있다는 **자기배당**(homemade dividend)의 논리에 의해서 설명될 수 있다. 주주들이 기업의 배당정책과 상이한 배당을 선호한다면, 그들은 주식을 매입 또는 매도함으로써 자신의 선호에 따라 배당을 스스로 조정해 나갈 수 있다. 이와 같이 주주들이 자기배당에 의해서 원하는 배당수준을 스스로 조정해 나갈 수 있기 때문에 주주들은 기업에 의해서 채택된 특정한 배당정책에 가치를 부여하지 않는다. 그러므로 배당정책은 주주의 부(또는 기업가치)와 무관련하게 된다. 경영자가 현재의 배당을 증가 또는 감소시킴으로써 기업의 가치에 영향을 미칠 수 없다.

완전자본시장이라는 아주 단순화된 사회를 전제하여 도출된 MM의 배당무관련이론은 배당정책에 관한 설명의 출발점이다. 따라서 MM이 내세운 기본적인 가정을 완화함으로써 현실적으로 존재하는 다양한 배당정책들을 설명할 수 있다.

예제 12-1 배당과 기업가치의 무관련성

태평주식회사는 주당 10,000원하는 주식을 100,000주 발행하고 있으며, 현재 주당 500원의 배당을 실시할 예정이다. 세금이 존재하지 않는 완전자본시장을 가정하여 다음의 물음에 답하라.

(1) 배당을 실시할 경우 주가는 어떻게 되겠는가?

(2) 배당을 실시하지 않을 경우 주가는 어떻게 되겠는가?

(3) 현재 이 회사는 2억원이 소요되는 투자안을 고려하고 있다. 태평주식회사가 순

---

2 M. H. Miller and F. Modigliani, "Dividend Policy, Growth and the Valuation of Shares," *Journal of Business*, Vol. 34(October 1961), pp. 411-433.

이익 1억원을 보유하고 있다가 주당 500원씩 배당하였다면, 이 회사는 투자안의 자본조달을 위해 신주를 몇 주 발행하여야 하는가?

| 해설 |

(1) 세금이 존재하지 않는 완전자본시장하에서는 배당만큼 주가는 감소한다. 그러므로 주당 500원의 배당 후 주가는 9,500원(10,000원－500원)이 된다.

(2) 배당을 실시하지 않으면, 주가는 변하지 않는다. 즉 주가는 10,000원이 된다.

(3) 먼저 투자에 소요되는 자금 중 신주를 발행하여 조달해야 하는 금액을 구하면 다음과 같다.

- 유보이익(이익잉여금)＝순이익－배당액
  ＝100,000,000원－500원×100,000주＝50,000,000원
- 신주발행액＝투자액－유보이익＝200,000,000원－50,000,000원
  ＝150,000,000원

주당 500원씩 배당하였으므로 주가는 9,500원으로 하락한다. 그러므로 1억 5천만원을 조달하기 위하여 발행해야 하는 주식수는 다음과 같다.

$$\text{발행주식수} = \frac{\text{신주발행액}}{\text{주가}} = \frac{15{,}000{,}000}{9{,}500} = 15{,}790\text{주}$$

2.2 저배당정책의 선호에 대한 현실적 요인

앞에서 설명한 MM의 배당무관련이론은 세금, 발행비용 등을 무시하였다. 그러나 이러한 요인들은 현실적으로 존재하며, 이들을 고려하는 경우 주주들은 저배당정책을 더 선호할 수도 있다.

세 금

기업이 배당을 하게 되는 경우 주주는 배당소득 가운데 일부를 배당소득세로 내게 된다. 그러나 배당을 하지 않고 이를 미래투자를 위한 내부의 유보이익으로 남겨 둘 경우에는 그 결과가 주가에 반영되고, 이는 결국 주식매매로 인한 차익으로서 자본이득이 되기 때문에 주주는 자본이득세를 납부하게 된

다. 만일 배당소득과 자본이득에 대한 유효세율이 동일하다면, 배당정책은 주주의 부에 직접적인 영향을 주지 못한다. 그러나 양자의 차이가 존재한다면 배당정책은 주주의 부에 직접적인 영향을 미칠 수 있다.

현실적으로 자본이득보다는 배당소득에 대하여 훨씬 높은 개인소득세율이 부과된다.[3] 현재 우리나라에서 배당소득에 대해서는 소득세가 부과되고 있으나, 자본이득에 대해서는 소득세가 부과되지 않고 있다. 이와 같은 소득세제하에서 납세 후 기준으로 보면 투자자에게는 자본이득 1원이 배당소득 1원보다 더 유리할 것이다. 그러므로 투자자들은 배당성향이 낮은 기업을 더 선호하게 되고, 따라서 기업들은 배당을 지급하기보다는 이익을 유보하려는 성향을 가질 것이다.

발행비용

앞에서 설명하였던 세금효과 이외에 주주들의 저배당정책 선호에 대한 현실적 요인으로 발행비용(issuance costs)을 들 수 있다. 기업이 현금배당을 지급하게 되면 신주를 발행하여 자금을 조달하여야 한다.[4] 이 경우 인수료, 주권인쇄비용 등의 발행비용이 소요되어 기업의 가치를 감소시키게 된다.

2.3 고배당정책의 선호에 대한 현실적 요인

앞서 살펴본 바와 같이 세금이나 발행비용이 존재하는 경우 기업의 재무관리자는 배당을 줄이려고 할 것이다. 그러나 현실적으로 주주들에게 높은 배당을 지급하는 기업이 존재하고 있다. 기업의 고배당정책 선호에 대한 현실적 요인으로 주주들의 현재수입에 대한 선호, 배당에 의한 미래 불확실성의 감소 등을 들 수 있다.

---

3 1986년에 개정된 미국의 세법에서는 자본이득과 배당소득이 동일한 세율로 과세되고 있지만, 이 경우에도 자본이득에 대한 세금은 주식이 매각되어 그 소득이 실현될 때까지 납세가 무한히 연기될 수 있으므로 그 유효세율은 훨씬 낮다고 할 수 있다.

4 배당이 기업가치에 미치는 순효과를 살펴보기 위해서는 기업의 투자와 자본구조가 일정하다고 가정하여야 한다. 이와 같은 가정하에서는 기업이 배당을 증가시키려고 계획하고 있으나 자금이 부족한 경우 신주에 의해서만 그 자금을 조달할 수 있다.

현재수입에 대한 선호

많은 개인들은 미래의 수입보다 현재의 수입을 더 선호한다. 이와 같은 현재의 소비에 대한 실질적인 욕구 때문에 투자자들은 현재의 높은 배당을 더 선호하게 된다. 이러한 주장에 대하여 현재의 수입을 바란다면 소유하고 있는 주식을 매각하면 된다고 할 수도 있지만, 현실적으로 주식을 매각할 때 매매수수료와 증권거래세 등 거래비용이 발생하게 된다. 또한 소유하고 있는 주식을 매각하는 것은 투자원금을 없앤다는 심리적인 이유로 인하여 꺼리게 되는 경우도 있다.

불확실성의 감소

고든(M. J. Gordon)은 현재의 높은 배당이 주주의 미래 불확실성에 대한 불안을 감소시키기 때문에 투자자들이 배당을 유보이익보다 높게 평가한다고 주장하였다.[5] 고든에 의하면, 미래의 배당은 현재의 배당에 비해 훨씬 불확실하기 때문에 현재의 배당을 희생하여 미래의 배당을 증가시키는 경우 증가된 위험에 의해 주주들의 요구수익률이 더 높아지고 그 결과 기업의 주가가 감소하게 된다.

그러나 투자와 자본구조가 변하지 않는 한 기업의 전체 현금흐름은 배당정책에 따라 반드시 영향을 받는 것은 아니다. 또한 전체 현금흐름의 위험이 배당정책에 따라 어떻게 변하는지를 정확히 파악하는 것도 어려운 일이다.

2.4 배당정책에 대한 현실적 설명

앞에서 저배당정책의 선호에 대한 현실적 요인과 고배당정책의 선호에 대한 현실적 요인을 살펴보았다. 배당정책에 있어서 어느 요인이 더 지배적인 요인인지, 즉 배당과 주가가 정(+) 또는 부(−)의 관계를 가지는지는 아직까지 명확한 결론이 내려지지 않고 있다. 다시 말하면 배당정책 문제는 아직 해결되지 않은 문제라 할 수 있다.

---

5 M. J. Gordon, *The Investment, Financing, and Valuation of the Corporation*(Homewood, Ill.: Richard D. Irwin, 1961).

최근 배당정책에 대해 다른 측면에서의 연구－배당의 정보효과와 고객효과－가 이루어지고 있는데 이를 살펴보자.

배당의 정보효과

배당정책의 변화를 시장에서 투자자들이 기업내용 변화의 신호로 인식하여 주가가 변하는 것을 **배당의 정보효과**(information-content effect) 또는 신호효과(signaling effect)라 한다. 배당의 정보효과는 경영자가 일반투자자들보다 기업내용에 관해 우월한 정보를 가지고 있다는 정보의 비대칭성(informational asymmetry) 때문에 성립되는 논리이다. 정보비대칭하에서는 경영자가 가지고 있는 정보를 투자자들에게 전달해 주기 위한 수단으로 배당정책이 이용될 수 있다.

배당정책의 변화를 시장에서 투자자들이 기업내용 변화의 신호로 인식하여 주가가 변한다.

일반적으로 기업은 안정적인 배당을 유지하려는 경향이 있다. 경영자는 미래의 현금흐름에 대한 기대가 극히 비관적이어서 현재의 배당수준을 지속적으로 유지하는 것이 불가능하기 전에는 배당을 줄이기를 꺼리며, 반대로 앞으로 지속적으로 높은 배당을 유지할 만큼 미래 현금흐름이 증가하지 않는 한 일시적으로 배당을 증가시키지 않는 경향이 있다. 따라서 기대하지 못한 배당의 증가가 이루어진 경우에 일반투자자들이 이를 기업에 관한 '좋은 소식'(good news)의 신호로 인식함으로써 주가가 상승하게 되며, 반대로 기대하지 못한 배당의 감소가 발생한 경우에는 기업에 관한 '나쁜 소식'(bad news)의 신호로 인식하여 주가가 하락하게 된다. 결론적으로 주가는 배당정책 자체에 의해서 변하는 것이 아니라 배당이 가지고 있는 정보내용에 의해서 변한다는 것이다.[6]

---

6 S. Bhattacharya, "Imperfect Information, Dividend Policy, and 'the Bird in the Hand' Fallacy," *Bell Journal of Economics*, Vol. 10(Spring 1979), pp. 259-270.

배당의 고객효과

자본시장의 모든 투자자들은 기업의 배당정책에 대하여 동일한 태도를 가지고 있다고 할 수 없다. 은퇴한 개인이나 사회단체 등은 당기의 소비가능한 소득을 원하기 때문에 현금배당을 훨씬 선호하게 된다. 한편 배당 이외의 다른 원천으로부터 충분한 소득을 얻어낼 수 있는 주주들은 상대적으로 높은 세율을 부담해야 하는 배당소득보다는 자본이득을 바라게 된다. 이와 같이 어떤 기업의 주주들이 어떻게 이루어져 있는가에 따라 그 기업의 배당정책은 달라지며, 이러한 효과를 **배당의 고객효과**(clientele effect)라고 부른다. 일단 기업들의 배당정책이 주주들의 선호와 일치하면, 어떠한 기업도 단순히 배당정책을 변화시킴으로써 그 가치에 영향을 미칠 수 없을 것이다.

알아두기

역성장에 쪼그라든 상장사 배당…국고채보다 수익률 낮아

지난해 실적 악화로 국내 상장사들의 전체 배당금이 덩달아 줄어든 것으로 나타났다. 배당 여력이 줄어든 코스닥 상장사들은 국고채보다 낮은 배당률을 보였다. 다만 주가가 배당금보다 큰 폭으로 하락하면서 시가배당률은 오히려 5년 내 최고 수준을 기록했다. 유가증권시장 전체 배당 상장사 5곳 중 4곳이 5년 이상 연속으로 현금배당을 실시하는 등 경기악화·증시침체에도 상장사들의 배당 기조가 꾸준히 유지되고 있는 것으로 풀이된다.

2023년 4월 19일 한국거래소에 따르면 유가증권시장 12월 결산법인 중 현금배당을 실시한 557개 상장사의 총배당금은 26조5,854억원으로 집계됐다. 평균 배당금은 477억원이다. 전년 대비 각각 7.1%, 7.2% 감소한 수치다. 코스닥의 배당 규모도 감소했다. 현금 배당을 실시한 594개 코스닥 상장사의 배당금 총액은 전년 대비 1.2% 감소한 2조1,774억원으로 나타났다. 평균 배당금은 2021년보다 2% 줄어든 36억7,000만원을 기록했다.

지난해 코스피·코스닥을 가리지 않고 주가가 크게 하락하자 시가배당률은 오히려 증가했다. 유가증권시장의 경우 보통주의 평균 시가배당률은 2.7%, 우선주는 3.01%로 집계됐다. 최근 5년 내 가장 높은 수치다. 코스닥의 평균 시가배당률 역시 8년 내 가장 높은 1.88%로 나타났다. 시가배당률은 상승했지만, 기준금리 인상으로 수익률이 크게 오른 국고채보다 배당의 매력은 더욱 낮아졌다. 국고채 1년물의 평균 수익률은 2.65%로 집계됐다. 유가증권시장 보통주는 0.05%포인트, 우선주는 0.36%포인트로 격차가 줄어들었다. 이는 2021년 기준 보통주와 국고채 1년물 수익률의 차이가 1.40%포인트였던 점을 감안하면 배당주의 매력이 크게 감소한 셈이다. 특히 시가배당률이 국고채 수익률을 넘는 상장사의 수가 2021년 444사에서 239사로 급감했다. 코스닥은 오히려 국고채의 수익률이 평균 시가배당률을 상회했다. 2015년 이후 7년 만이다. 코스닥의 평균 시가배당률이 1.88%에 그치면서 국고채 수익률과의 차이는 0.76%포인트까지 벌어졌다.

고강도 긴축과 경기 악화로 배당의 크기는 줄어들었지만, 상장사들은 오히려 배당 기조를 유지 중이다. 유가증권시장에서는 배당 법인 557사 중 80.1%에 달하는 446사가 5년 연속 배당을 실시하고 있다. 이는 배당 성향에서도 나타난다. 유가증권시장 현금배당 법인의 평균 배당 성향은 35.07%로 집계됐다. 지난해 35.41%보다 소폭 하락했지만, 상장사들의 당기 순이익이 줄어든 것을 감안하면 경기 악화에도 배당 기조를 그대로 유지한 것이다.

코스닥에서도 5년 이상 연속 현금배당을 실시한 상장사는 379사(63.8%)로 집계됐다. 코스닥의 배당성향은 오히려 증가했다. 현금배당 법인의 평균 배당 성향은 29.8%로, 2021년 26.9%에 비해 2.9%포인트 커졌다.

코스피와 코스닥 현금배당 법인 모두 지수를 상회하는 수익률을 기록하면서 하락장에서 배당주가 방어주로 역할을 한 것으로 나타났다. 지난해 24.89% 하락한 코스피의 배당 법인 평균 주가등락률은 −14.60%로 집계됐다. 배당 상장사들 역시 하락장의 여파를 피하기 어려웠지만, 시장보다 10.29%포인트 높은 수익률을 기록한 것이다. 코스닥 시장에서도 배당 법인들의 연간 수익률은 코스닥 수익률(−34.3%)보다 12.8%포인트 높은 −21.5%로 집계됐다.

업계에서는 상장사들의 주주 친화적 배당정책이 '깜깜이 배당' 개선과 함께 강화될 것으로 기대한다. 한국거래소에 따르면 올해 정기 주주총회에서 12월 결산법인 중 140사(17.9%), 2022년 현금배당 법인 중 102사(18.3%)가 결산 배당기준일을 정비했다. 한국거래소 관계자는 "투자자가 법인의 배당 여부 및 배당액을 먼저 확인하고 그 다음 투자할 수 있다는 점에서 배당 투자에 유리한 환경이 조성될 것으로 기대한다"고 말했다.

〈서울경제 2023. 4. 19〉

3 배당정책의 실제

지금까지 설명한 바로는 기업이 높은 배당을 지급해야 할 이유도 있는 반면, 낮은 배당을 지급해야 할 이유도 있다. 그러면 실제로 기업은 특정기간에 지급할 배당수준을 어떻게 결정하여야 하는가? 어떤 요인들이 기업의 배당결정에 영향을 주는 것인가? 이에 대해 한마디로 어떤 요인이라고 단언할 수는 없다. 그러므로 여기서는 배당정책의 실제적 특성을 강조하기 위하여 기업이 실제로 어떻게 배당정책을 결정하는가를 살펴보고, 그 밖의 고려사항들을 차례로 검토하기로 하자.

3.1 잔여배당정책

앞절에서 언급한 바와 같이 높은 배당을 지급하려는 기업들은 그 재원조달을 위하여 빈번하게 신주를 발행하게 된다. 그러나 배당재원의 조달을 위한 신주발행은 많은 발행비용을 발생시키므로 바람직하지 못하다. 이와 같은 관점에서 기업은 신주발행의 필요성을 최소화하기를 원한다고 가정하자. 또한 기업은 현행의 자본구조를 계속 유지하려 한다고 가정하자.

만약 기업이 신주발행을 가능한 한 피하려 한다면, 정(+)의 순현가를 가지는 새로운 투자안에 필요한 자금의 조달은 주로 유보이익 등 내부생성자금에 의존하게 될 것이다. 이 경우 내부자금 중 새로운 투자에 지출하고 남는 부분이 배당으로 지급될 수 있다. 이와 같이 남겨진 부분을 잔여자금이라 하고, 이를 배당으로 지급하는 정책을 **잔여배당정책**(residual dividend policy)이라 한다.

잔여배당정책하에서 기업의 목표는 배당을 지급하기 전에 투자수요를 충족시키고 바람직한 자본구조를 유지하는 것이다. 예를 들어 순이익이 10억원이며 목표부채비율(부채/자기자본)이 1/2인 기업(총자본은 부채 1/3, 자기자본 2/3로 구성됨)을 생각해 보자. 이 기업의 경우 수익성 있는 신규투자에 필요한 자금이 9억원이라면, 목표부채비율을 유지하기 위해서는 투자소요자금 중 3억원(9억원×1/3)은 부채로, 나머지 6억원(9억원×2/3)은 자기자본으로 조달하여야 할 것이다. 그러므로 잔여배당정책에 의하면 이 기업은 순이익 10억원 중 6억원을 투자소요자금으로 충당한 후, 잔여이익 4억원을 배당으로 지급할 수 있다.

이와 같은 논리에 의하면 많은 투자기회를 가지고 있는 기업의 경우에는 배당을 적게 할 것이고, 투자기회가 거의 없는 기업의 경우에는 많은 배당을 지급한다고 할 수 있다. 이와 같은 현상은 실제에서도 흔히 볼 수 있다. 즉 도입기 또는 성장기의 고속성장하는 기업의 경우는 배당을 적게 하는 반면, 성숙기의 저성장 기업의 경우는 보다 많은 배당을 지급하는 경향이 있다.

3.2 배당의 안정성

많은 기업들은 목표 배당(target dividend)을 정하여 주당배당금을 일정하게 유지하려는 경향이 있다. 즉 기업의 이익이 일시적으로 변동할지라도 배당금을 이와 관계없이 일정하게 유지시키려고 한다. 기업 이익의 일시적인 증가만으로 배당률을 변경시키지 않고 이익의 증가가 미래에도 지속될 것이라는 판단이 내려졌을 때 비로소 주당배당금을 증가시키는 것이다.

많은 기업들이 **배당의 안정성**을 유지하려는 이유로는 다음 세 가지를 들 수 있다.

첫째, 비록 이익이 감소되었다 하더라도 기업이 일정 배당수준을 유지하면 투자자들은 비교적 확실하게 그들의 미래 배당을 예측할 수 있다. 또한 특정 연도의 이익감소가 기업이 회복하기 어려운 계속적인 것이 아니라 일시적인 현상이라는 것을 간접적으로 나타내는 정보전달의 효과를 지닌다.

둘째, 증권투자가 대중화됨에 따라 배당수입에 의해서 생활을 영위하는 투자자층이 많아지고 있는데, 불규칙적이고 불안정한 배당수입은 투자자들의 생활자체를 위협할 수 있다. 물론 불안정한 배당의 경우에도 보유중인 주식을 매각하여 수입을 안정화시킬 수는 있으나, 이들 투자자들에 있어 보유중인 주식의 처분은 투자원금 자체에 대한 감소라는 심리적 압박 때문에 용이하지가 않다.

셋째, 연금기금, 투자신탁, 보험회사 등 많은 기관투자자들은 공적인 자금을 운용하므로 수익도 중요하지만 미래 현금흐름의 확실성을 보다 더 요구한다.

앞에서 설명한 잔여배당정책에 의하면 투자기회에 따라 배당이 변동하기 때문에 배당의 안정성을 유지하기 어려울 것이다. 그러나 일반적으로 기업은 향후의 투자기회 등을 감안하여 잔여배당정책에 의해 장기적인 배당정책을 결정하지만 단기적으로는 배당수준을 일정하게 유지하는 경향이 있다.

3.3 기타의 고려사항

법률상의 제한

배당결정은 원칙적으로 기업의 자율적 의사결정이지만, 관련법규에서는 기업이 건전한 자본구조를 유지하도록 하기 위하여 배당재원을 일정한도로 제한하고 있다. 우리나라 현행 상법은 배당재원을 기업의 순재산액에서 자본금과 해당 결산기까지 적립된 자본준비금 및 이익준비금의 합계액 그리고 해당 결산기에 적립하여야 할 이익준비금을 모두 공제한 나머지 금액 범위로 제한하고 있다.

사채약정서의 제한조항

기업이 사채를 발행하거나 금융기관에서 자금을 차입할 때 채권자들의 요구에 따라 배당금의 지급을 제한하는 조항을 사채약정서상에 명기하는 경우가 있다.

기업의 유동성

기업의 재무상태표상에 나타나는 배당가능이익이나 유보이익은 기업이 실제로 현금을 보유하는 것이 아니라 영업활동을 위한 자산의 형태로 투자되어 있는 것이다. 따라서 배당은 재무상태표상의 숫자로 나타나는 배당가능이익에 의해 결정되는 것이 아니라 기업이 보유하고 있는 현금(유동성)에 의해 결정되는 경우가 많다. 그러므로 유동성이 좋지 않고 은행으로부터의 차입이 곤란한 경우에는 배당을 지급하지 않거나 배당을 축소하고 주식배당 등을 고려하여야 할 것이다.

차입능력

기업이 현재 유동성을 풍부하게 유지해야만 자금사정의 융통성이 확보되는 것은 아니다. 기업이 원하는 시기에 원하는 금액을 빌릴 수 있다면, 그 경우에도 자금사정의 융통성은 확보될 수 있다. 따라서 기업의 차입능력이 클수록 자금사정의 융통성이 보다 커지며 현금배당의 가능성도 증가하게 된다.

기업의 지배권

기업이 많은 배당금을 지급한다면, 향후 수익성 있는 투자기회에 대한 자금 조달을 위하여 신주발행의 필요성이 더 커질 것이다. 이 경우 새로운 외부주주를 받아들이게 됨으로써 기존의 기업지배권이 희석될 수 있기 때문에 배당을 줄이려는 경향이 있다.

4 배당의 특수형태

일반적으로 배당정책이란 현금배당의 수준에 관한 의사결정만을 나타내는 것으로 이해되고 있다. 그러나 주식배당, 주식분할, 자사주 매입 등도 배당정책의 일환으로 고려될 수 있다. 여기서는 배당의 특수형태로서 주식배당, 주식분할, 자사주 매입 등에 대해서 살펴보고자 한다.

4.1 주식배당

주식배당(stock dividend)은 현금배당 대신 주식을 추가로 발행하여 기존주주에게 무상으로 교부하는 것이다. 주식배당은 기업의 이익 중 주식배당액만큼 자본금으로 편입되기 때문에 발행주식수만 늘어날 뿐 기존주주의 지분율은 그대로 유지되어 실질적인 주주 부의 증가를 가져오지는 않는다.

주식배당에 의한 자기자본구조의 변화를 살펴보기 위하여 다음과 같은 자본구조를 가진 청솔주식회사의 경우를 생각해 보자.

알아두기

주식배당의 회계처리방법

주식배당을 회계처리하는 방법으로서 액면금액법과 시가법의 두 가지가 있다. 액면금액법(par value method)은 주식배당으로 인해 새로 발행하게 될 주식의 총수에 대하여 액면금액에 해당되는 금액만큼을 이익잉여금에서 차감하여 자본금으로 대체하는 방법이다. 한편 시가법(market value method)은 주식배당으로 인해 새로 발행하게 될 주식의 총수에 대하여 시장가격에 상응하는 금액을 이익잉여금에서 차감하여 자본금과 자본잉여금에 각각 대체시키는 방법이다. 이때 시가해당액 중 액면금액에 해당하는 금액은 자본금으로, 액면금액을 초과하는 금액은 주식발행초과금계정을 사용하여 자본잉여금으로 대체한다.

〈이효익 · 최관 · 백원선 · 최영수, 제9판 IFRS 회계원리(신영사, 2019), p. 569 참조〉

청솔주식회사의 자기자본구조(주식배당 전) (단위: 원)

자 본 금(액년 5,000원, 발행주식수 10만주)	500,000,000
자본잉여금	20,000,000
이익잉여금	80,000,000
자기자본합계	600,000,000

청솔주식회사가 10%의 주식배당을 결정했다면, 10만주의 10%인 10,000주를 새로 발행하게 된다. 주식배당 후 청솔주식회사의 재무상태표상 자기자본구조는 다음과 같다.[7]

청솔주식회사의 자기자본구조(주식배당 후) (단위: 원)

자 본 금(액면 5,000원, 발행주식수 11만주)	550,000,000
자본잉여금	20,000,000
이익잉여금	30,000,000
자기자본합계	600,000,000

7 이는 액면금액법으로 회계처리한 것이다.

주식배당을 실시하는 경우 주식배당에 해당하는 5천만원이 이익잉여금(유보이익)에서 자본금으로 옮겨갈 뿐이지 자기자본합계에는 전혀 변화가 없다. 또한 추가로 발행된 1만주는 기존주주의 지분율에 따라 배분되므로 개별주주의 지분율도 변함이 없다. 그러므로 이론적으로 볼 때 주식배당으로 인하여 주주의 부는 변하지 않을 것이다.[8]

우리나라에서는 1984년의 상법개정에 의하여 주식배당제도가 도입되었다. 주식배당제도는 현금배당으로 인한 기업의 자금유출을 막고 사내유보를 증가시켜, 기업의 유동성을 유지하거나 필요한 투자재원을 확보하고자 하는 취지에서 도입된 것이다. 주식배당이 배당 그 자체로서는 긍정적인 효과가 없음에도 불구하고 현실적으로 기업에서 주식배당을 실시하는 이유는 다음과 같다.[9]

첫째, 안정적인 배당을 유지하려고 하는 기업의 경우 주식배당 후에도 주당 현금배당을 종전과 같이 유지하는 것이 보통이므로 결과적으로 현금배당이 증가하게 될 것이다. 이와 같은 측면에서 볼 때 주식배당은 기업의 미래 현금흐름 및 배당의 증가를 알려주기 위한 유리한 신호로 해석될 수 있다.

둘째, 주식배당은 대체로 성장속도가 빠른 기업이 사외현금유출을 막고 수익성이 높은 투자기회에 대한 재투자를 위하여 실시하는 경향이 있다. 이 경우 주식배당은 투자자들에게 기업의 미래전망에 대한 좋은 뉴스를 전달해 주는 역할을 담당한다.

셋째, 주가가 높은 기업의 경우 주식배당을 함으로써 시장에서의 유동성을 높일 수 있다. 주가가 아주 높은 주식의 경우 일반투자자들이 쉽게 매매할 수 없다.

주식배당은 이상과 같은 몇 가지 이점이 있으나 다음과 같은 몇 가지 단점 또한 무시할 수 없다.

---

8 이론적으로 볼 때 주식배당으로 인하여 개별주주가 소유한 주식의 총가치는 변하지 않는다. 예를 들어 주식배당 전 청솔주식회사의 주가가 10,000원이라면 이 회사 주식의 시가총액은 10억원(10,000원×10만주)이다. 주식배당 후에도 이 회사 주식의 시가총액이 10억원이기 위해서는 이론적으로 주가는 9,091원(10억원/11만주)으로 하락되어야 한다.

9 우리나라의 경우 특히 고가주에 대한 주식배당은 투자자들에게 대체로 긍정적으로 받아들여지고 있다. 이는 우리나라의 비현실적인 현금배당제도, 즉 액면배당제도 때문이라 할 수 있다.

첫째, 주식배당은 신주를 발행하여 지급하게 되는데, 신주발행에는 발행비용이 따르게 되어 동일한 금액의 현금배당보다 비용이 많이 든다.

둘째, 안정적인 배당을 유지하려는 기업의 경우 주식배당은 미래의 현금배당을 증가시켜 기업의 유동성을 감소시킬 수 있다.

셋째, 주식배당은 기업이 현금배당을 행할 수 없을 정도로 어려운 상황이라는 것을 알려주는 신호로 해석되기도 한다. 특히 주당현금배당이 감소하고 이를 보충하기 위한 수단으로 주식배당이 이용된 경우, 주식배당은 기업의 자금사정 악화를 알려주는 신호로 해석될 수 있다.

4.2 주식분할

주식분할은 기존의 1주를 분할하여 그 이상의 배수로 만드는 것이다.

주식분할(stock split)은 엄밀히 말해 배당의 형태라고 할 수 없으나 그 경제적 효과가 주식배당과 유사하므로 여기서 설명하고자 한다. **주식분할**은 기존의 1주를 분할하여 그 이상의 배수로 만드는 것이다. 주식분할을 실시하는 경우 단순히 발행주식수가 증가하고 이에 따라 액면가가 줄어들게 되는 이외에 외형적으로 재무상태표의 자기자본 항목은 변하지 않는다. 예를 들어 청솔주식회사가 10 : 1로 주식분할을 실시하는 경우 자기자본구조의 변화를 살펴보면 다음과 같다.

청솔주식회사의 자기자본구조(주식분할 전) (단위: 원)

자 본 금(액면 5,000원, 발행주식수 10만주)	500,000,000
자본잉여금	20,000,000
이익잉여금	80,000,000
자기자본합계	600,000,000

청솔주식회사의 자기자본구조(10 : 1 주식분할 후) (단위: 원)

자 본 금(액면 500원, 발행주식수 100만주)	500,000,000
자본잉여금	20,000,000
이익잉여금	80,000,000
자기자본합계	600,000,000

이상과 같이 청솔주식회사는 주식분할에 의해 액면가와 발행주식수만 변하였을 뿐 그 외에는 아무런 변화가 없다.

기업에서 주식분할을 실시하는 이유는 주로 기업의 성장과 함께 주가가 높아져서, 증권시장에서 원활히 거래가 되지 않을 때 주식분할을 통하여 적절한 가격으로 조절할 수 있기 때문이다. 즉 주식분할은 주식의 거래를 원활하게 하고, 주가의 안정을 얻을 목적으로 행하여진다.

이론적으로 주식분할은 주가를 분할배수만큼 하락시키지만 실제로 분할 직후에 형성된 주가는 이론적 주가보다 약간 높게 형성되는 것이 일반적이다. 이는 주식배당에서와 같이 주식분할이 시장에서 일반투자자들에게 기업의 미래전망에 대한 좋은 뉴스를 전달해 주는 역할을 하는 것으로 해석될 수 있기 때문이다.

주식분할과는 반대로 여러 주식을 하나의 주식으로 통합하는 것을 주식병합(reverse stock split)이라 한다. 주식병합은 주가가 너무 낮을 때 주가를 적절한 수준으로 올려놓기 위해서 실시된다.

4.3 자사주 매입

자사주 매입(stock repurchase)이란 기업이 발행한 보통주를 다시 매입하여 금고주(treasury stock)의 형태로 소유하는 것을 말한다. 우리나라에서는 과거 기업내부의 경영자가 악용할 우려가 있으므로 「상법」상 특별한 경우를 제외하고는 자사주 매입을 원칙적으로 금지하였으나, 2011년 「상법」 개정 후 현행 「자본시장과 금융투자업에 관한 법률」(「자본시장법」)에서와 마찬가지로 주주총회 또는 이사회의 결의를 거쳐 배당가능이익의 범위 내에서 자사주를 매입하도록 허용하고 있다. 자사주 매입으로 사들인 주식은 상여금이나 포상용으로 임직원에게 주는 것을 제외하고는 6개월 이내에 팔 수 없다. 또한 자사주에 대한 의결권은 인정되지 않는다.

자사주 매입은 주주들에게 배당지급과 같은 효과를 주게 된다. 기업이 배당을 지급할 자금으로 자사주를 매입하면 발행주식수가 줄어들게 되며, 시장에서 유통되는 나머지 주식의 가격은 배당부주가 수준으로 일정하게 유지될 것이다.[10] 그러므로 주주들은 배당금 대신에 자본이득을 얻게 되며, 이로 인하여 배당소득세를 회피할 수 있다는 이점이 있다.

완전자본시장의 경우에는 이상에서 설명한 주식배당, 주식분할, 자사주 매입 등에 의해 주주의 부는 변하지 않을 것이다. 이에 대한 사항을 요약하면 〈표 12-1〉과 같다.

표 12-1 **주식배당, 주식분할, 자사주 매입의 효과**

배당의 특수형태	발행주식수	주가	주주의 부
주식배당	증가	하락	불변
주식분할	증가	하락	불변
자사주 매입	감소	불변	불변*

* 발행주식수가 감소하여 주주들이 보유하고 있는 주식의 총시장가치는 감소하나, 그 감소된 가치는 주주들이 기업에 주식을 매도하여 얻게 되는 소득과 일치하게 되므로 주주의 부는 변하지 않는다.

10 그러나 자본시장이 불완전한 경우 주식에 대한 수요가 증가하여 주가가 상승할 수도 있다.

알아두기

자사주 매입을 보는 엇갈린 시각

금융감독원에 따르면 2023년 유가증권시장 상장 기업이 발표한 자사주 취득 규모는 1조4,000억원 규모로 2022년 같은 기간보다(8,647억원) 65% 가량 많다. 올해 자사주 취득 규모가 급증한 이유로 행동주의 펀드를 중심으로 투자자의 입김이 강해졌다는 해석이 나온다. 하지만 취득한 자사주 소각에는 소극적이다. 통상 기업의 자사주 취득은 유통 주식 수 감소로 이어져 주가엔 호재다. 그러나 올해 자사주 취득을 발표한 코스피 기업 24곳 중 단 4곳만 자사주를 소각한다고 밝혔다. 반면 주가 안정화를 위해 자사주를 매입한다는 기업은 16곳으로 가장 많았으며 그 뒤를 임원 성과 보상 2곳, 이익 소각과 무상수증(무상증여)이 각각 1곳이었다. 소각하지 않는다면 향후 잠재 매도물량(오버행) 부담이 주가 발목을 잡기 마련이다.

현재 금융 당국은 자사주 제도 개편안을 검토 중이다. '자사주 매입 후 소각 의무화'와 '인적분할 때 자사주에 대한 신주 배정 금지' 등이 핵심 내용이다. 금융투자업계와 개인 투자자들은 주주권리 개선을 기대하며 환영한다는 입장이다. 이와 달리 재계에선 경영권 방어 수단 중 하나가 사라질 수 있다고 반발한다. 그럼에도 당국의 의지는 확고해 보인다. 당국은 자사주 매입이 소각으로 연결되지 않는 국내 자본시장의 관행이 '코리아 디스카운트(한국증시 저평가)'를 유발한다고 보고 개선이 필요하다는 입장이다.

◆ 버핏과 그랜섬의 설전

제레미 그랜섬

워렌 버핏

월가의 전설적 투자자 제레미 그랜섬과 투자의 귀재 워렌 버핏이 '자사주 매입'을 두고 설전을 벌였다. 미국 포춘지에 따르면 매사추세츠주 상원의원인 엘리자베스 워런은 기업의 자사주 매입에 대해 '상장 기업의 사실상 불법에 가까운 시장 조작'이라고 주장했다. 그는 기업이 주당 수익을 늘리기 위해 자사주를 매입하는 행위는 해당 기업의 혁신을 잠식하는 것이라고 지적했다. 새로운 공장 건설과 연구개발, 신입사원 채용에 투자할 돈이 단순히 주가를 끌어 올리고 부유한 주주와 내부자들을 풍요롭게 하는 데 사용한다고 비판했다. 이런 주장에 버핏은 "모든 자사주 매입이 주주나 국가에 해롭다거나 특히 CEO에게 이익이 된다는 말은 경제 문맹자나 말 잘하는 선동가의 말"이라면서 "자사주 매입은 모든 소유자에게 이익이 된다"고 주장했다.

미국 보스턴의 자산운용사 GMO의 공동 설립자이자 수석 투자전략가인 그랜섬은 버핏의 말에 반기를 들었다. 그는 "자사주 매입이 주가 조작을 용이하게 하고 있다"며 "당연히 불법이어야 한다는 게 내 생각"이라고 강조했다. 특히 그는 자사주 매입이 '배당금'과 다르지 않다는 버핏의 주장을 비판했다. 그랜섬은 기업이 배당금을 지불할 때 주주간 이익을 균등하게 분배하지만 자사주 매입은 그렇지 않다고 지적했다.

〈오피니언뉴스 2023. 4. 17 수정〉

주요 용어

배당정책(dividend policy)

기업이 벌어들인 순이익을 기업의 소유주인 주주들에게 지급하는 배당과 미래의 투자기회에 대처하기 위하여 사내에 적립하는 유보이익(이익잉여금)으로 구분하는 의사결정을 의미한다.

정규현금배당(regular cash dividend)

매년 정기주주총회의 의결을 거쳐 정기적으로 지급하는 배당으로서 기업의 일시적인 경영성과와 관계없이 일정하게 지급되는 경향이 있다.

추가현금배당(extra cash dividend)

경영자가 장기적으로 기업전망이 개선될 것이라고 확신할 수는 없지만 일시적으로 많은 이익을 얻을 경우에 정규현금배당 이외에 추가적으로 지급되는 현금배당을 의미한다.

특별현금배당(special cash dividend)

1회용 보너스의 형태로 지급되는 현금배당으로서 정상적인 배당지급시기 이외의 시기에 임시주주총회의 결의를 거쳐 지급되는 배당이다.

배당기준일(record date)

배당을 지급받을 주주를 확정시키기 위하여 주주명부를 폐쇄시키는 날, 즉 주식의 명의개서가 가능한 마지막 날이다.

배당락일(ex-dividend date)

배당금에 대한 권리가 상실되는 날을 의미하며, 배당락일 이후에 주식을 구입하는 경우 배당을 받을 수 없다.

MM의 배당무관련이론

완전자본시장하에서는 배당정책과 기업가치가 무관련하다.

자기배당(homemade dividend)

주주들이 기업의 배당정책과 상이한 배당을 선호한다면, 그들은 주식을 매입 또는 매도하여 현금흐름을 조정함으로써 자신이 선호하는 배당의 효과를 얻는 것을 의미한다.

저배당정책의 선호에 대한 현실적 요인

- 세금: 배당소득세율 > 자본차익세율
- 발행비용

고배당정책의 선호에 대한 현실적 요인

- 현재수입에 대한 선호
- 불확실성의 감소

배당의 정보효과(information-content effect)

시장에서 투자자들이 배당정책의 변화를 기업내용 변화의 신호로 인식하여 주가가 변하는 것(예, 배당증가 → 좋은 신호 → 주가상승 등)을 의미하는 것으로서, 이를 신호효과(signaling effect)라고도 한다.

배당의 고객효과(clientele effect)

기업의 주주들의 선호(예, 고소득자 → 저배당, 저소득자 → 고배당 등)에 따라 기업의 배당정책이 달라지며, 일단 기업들의 배당정책이 주주들의 선호와 일치하면 어떠한 기업도 단순히 배당정책을 변화시킴으로써 그 가치에 영향을 미칠 수 없다는 것을 의미한다.

잔여배당정책(residual dividend policy)

내부자금 중 새로운 투자에 지출하고 남는 부분이 배당으로 지급되는 것을 의미한다.

배당의 안정성

기업이익의 일시적 변동에 관계없이 목표배당을 정하여 주당배당금을 일정하게 유지하려는 경향을 의미한다.

주식배당(stock dividend)

현금배당 대신 주식을 추가로 발행하여 기존주주에게 무상으로 교부하는 것으로서 기업의 이익 중 주식배당액만큼 자본금으로 편입되기 때문에 발행주식수만 늘어날 뿐 기존주주의 지분율은 그대로 유지되어 실질적인 주주 부의 증가를 가져오지는 않는다.

주식분할(stock split)

기존의 1주를 분할하여 그 이상의 배수로 만드는 것으로서 단순히 발행주식수가 증가하고 이에 따라 액면가가 줄어들게 되는 이외에 외형적으로 재무상태표의 자기자본란은 변하지 않는다.

자사주 매입(stock repurchase)

기업이 발행한 보통주를 다시 매입하여 금고주(treasury stock)의 형태로 소유하는 것을 말한다.

연습문제

Ⅰ. 완성/선택형 문제

1. 현금배당은 지급방법에 따라 (　　　　), (　　　　), (　　　　) 등으로 분류된다.

2. 우리나라의 경우 결산기 이후에 개최되는 주주총회에서 배당결의가 이루어지기 때문에 배당금이 확정되기 전에 (　　　　)이 일어난다는 모순이 발생한다.

3. 현실적으로 자본이득보다는 배당소득에 대하여 보다 높은 개인소득세율이 부과되기 때문에 투자자들은 배당성향이 (　　　　) 기업을 더 선호하는 경향이 있다.

4. 배당의 정보효과는 경영자가 일반투자자들보다 기업내용에 관한 우월한 정보를 가지고 있는 (　　　　) 때문에 성립되는 논리이다.

5. 도입기 또는 성장기의 고속성장하는 기업의 경우는 배당을 (　　　　)하는 반면, 성숙기의 저성장 기업의 경우는 배당을 (　　　　)하는 경향이 있다.

6. 배당에 대한 다음의 설명 중 잘못된 것은?

   ① 일반적으로 정규현금배당은 기업의 일시적인 경영성과와 관계없이 일정하게 지급되는 경향이 있다.
   ② 우리나라에서 배당락일은 배당기준일 1일 전인 경우가 많다.
   ③ 배당기준일(record date)은 주식의 명의개서가 가능한 마지막 날이다.
   ④ 우리나라에서는 배당금이 확정되는 즉시 배당락가격이 형성된다.
   ⑤ 우리나라의 경우 공정하고 정확한 배당락주가의 형성이 어렵기 때문에 구주주와 신주주 사이의 이해상충 가능성이 존재한다.

7. MM의 배당이론(1961년)에 대한 다음의 설명 중 거리가 먼 것은?

① 완전자본시장하에서는 배당정책과 기업가치가 무관련하다.
② 정확히 배당만큼 주가가 하락하게 된다.
③ 기업의 투자기회에 따라 배당정책을 결정해야 한다.
④ 주주들이 기업의 배당정책과 상이한 배당을 선호한다면, 그들은 주식을 매입 또는 매각함으로써 자신의 선호에 따라 배당을 스스로 조정해 나갈 수 있다.
⑤ MM이 내세운 기본적인 가정을 완화함으로써 현실적으로 존재하는 다양한 배당정책들을 설명할 수 있을 것이다.

8. 투자자의 저배당정책 선호에 대한 현실적 요인으로 볼 수 있는 것은?

A. 차별적 세금: 배당소득세율 > 자본이득세율
B. 증권의 발행비용
C. 현재수입에 대한 선호
D. 배당으로 인한 불확실성의 감소
E. 배당의 정보효과

① A, B ② A, C ③ C, D
④ D, E ⑤ B, E

9. 배당의 정보효과와 고객효과에 대한 다음의 설명 중 잘못된 것은?

① 정보비대칭하에서는 경영자가 가지고 있는 정보를 투자자들에게 전달해 주기 위한 수단으로 배당정책이 이용될 수 있다.
② 주가는 배당정책 자체에 의해서 변하는 것이 아니라 배당이 가지고 있는 정보내용에 의해서 변한다.
③ 은퇴한 개인이나 사회단체 등은 당기의 소비가능한 소득을 원하기 때문에 현금배당을 보다 선호하게 된다.
④ 배당 이외의 다른 원천으로부터 충분한 소득을 얻어낼 수 있는 주주들은 상대적으로 높은 세율을 부담해야 하는 배당소득보다는 자본이득을 바라게 된다.
⑤ 주주들의 선호에 따라 배당정책을 변화시킴으로써 기업가치에 영향을 미칠 수 있다.

10. 대부분의 기업들은 목표배당을 정하여 주당배당금을 일정하게 유지하려는 경향이 있다. 그 이유에 대한 다음의 설명 중 적절치 못한 것은?

① 비록 이익이 감소되었다 하더라도 기업이 일정 배당수준을 유지하면 투자자들은 비교적 확실하게 그들의 미래 배당을 예측할 수 있다.

② 모든 투자자들은 자본이득보다 배당을 더 선호한다.

③ 특정 연도의 이익감소가 기업이 회복하기 어려운 계속적인 것이 아니라 일시적인 현상이라는 것을 간접적으로 나타내는 정보전달의 효과를 지닌다.

④ 배당수입에 의하여 생활을 영위하는 투자자들에게는 불규칙적이고 불안정한 배당수입은 생활 그 자체를 위협하게 된다.

⑤ 연금기금, 투자신탁, 보험회사 등 많은 기관투자자들은 공적인 자금을 운용하므로 수익도 중요하지만 미래 현금흐름의 확실성을 보다 더 요구한다.

11. 다음 중 자본총계에 영향을 미치는 것은? (경영지도사, 2024)

① 주식배당 결의와 배당 주식의 교부

② 액면미만 주식발행

③ 무상증자

④ 주식병합

⑤ 이익준비금 적립

12. 자본총액에 영향을 미치는 것은? (경영지도사, 2021)

① 주식배당

② 무상증자

③ 액면미달 주식발행

④ 이익준비금 적립

⑤ 주식분할

Ⅱ. 서술/계산형 문제

1. 우리나라 배당지급제도에 대해서 설명하고, 그 문제점을 지적하라.

2. MM의 배당무관련이론을 설명하라.

3. 배당의 정보효과에 대하여 설명하라.

4. 잔여배당정책을 설명하라.

5. 주식배당과 주식분할의 차이점을 설명하라.

6. (MM의 배당무관련이론)

현재 발행주식수가 100만주이며, 순이익의 전부를 배당하는 정책을 채택하고 있는 (주)태양의 순이익은 4억원으로 곧 배당을 실시할 예정이다. 그리고 이 회사의 1년 후 기업의 가치는 110억원으로 예상된다. 이 회사의 적절한 할인율이 10%이며, 완전자본시장을 가정하여 다음의 물음에 답하라.

(1) (주)태양의 현재가치는?

(2) (주)태양이 현재의 배당정책을 계속 유지하는 경우, 주식의 배당락가격은?

(3) 배당정책과 관련된 회의에서 이 회사의 일부 임원들은 배당이 너무 적어 주가가 낮게 형성된다고 주장하였다. 그러므로 그들은 신주 발행에 의해 자금을 조달하여 주당 600원씩의 배당을 하자고 제안하였다.

① 낮은 배당으로 인해 주가가 저평가되었다는 주장에 대해 평가하라.

② 주당 600원씩 배당하자는 안이 채택된다면, 신주를 얼마에(발행가) 얼마만큼(발행주식수) 발행하여야 하는가?

7. (주식배당)

(주)은하의 현재 주가는 18,000원, 주당순이익은 1,000원이며, 자기자본은 다음과 같이 구성되어 있다.

(주)은하의 자기자본구조

자 본 금(액면 5,000원, 발행주식수 100만주)	50억원
자본잉여금	20억원
이익잉여금	10억원
자기자본합계	80억원

이 회사가 10%의 주식배당을 실시하였다고 가정하여 다음의 물음에 답하라.

(1) 이 회사의 자기자본구조는 어떻게 변하겠는가?

(2) 이 회사의 주가는?

(3) 이 회사의 주가수익비율(price earning ratio: PER)은 어떻게 변하겠는가?

(4) 주식배당 전 100주를 가지고 있던 투자자가 있다면, 그의 부는 어떻게 되겠는가?

(5) 현실적으로 외부주주들은 기업의 내부정보를 잘 알지 못한다. 이 경우 주식배당은 정보를 전달하는 하나의 수단으로 사용될 수 있다. 이와 같은 논리하에서 긍정적인 정보로서의 주식배당을 설명하라.

연습문제 해답

제1장 회계의 기초개념

Ⅰ. 완성/선택형 문제

1. 정보시스템　2. 재무회계, 관리회계　3. 회계원칙 또는 회계기준
4. 발생주의　5. ③　6. ②　7. ①　8. ⑤　9. ①

제2장 회계등식과 회계거래

Ⅰ. 완성/선택형 문제

1. 재무상태표　2. 손익계산서　3. 대차평균의 원리　4. 계정　5. 분개
6. ⑤　7. ③　8. ④　9. ①　10. ②　11. ④　12. ③　13. ④

Ⅱ. 계산형 문제

6. 자본＝자산(현금＋매출채권＋재고자산＋건물)－부채(매입채무＋미지급금＋차입금)
　＝(100＋200＋250＋500)－(150＋100＋300)＝500
7. ‘기말자본＝기초자본＋당기순이익’, ‘기말자산＋비용＝기말부채＋기초자본＋수익’ 등을 이용하여 각각의 값을 구하면 다음과 같다.
   (1) 기초자본＝1,000＋1,800－400－2,000＝400
   (2) 기말자산＝500＋200＋1,000－900＝800
   (3) 수익＝1,200＋600－600－500＝700
   (4) 당기순이익＝(1,100－500)－400＝200
   (5) 기말자본＝600＋(1,000－800)＝800

제3장 회계순환과정

Ⅰ. 완성/선택형 문제

1. 회계순환과정 2. 분개장 3. 시산표 4. 결산수정분개 5. 발생분개
6. 이연분개 7. ⑤ 8. ③ 9. ④ 10. ① 11. ④ 12. ③
13. ② 14. ④ 15. ⑤

Ⅱ. 계산형 문제

6. (1) 회사가 실제 이자를 수취하는 시점은 만기인 20×2년 7월 1일이므로 현금주의 사고방식으로는 20×1년에 아무런 수익도 없다고 여길 것이다. 그러나 발생주의를 적용하면 1년(12개월)에 ₩4,000,000의 이자가 붙는 것이니, 예치 후 6개월이 경과한 20×1년말 시점에 그 절반인 ₩2,000,000의 이자가 발생하였다고 생각한다. 따라서 다음의 결산수정분개가 필요하다.

(차) 미수수익 ₩2,000,000 (대) 이자수익 ₩2,000,000

(2) 현금주의 사고방식으로는 20×1년에 수취한 임대료를 수익으로 회계처리하였으므로 아무런 수정도 필요 없다고 여길 것이다. 그러나 발생주의를 적용하면 3개월만 경과하였으니 ₩600,000을 20×1년의 임대료수익으로 인식하고, 나머지 ₩1,800,000은 선수수익으로 회계처리해야 한다. 따라서 20×1년 12월 31일 시점에 다음의 결산수정분개가 필요하다.

(차) 임대료수익 ₩1,800,000 (대) 선수수익 ₩1,800,000

7. (1) 분개

6/ 1일:	(차) 현 금	₩500,000	(대) 자 본 금	₩500,000
5일:	(차) 비 품	₩40,000	(대) 현 금	₩40,000
8일:	(차) 상 품	₩350,000	(대) 현 금	₩150,000
			외상매입금	₩200,000
12일:	(차) 현 금	₩260,000	(대) 매 출	₩260,000
	매출 원가	₩200,000	상 품	₩200,000
15일:	(차) 외상매입금	₩200,000	(대) 현 금	₩200,000
20일:	(차) 상 품	₩180,000	(대) 외상매입금	₩180,000
23일:	(차) 외상매출금	₩140,000	(대) 매 출	₩140,000
	매출 원가	₩80,000	상 품	₩80,000
25일:	(차) 급 여	₩20,000	(대) 현 금	₩20,000

27일: (차) 복리후생비 ₩10,000 (대) 현 금 ₩10,000

31일: (차) 임 차 료 ₩40,000 (대) 현 금 ₩40,000

(2) 전기

현금

차변	금액	대변	금액
6/ 1 자본금	500,000	6/ 5 비품	40,000
6/12 매출	260,000	6/ 8 상품	150,000
		6/15 외상매입금	200,000
		6/25 급여	20,000
		6/27 복리후생비	10,000
		6/31 임차료	40,000

외상매입금

차변	금액	대변	금액
6/15 현금	200,000	6/ 8 상품	200,000
		6/20 상품	180,000

외상매출금

차변	금액	대변	금액
6/23 매출	140,000		

자본금

차변	금액	대변	금액
		6/1 현금	500,000

상품

차변	금액	대변	금액
6/ 8 제좌	350,000	6/12 매출원가	200,000
6/20 외상매입금	180,000	6/23 매출원가	80,000

매출

차변	금액	대변	금액
		6/12 현금	260,000
		6/23 외상매출금	140,000

비품

차변	금액	대변	금액
6/ 5 현금	40,000		

매출원가

차변	금액	대변	금액
6/12 상품	200,000		
6/23 상품	80,000		

임차료

차변	금액	대변	금액
6/31 현금	40,000		

급여

차변	금액	대변	금액
6/25 현금	20,000		

복리후생비

차변	금액	대변	금액
6/27 현금	10,000		

(3) 수정전시산표(합계잔액시산표)의 작성

수정전시산표(합계잔액시산표)

20×1년 6월 30일 현재 (단위: 원)

차변		계정과목	대변	
잔액	합계		합계	잔액
300,000	760,000	현 금	460,000	
140,000	140,000	외상매출금		
250,000	530,000	상 품	280,000	
40,000	40,000	비 품		
	200,000	외상매입금	380,000	180,000
		자 본 금	500,000	500,000
		매 출	400,000	400,000
280,000	280,000	매출 원가		
40,000	40,000	임 차 료		
20,000	20,000	급 여		
10,000	10,000	복리후생비		
1,080,000	2,020,000	합 계	2,020,000	1,080,000

8. (1) 재무상태표

재무상태표

(주)도화 20×1년 6월 30일 현재 (단위: 원)

자 산:	
현 금	300,000
매출채권	140,000
상 품	250,000
비 품	40,000
자산총계	730,000
부 채:	
매입채무	180,000
부채총계	180,000
자 본:	
자 본 금	500,000
이익잉여금	50,000
자본총계	550,000
부채와 자본총계	730,000

(2) 손익계산서

손익계산서

(주)도화	20×1년 6월 1일부터 6월 30일까지	(단위: 원)
매　　출		400,000
매출원가		(280,000)
판매비와 관리비		(70,000)
임 차 료	40,000	
급　　여	20,000	
복리후생비	10,000	
당기순이익		50,000

제4장 재무제표의 이해

Ⅰ. 완성/선택형 문제

1. 재무상태표　2. 무형자산　3. 자본조정　4. 손익계산서　5. 영업이익
6. 주석　7. ④　8. ③　9. ⑤　10. ④　11. ③　12. ②　13. ③

제5장 재무비율분석

Ⅰ. 완성/선택형 문제

1. 재무비율　2. 산업평균비율　3. 유동성비율　4. 이자보상비율　5. 부가가치
6. 주가수익비율(PER)　7. ③　8. ④　9. ①　10. ②　11. ⑤　12. ④
13. ②　14. ③　15. ⑤　16. ⑤

Ⅱ. 계산형 문제

3. 먼저 각각의 재무비율을 구하면 다음과 같다.

① $유동비율=\frac{유동자산}{유동부채}\times 100=\frac{1,028,500}{557,600}\times 100=184\%$

② $당좌비율=\frac{당좌자산}{유동부채}\times 100=\frac{1,028,500-688,500}{557,600}\times 100=61\%$

③ 부채비율 $= \frac{\text{부채}}{\text{자기자본}} \times 100 = \frac{587{,}600}{633{,}000} \times 100 = 93\%$

④ 비유동비율 $= \frac{\text{비유동자산}}{\text{자기자본}} \times 100 = \frac{192{,}100}{633{,}000} \times 100 = 30\%$

⑤ 이자보상비율 $= \frac{\text{영업이익}}{\text{이자비용}} = \frac{82{,}000}{64{,}000} = 1.3$배

⑥ 재고자산회전율 $= \frac{\text{매출액}}{\text{재고자산}} = \frac{2{,}380{,}000}{688{,}500} = 3.5$회

⑦ 매출채권회전율 $= \frac{\text{매출액}}{\text{매출채권}} = \frac{2{,}380{,}000}{323{,}000} = 7.4$회

⑧ 유형자산회전율 $= \frac{\text{매출액}}{\text{유형자산}} = \frac{2{,}380{,}000}{192{,}100} = 12.4$회

⑨ 총자산회전율 $= \frac{\text{매출액}}{\text{총자산}} = \frac{2{,}380{,}000}{1{,}220{,}600} = 1.9$회

⑩ 매출액순이익률 $= \frac{\text{당기순이익}}{\text{매출액}} = \frac{9{,}000}{2{,}380{,}000} \times 100 = 0.38\%$

⑪ 총자산순이익률 $= \frac{\text{당기순이익}}{\text{총자산}} = \frac{9{,}000}{1{,}220{,}600} \times 100 = 0.74\%$

⑫ 자기자본순이익률 $= \frac{\text{당기순이익}}{\text{자기자본}} = \frac{9{,}000}{633{,}000} \times 100 = 1.42\%$

이상에서 구한 재무비율을 표준비율과 비교하면 다음과 같다.

재무비율	실제비율	표준비율	양호 · 불량
유동비율	184%	126%	양호
당좌비율	61%	68%	불량
부채비율	93%	225%	양호
비유동비율	30%	120%	양호
이자보상비율	1.3배	2.4배	불량
재고자산회전율	3.5회	4.2회	불량
매출채권회전율	7.4회	3.5회	양호
유형자산회전율	12.4회	4.1회	양호
총자산회전율	1.9회	1.2회	양호
매출액순이익률	0.38%	4.74%	불량
총자산순이익률	0.74%	6.43%	불량
자기자본순이익률	1.42%	10.24%	불량

(주)청운의 실제비율과 표준비율을 비교해 보자.

- 단기채무지급능력을 나타내는 유동비율, 당좌비율 등 유동성비율을 살펴보면, 과다한 재고자산으로 인하여 당좌비율이 다소 낮다는 문제가 있으나 대체로 양호한 것으로 보인다.
- 장기채무지급능력을 나타내는 부채비율, 비유동비율, 이자보상비율 등 자본구조비율

을 살펴보면, 전반적인 재무구조는 양호하나 낮은 이익으로 인하여 이자보상비율이 표준비율보다 낮은 것이 다소 문제로 지적된다.

- 자산의 효율적 이용도를 나타내는 재고자산회전율, 매출채권회전율, 유형자산회전율, 총자산회전율 등 효율성비율을 살펴보면, 과다한 재고자산으로 인하여 재고자산 회전율이 낮은 것을 제외하고는 모두 양호한 것으로 판단된다.
- 기업의 수익성을 나타내는 매출액순이익률, 총자산순이익률, 자기자본순이익률 등 수익성비율을 살펴보면, 모두 불량한 것으로 나타나고 있다.

결론적으로 (주)청운의 단기채무지급능력, 장기채무지급능력, 자산의 효율적 이용도 등은 대부분 양호하나 수익성이 매우 취약한 것으로 판단된다. 따라서 이 회사는 무엇보다도 먼저 수익성개선 노력이 우선되어야 할 것으로 판단된다.

4. ① 부채비율 $= \frac{\text{부채총계}}{\text{자본총계}} = \frac{\text{부채총계}}{100,000} = 1.5$

- 부채총계 = 150,000만원
- 유동부채 = 부채총계 − 비유동부채 = 150,000 − 30,000 − 120,000만원
- 매입채무 = 유동부채 − 단기차입금 = 120,000 − 20,000 = 100,000만원
- 자산총계 = 부채 · 자본총계 = 부채총계 + 자본총계 = 250,000만원

② 유동비율 $= \frac{\text{유동자산}}{\text{유동부채}} = \frac{\text{유동자산}}{120,000} = 1.2$

- 유동자산 = 144,000만원
- 비유동자산 = 자산총계 − 유동자산 = 250,000 − 144,000 = 106,000만원

③ 당좌비율 $= \frac{\text{유동자산} - \text{재고자산}}{\text{유동부채}} = \frac{144,000 - \text{재고자산}}{120,000} = 0.8$

재고자산 = 48,000만원

④ 총자산회전율 $= \frac{\text{매출액}}{\text{총자산}} = \frac{\text{매출액}}{250,000} = 2.92$

매출액 = 730,000만원

⑤ 매출채권회수기간 $= \frac{\text{매출채권}}{\text{1일 평균매출액}} = \frac{\text{매출채권}}{2,000} = 40\text{일}$

(※ 1일 평균매출액 $= \frac{730,000}{365} = 2,000$만원)

- 매출채권 = 80,000만원
- 현금및현금성자산 = 유동자산 − 매출채권 − 재고자산
  = 144,000 − 80,000 − 48,000 = 16,000만원

⑥ 매출액순이익률 $= \frac{\text{당기순이익}}{\text{매출액}} = \frac{\text{당기순이익}}{730,000} = 0.1$

당기순이익 = 73,000만원

⑦ 법인세비용차감전순이익 $= \frac{\text{당기순이익}}{1-\text{법인세율}} = \frac{73,000}{0.8} = 91,250$만원

- 법인세비용 $= 91,250 \times 0.2 = 18,250$만원
- 영업이익 = 법인세비용차감전순이익 + 이자비용 = $91,250 + 64,000 = 155,250$만원
- 매출총이익 = 영업이익 + 판매비와 관리비 = $155,250 + 94,000 = 249,250$만원
- 매출원가 = 매출액 − 매출총이익 = $730,000 - 249,250 = 480,750$만원

제6장 손익분기점과 레버리지 분석

Ⅰ. 완성/선택형 문제

1. 손익분기점(BEP) 2. 고정영업비용, 단위당 고정영업비용 3. 단위당 공헌이익
4. 고정영업비용, 고정재무비용 5. 결합레버리지 6. 영업위험, 재무위험
7. ④ 8. ② 9. ① 10. ② 11. ③ 12. ③ 13. ① 14. ②
15. ① 16. ⑤ 17. ① 18. ③ 19. ①

Ⅱ. 계산형 문제

5. (1) $Q^* = \frac{FC}{p-v} = \frac{50\text{억원}}{1,700\text{원} - 600\text{원}} = 4,545,455$단위

(2) $Q_\pi = \frac{F+\pi}{p-v} = \frac{50\text{억원} + 30\text{억원}}{1,700\text{원} - 600\text{원}} = 7,272,727$단위

(3) $Q^* = \frac{50\text{억원}}{1,700\text{원} - 1,000\text{원}} = 7,142,857$단위

(4) $Q^* = \frac{50\text{억원}}{2,000\text{원} - 600\text{원}} = 3,571,429$단위

6. $Q_\pi = \frac{FC+\pi}{p-v} = \frac{30\text{억원} + 10\text{억원}}{100\text{만원} - 50\text{만원}} = 8,000$대

7. (1) $DOL = \frac{(p-v)Q}{(p-v)Q-FC} = \frac{(2,000-1,500) \times 100,000}{(2,000-1,500) \times 100,000 - 25,000,000} = 2.0$

(2) DOL의 정의에 의해서, 영업이익의 증가율을 구하면 다음과 같다.

$$\frac{\Delta EBIT}{EBIT} = DOL \times \left(\frac{\Delta R}{R}\right) = 2.0 \times 1\% = 2\%$$

그러므로 매출액이 1% 증가할 경우, 영업이익은 2% 증가하게 된다.

(3) $DFL = \frac{(p-v)Q-FC}{(p-v)Q-FC-Int} = \frac{25,000,000}{25,000,000 - 5,000,000} = 1.25$

(4) DFL의 정의에 의해서, 주당순이익의 증가율을 구하면 다음과 같다.

$$\frac{\Delta EPS}{EPS} = DFL \times \left(\frac{\Delta EBIT}{EBIT}\right) = 1.25 \times 1\% = 1.25\%$$

그러므로 영업이익이 1% 증가할 경우, 주당순이익은 1.25% 증가하게 된다.

(5) $DCL = DOL \times DFL = 2 \times 1.25 = 2.5$

제7장 재무관리란 무엇인가?

Ⅰ. 완성/선택형 문제

1. 유형자산, 무형자산　2. 투자결정, 자본조달결정　3. 기업가치

4. ④　5. ⑤　6. ②　7. ③

제8장 재무관리의 기초개념

Ⅰ. 완성/선택형 문제

1. 화폐의 시간적 가치　2. 자본의 생산성　3. 복리계산과정　4. 확률분포표

5. 상관계수, 구성자산 수　6. 비체계적 위험, 체계적 위험

7. ①　8. ③　9. ①　10. ⑤　11. ④　12. ④　13. ①

14. ③　15. ②　16. ④

Ⅱ. 계산형 문제

3. (1) $FV_5 = 1{,}000(1+0.03)^2 = 1{,}060.9$만원

(2) $PV = \dfrac{1{,}000}{(1+0.05)^3} = 863.84$만원

4. 각 출판사들이 제시하고 있는 저작료의 현재가치를 계산하면 다음과 같다.

- PV(출판사 1) $= \dfrac{1{,}200}{(1+0.04)^3} = 979.56$만원
- PV(출판사 2) $= \dfrac{70}{0.07} = 1{,}000$만원
- PV(출판사 3) $= 400\left[\dfrac{1}{0.07} - \dfrac{1}{0.07(1+0.07)^3}\right] = 1{,}049.73$만원

• PV(출판사 4)$=\frac{60}{1+0.07}+\frac{70}{0.07(1+0.07)}=990.65$만원

그러므로 K씨는 저작료의 현재가치가 가장 높은 출판사 3을 선택하여야 한다.

5. (1) 자산 A의 기대수익률과 분산, 표준편차:

• 자산 A의 기대수익률$=0.6\times0.40+0.4\times(-0.05)=0.22$

• 자산 A의 분산$=0.6\times(0.40-0.22)^2+0.4\times(-0.05-0.22)^2=0.0486$

• 자산 A의 표준편차$=\sqrt{0.0486}=0.22045$

자산 B의 기대수익률과 분산, 표준편차:

• 자산 B의 기대수익률$=0.6\times0.15+0.4\times0.20=0.17$

• 자산 B의 분산$=0.6\times(0.15-0.17)^2+0.4\times(0.20-0.17)^2=0.0006$

• 자산 B의 표준편차$=\sqrt{0.0006}=0.0245$

(2) $E(r_p)=W_AE(r_A)+W_BE(r_B)=0.5\times0.22+0.5\times0.17=0.195$

$Cov(r_A, r_B)=0.6\times(0.40-0.22)(0.15-0.17)+0.4\times(-0.05-0.22)(0.20-0.17)$
$=-0.0054$

$Var(r_p)=W_A^2Var(r_A)+W_B^2Var(r_B)+2W_AW_BCov(r_A, r_B)$
$=(0.5)^2(0.0486)+(0.5)^2(0.0006)+2(0.5)(0.5)(-0.0054)=0.0096$

$\sigma_p=\sqrt{0.0096}=0.09798$

6. (1) $\rho_{AB}=0.5$인 경우, 공분산은 다음과 같다.

$Cov(r_A, r_B)=\sigma_A\sigma_B\rho_{AB}=\sqrt{0.1}\sqrt{0.2}\times0.5=0.07071$

그러므로

• $E(r_p)=W_AE(r_A)+W_BE(r_B)$
$=0.6\times0.2+0.4\times0.3=0.24$

• $Var(r_p)=W_A^2Var(r_A)+W_B^2Var(r_B)+2W_AW_BCov(r_A, r_B)$
$=(0.6)^2(0.1)+(0.4)^2(0.2)+2(0.6)(0.4)(0.07071)$
$=0.10194$

• $\sigma_p=\sqrt{0.10194}=0.31928$

(2) $\rho_{AB}=-0.5$인 경우, 공분산은 다음과 같다.

$Cov(r_A, r_B)=\sigma_A\sigma_B\rho_{AB}=\sqrt{0.1}\sqrt{0.2}\times(-0.5)=-0.07071$

그러므로

• $E(r_p)=W_AE(r_A)+W_BE(r_B)$
$=0.6\times0.2+0.4\times0.3=0.24$

- $Var(r_p) = W_A^2 Var(r_A) + W_B^2 Var(r_B) + 2W_A W_B Cov(r_A, r_B)$

$$= (0.6)^2(0.1) + (0.4)^2(0.2) + 2(0.6)(0.4)(-0.07071)$$
$$= 0.03406$$

- $\sigma_p = \sqrt{0.03406} = 0.18455$

(3) 두 주식 간의 상관계수가 0.5에서 −0.5로 감소함에 따라 포트폴리오의 분산은 0.10194에서 0.03406으로 감소하였다. 즉 상관계수가 작아질수록 포트폴리오의 위험이 감소됨을 알 수 있다.

제9장 자본예산

Ⅰ. 완성/선택형 문제

1. 자본예산 2. 독립적 투자안, 상호배타적 투자안 3. 회계적 이익
4. 자본비용, 내부수익률
5. ④ 6. ⑤ 7. ② 8. ③ 9. ⑤ 10. ④ 11. ⑤ 12. ⑤ 13. ②
14. ①

Ⅱ. 계산형 문제

2. 투자안 평가방법의 비교

순현가법의 특성	회수기간법	AAR법	IRR법	PI법
현금흐름 사용	○	×	○	○
투자안과 관련된 모든 현금흐름 사용	×	○	○	○
적절한 할인율로 할인	×	×	△	□
가치의 가산원칙	×	×	×	×

▶ 타당성 순위: NPV법 > PI법 > IRR법 > AAR법 > 회수기간법

3. (1) $NPV = \frac{600}{1+0.1} + \frac{300}{(1+0.1)^2} + \frac{300}{(1+0.1)^3} - 1,000 = 18.78$만원

$NPV > 0$이므로, 이 투자안을 채택하여야 한다.

(2) ① NPV는 현금흐름을 사용한다.
② NPV는 투자안의 모든 현금흐름을 사용한다.
③ NPV는 현금흐름을 적절한 할인율로 할인한다.
④ NPV는 가치의 가산원칙(value additivity principle)이 성립한다.

4. (1) $NPV_1 = \frac{400}{1+0.25} - 100 = 220$만원, $NPV_2 = \frac{650}{1+0.25} - 250 = 270$만원

투자안 1의 순현가(220만원)는 투자안 2의 순현가(270만원)보다 작으므로 순현가법에 의하면 투자안 2가 선택된다.

(2) $\frac{400}{1+IRR_1} - 100 = 0 \rightarrow IRR_1 = 300\%$

$\frac{650}{1+IRR_2} - 250 = 0 \rightarrow IRR_2 = 160\%$

투자안 1의 내부수익률(300%)이 투자안 2의 내부수익률(160%)보다 크므로 내부수익률법에 의하면 투자안 1이 선택된다.

(3) $PI_1 = \frac{400/(1+0.25)}{100} = 3.2$, $PI_2 = \frac{650/(1+0.25)}{250} = 2.08$

투자안 1의 수익성지수(3.2)가 투자안 2의 수익성지수(2.08)보다 크므로 수익성지수법에 의하면 투자안 1이 선택된다.

(4) 순현가법과 내부수익률법 또는 수익성지수법의 상반된 평가결과는 투자규모의 차이, 즉 150만원(250만원－100만원)에 대한 투자수익률의 가정이 서로 다르기 때문이다. 상대적으로 투자규모가 작은 투자안에 투자하고 남은 여유자금에 대해 순현가법은 자본비용으로 투자할 수 있다고 가정하는 반면, 내부수익률법과 수익성지수법은 현재 선택된 투자안과 동일한 투자수익률(내부수익률)을 얻을 수 있는 투자안에 투자할 수 있다는 가정을 하고 있다. 이와 같은 내부수익률법과 수익성지수법의 가정은 치열한 경쟁으로 인하여 한계투자수익률이 체감하는 현실에 비추어 볼 때 비현실적인 가정이라 할 수 있다. 따라서 현실적인 투자수익률(자본비용) 가정하에서 가치개념에 근거하고 있는 순현가법이 가장 합리적인 평가방법이라 할 수 있다.

제10장 가치평가

Ⅰ. 완성/선택형 문제

1. 위험도 2. 재무상태표 3. 액면가, 액면이자율, 만기 4. 투자수익률

5. ② 6. ③ 7. ⑤ 8. ② 9. ② 10. ③ 11. ③

II. 계산형 문제

3. 액면이자율 = 4%

(1) 시장이자율 = 5%

$$PV=\frac{40}{1+0.05}+\frac{40}{(1+0.05)^2}+\frac{40}{(1+0.05)^3}+\frac{40+1,000}{(1+0.05)^4}=964.54\text{원}$$

(2) 시장이자율 = 4%

$$PV=\frac{40}{1+0.04}+\frac{40}{(1+0.04)^2}+\frac{40}{(1+0.04)^3}+\frac{40+1,000}{(1+0.04)^4}=1,000\text{원}$$

(3) 시장이자율 = 3%

$$PV=\frac{40}{1+0.03}+\frac{40}{(1+0.03)^2}+\frac{40}{(1+0.03)^3}+\frac{40+1,000}{(1+0.03)^4}=1,037.17\text{원}$$

(4) 시장이자율과 사채의 발행가격은 역(−)의 관계를 가지며, 시장이자율이 변함에 따라 사채는 다음과 같이 발행된다.

- 시장이자율 > 액면이자율: 할인발행
- 시장이자율 = 액면이자율: 액면발행
- 시장이자율 < 액면이자율: 할증발행

4. ① 처음 5년 동안 배당금의 현재가치 계산:

1년도 말부터 5년도 말까지의 배당금의 현재가치는 다음과 같다.

연도 말	성장률	기대배당금(원)	현재가치(원)
1	−	1,150	1,000
2	0.15	1,323	1,000
3	0.15	1,521	1,000
4	0.15	1,749	1,000
5	0.15	2,011	1,000
		1~5년 사이의 배당의 현재가치 = 5,000	

② 6년도 말부터 시작되는 배당금의 현재가치 계산:

먼저 5년도 말의 주식가격 P_5를 구하면 다음과 같다.

$$P_5=\frac{D_6}{r-g}=\frac{1,150\times(1.15)^4\times1.1}{0.15-0.10}$$

그러므로 6년도 말부터 시작되는 배당금의 현재가치는 다음과 같다.

$$\frac{P_5}{(1+r)^5}-\frac{1,150\times(1.15)^4\times1.1}{0.15-0.10}\times\frac{1}{(1+0.15)^2}-22,000\text{원}$$

③ 가나주식회사 주식의 현재가치는 모든 배당금의 현재가치로서 다음과 같다.

P_0 = ① + ② = 5,000 + 22,000 = 27,000원

5. 각 연도별 배당금은 다음과 같다.

연도 말	성장률	배당금
1	14%	114.00원 [=100(1.14)]
2	14	129.96 [$=100(1.14)^2$]
3	14	148.15 [$=100(1.14)^3$]
4	5	155.56 [=148.15(1.05)]
5	5	163.34 [$=148.15(1.05)^2$]
6	5	171.50 [$=148.15(1.05)^3$]
7	5	180.08 [$=148.15(1.05)^4$]
⋮	⋮	⋮

그러므로

$$P_0=\frac{114.00}{1+0.15}+\frac{129.96}{(1+0.15)^2}+\frac{148.15}{(1+0.15)^3}+\left(\frac{155.56}{0.15-0.05}\right)\frac{1}{(1+0.15)^3}$$

$=1{,}317.64$원

제11장 자본구조

Ⅰ. 완성/선택형 문제

1. 증권화 2. 차익거래이익, 차익거래과정 3. 법인세 절감효과 4. 증가, 감소, 감소
5. ① 6. ② 7. ① 8. ③

Ⅱ. 계산형 문제

4. MM이론에 의해서 부채를 발행하는 경우 기업가치는 다음과 같다.

$V_L=S_L+B=V_U+T_CB$

부채비율이 1이 되려면, 부채의 가치(B)와 자기자본의 가치(S_L)가 같아야 한다.

$B+B=50+0.4B \quad \therefore\ B=31.25$억원

이 회사가 부채로 31.25억원을 조달할 경우 기업가치는 62.5억원(50억원+31.25억원×0.4), 자기자본가치는 31.25억원(62.5억원−31.25억원)이 되어 부채비율이 1이 된다.

5. $V_L=V_U+PV$(법인세 절감액)$-PV$(파산비용)

105억원=100억원$+PV$(법인세 절감액)−2억원

$\therefore\ PV$(법인세 절감액)=7억원

제12장 배당정책

Ⅰ. 완성/선택형 문제

1. 정규현금배당, 추가현금배당, 특별현금배당　2. 배당락　3. 낮은
4. 정보의 비대칭성　5. 적게, 많이
6. ④　7. ③　8. ①　9. ⑤　10. ②　11. ②　12. ③

Ⅱ. 계산형 문제

6. (1) 이 회사의 현재의 순이익은 4억원이며, 1년 후의 가치는 110억원이므로 그 현재가치는 다음과 같이 구할 수 있다.

$$\text{기업의 가치(배당 전)} = 4\text{억원} + \frac{110\text{억원}}{1+0.1} = 104\text{억원}$$

(2) 완전자본시장하에서는 배당금만큼 주가가 하락하게 된다.

- $\text{현재의 주가(배당 전 주가)} = \frac{104\text{억원}}{100\text{만주}} = 10{,}400\text{원}$
- $\text{주당배당금} = \frac{4\text{억원}}{100\text{만주}} = 400\text{원}$

→ 배당락가격 = 10,400원 − 400원 = 10,000원

(3) ① MM의 주장에 따르면, 배당정책에 의해 기업의 가치는 변하지 않는다. 그러므로 낮은 배당으로 인해 주가가 낮게 평가되었다는 주장은 옳지 않다. 이를 계산을 통하여 살펴보면 다음과 같다.

먼저 주당 600원씩 배당하는 경우 총배당액과 이 자금을 조달하기 위하여 발행하여야 하는 신주발행액은 다음과 같이 구할 수 있다.

- 총배당액 = 600원 × 100만주 = 6억원
- 신주발행액 = 6억원 − 4억원 = 2억원

이 회사의 자본비용은 10%이므로 신주 2억원을 발행하는 경우 1년 후 새로운 주주들에게 최소한 10%의 수익률, 즉 2.2억원(2억원 × 1.1)을 보장해 주어야 한다. 그러므로 1년 후 기업의 가치 중 구주주들이 받을 수 있는 부분은 107.8억원(110억원 − 2.2억원)이다. 즉 구주주들은 현재 배당을 총 2억원 더 받는 대신 1년 후 현금흐름은 2.2억원 줄어든 107.8억원이 된다. 그 결과 구주주들의 몫에 해당되는 기업의 가치는 다음과 같다.

$$\text{기업의 가치(배당 전)} = 6\text{억원} + \frac{107.8\text{억원}}{1+0.1} = 104\text{억원}$$

결론적으로 주당 400원씩 배당을 하나 600원씩 배당을 하나 기업의 현재가치는 104억원으로 변하지 않음을 알 수 있다.

② 신주소유자는 현재의 배당에 대한 권리가 없다. 그러므로 신주의 발행가는 배당락 가격, 즉 9,800원(10,400원−600원)이 된다. 그리고 신주의 발행주식수는 다음과 같다.

$$\text{신주의 발행주식수} = \frac{2\text{억원}}{9{,}800\text{원}} = 20{,}408.16\text{주}$$

7. (1) 10%, 즉 10만주를 주식배당하는 경우 자기자본구조는 다음과 같이 변한다.

(주)은하의 자기자본구조(10% 주식배당 후)

자 본 금(액면 5,000원, 발행주식수 110만주)	55억원
자본잉여금	20억원
이익잉여금	5억원
자기자본합계	80억원

(2) 이 회사의 주가는 주식배당비율(10%)만큼 하락하게 된다.

$$P_0 = \frac{18{,}000\text{원}}{1+0.01} = 16{,}363.64\text{원}$$

(3) 주식배당에 의하여 발행주식수가 10% 증가하므로 주당순이익(EPS)도 그만큼 하락하게 된다.

$$EPS = \frac{1{,}000\text{원}}{1+0.1} = 909.09\text{원} \rightarrow PER = \frac{16{,}363.64\text{원}}{909.09\text{원}} = 18$$

이상에서 보는 바와 같이 주식배당 후 PER은 18로서 현재의 PER(18,000원/1,000원=18)과 동일함을 알 수 있다.

다시 말하면 주식배당에 의해 주가와 주당순이익이 같은 비율로 감소하므로 PER은 변하지 않는다.

(4) 주식배당에 의해 주주의 부는 변하지 않는다.

- 주주의 부(주식배당 전)=18,000원×100주=1,800,000원
- 주주의 부(주식배당 후)=16,363.64원×110주=1,800,000원

(5) 주식배당은 대체로 성장속도가 빠른 기업이 사외현금유출을 막고 수익성이 높은 투자기회에 대한 재투자를 위하여 실시하는 경향이 있다. 이 경우 주식배당은 투자자들에게 기업의 미래전망에 대한 좋은 뉴스를 전달해 주는 역할을 담당한다.

국문색인

ㅅ

ㅇ

ㅊ

ㅌ

ㅍ

ㅎ

영문색인

A

B

C

D

E

F

G

H

I

J

K

L

M

N

S

T

U

V

[저자 소개]

박형중(朴炯重)

성균관대학교 경영학과 졸업
성균관대학교 대학원 졸업(경영학석사, 경영학박사)
㈜젠스타 투자자문팀장
현 (사)한국산업경제연구소 이사
청운대학교 겸임교수

저서 및 주요논문

주가의 중장기행태와 거래량 효과에 관한 연구
한국 주식시장의 산업별 비대칭적 주가변동성에 관한 연구
한국 주식시장의 장기적 기억 특성에 대한 연구
국내 창업투자회사의 상대적 효율성 및 생산성 분석
국제자본시장에 있어 부동산 투자결정요인에 관한 실증적 연구
DEA기법을 적용한 국내저축은행의 경영효율성 연구

감형규(甘炯奎)

성균관대학교 경영학과 졸업
성균관대학교 대학원 졸업(경영학석사, 경영학박사)
SK경제연구소 경영연구실 실장
한국재무관리학회 회장
한국기업경영학회 부회장
한국생산성학회 상임이사
청운대학교 기획처장
현 청운대학교 인천캠퍼스 경영학과 교수
하나손해보험(주) 사외이사

저서 및 주요논문

알기쉬운 재무관리(제2판, 유원북스)
Perfect 재무관리 Ⅰ,Ⅱ(공저, 유원북스)
회계와 재무의 이해(유원북스)
파생금융상품(제2판, 공저, 유원북스)
에센스 선물옵션(제2판, 공저, 유원북스)
경영분석(공저, 유원북스)
고급재무관리(공저, 박영사)
증권투자론(제5판, 공저, 율곡출판사)
재테크와 금융상품(공저, 율곡출판사)
재테크 시작하기(공저, 율곡출판사)
주식수익률과 거시경제변수의 관계에 관한 실증적 연구
한국주식시장에서의 역행투자성과에 관한 실증적 연구
정보유형과 주가변동성의 관계에 관한 연구
자본투자와 주식수익률의 관계에 관한 연구 외 다수

회계와 재무의 이해 [제2판]

2024년 12월 17일 제2판 발행
2019년 3월 8일 초 판 발행

저 자 박형중 · 감형규

발행인 이구만

발행처 유원북스

04091 서울특별시 마포구 토정로 222, 416호
(신수동, 한국출판콘텐츠센터)
Tel (02)593-1800 Fax (02)6455-1809
등록 2011. 9. 6. 제25100-2012-3호
www.uwonbooks.com uwbooks@daum.net

정 가 25,000원 ISBN 979-11-6288-260-1 93320